똥눌 때 보는 신문

No.01

펴낸 곳 삼성출판사 주소 서울시 서초구 서초동 1516-2 전화 (02)3470-6916 등록 제 1-276호 홈 페이지 www.samsungbooks.com
이 책에 실린 글과 그림을 무단으로 복사, 복제, 배포하는 것은 저작권자의 권리를 침해하는 것입니다. ⓒ Samseong Publishing Co., Ltd., 2009 삼성출판사

오늘의 읽을거리

똥 이야기 01

영국 신사는 왜 똥을 뒤집어썼을까?

도전! IQ 200 02
다른 하나를 찾아라!

오싹 괴담
빨간 일기장

Hello, Ham 03
오늘의 포인트 _ family

나도 마술사
손에서 떨어지지 않는 동전

애완동물 키우기 04
똥구멍이 깨끗한 동물을 골라야

상식뭉치

얼굴을 찡그리고 있다 보면 피곤함이 느껴진다. 그러나 반대로 웃고 있으면 편안함을 느낀다. 얼굴을 찡그리는 데는 62개의 근육이 필요하지만 미소를 지을 때는 16개의 근육만 있으면 되기 때문이다. 웃으며 사는 것이 힘 안 들이고 사는 비결인 셈이다.

영국 신사는 왜 똥을 뒤집어썼을까?

숙녀를 안쪽으로 걷게 했던 속사정은 오물 때문

신사의 나라로 불리는 영국. 숙녀를 배려하는 다양한 매너가 몸에 밴 영국의 신사들은 숙녀와 함께 걸을 때 언제나 여성을 도로 안쪽으로 걷게 한다. 이러한 매너는 오늘날 서구 남성들의 기본적인 에티켓으로 자리잡았다. 그런데 재미있는 것은 이것이 똥 때문에 생긴 풍습이라는 점이다.

18세기 말까지 영국에서는 실내에서 볼일을 본 후, 변기의 오물을 창문 밖으로 그냥 쏟아 버렸다. 당시의 집들은 2층이 도로 쪽으로 튀어나와 있었다. 그래서 2층 발코니 밑인 도로의 안쪽은 비교적 안전했지만 도로 가운데로 다니는 사람은 발코니에서 언제 쏟아질지 모르는 오물을 뒤집어쓸 각오를 하고 도로를 걸어다녀야 했다.

이런 사정으로 신사는 오물을 뒤집어쓰기 쉬운 도로의 바깥쪽으로, 숙녀는 안전한 안쪽으로 다니는 매너가 생겨난 것이다.

똥눌 때 한자

봄 춘

겨우내 얼어 있던 땅 속 뿌리에서 돋아난 싹이 봄볕(日)을 받아 푸른 풀(艸)로 쑥쑥 자라나는 모습을 본뜬 글자이다.

도전! IQ 200

다른 하나를 찾아라!

다음 4개의 그림은 모두 불과 관련이 있다. 그런데 그 중 하나는 용도가 나머지 셋과 다르고 또 다른 하나는 불을 켜는 방식이 나머지 셋과 다르다. 각각 어느 것일까?

촛불

전기불

라이터불

등잔불

정답 : 용도가 다른 것은 전기불, 불을 켜는 방식이 다른 것은 라이터불.

숨은그림찾기

잠자리채 / 갈매기 / 밥그릇 / 풍선

나도 마술사

손에서 떨어

준비물 : 100원짜리 동전 4개

마술 비법 약지의 동전이 떨어지지 않는 이유는 약히 더 강하게 연결되어 있기 때문이다.

보는신문

- Hi, this is my family.
  안녕, 우리 가족이야.
- This is my sister, Pipi.
  내 여동생 피피야.

Point

family
[패밀리]
가족, 식구

Hi, this is my family.

이분은 우리 아빠야.

이분은 우리 엄마~.
Hi~

This is my sister, Pipi.

않는 동전

1. 친구에게 양쪽 손바닥을 마주 대하게 한 다음 가운뎃손가락만 빼고 나머지 손끝 사이에 동전을 끼워 준다.

2. 동전이 떨어지지 않게 주의하면서 천천히 양손의 가운뎃손가락을 안쪽으로 구부리게 한다.

3. 이 상태에서 "얍!" 하고 마술 주문을 넣은 다음 엄지, 새끼, 검지, 약지 손가락 순으로 손가락 끝을 떼어 동전을 떨어뜨리게 한다. 하지만 약지의 동전만은 절대 떨어지지 않는다.

뎃손가락 사이의 뼈와 뼈를 잇는 인대나 근육이 특

오싹 괴담
빨간 일기장

있는 줄도 몰랐던 문방구가 골목길에 문을 열고 있었다. 새로 생겼다고 하기에는 너무 낡고 오래된 건물이었다. 뭔가 이상하기는 했지만 동호는 일기장을 사러 문방구로 들어갔다. 한참 일기장을 고르다 보니 구석에 있는 빨간색 일기장이 눈에 띄었다. 일기장의 표지에는 '하루에 한 장씩만 보시오' 라는 말이 씌어 있었다. 빨간 일기장을 사서 나가는 동호의 뒷모습을 바라보며 문방구 아저씨는 알 수 없는 미소를 지었다.
그날 저녁, 동호가 일기를 쓰기 위해 빨간 일기장의 첫장을 넘기자 일기장에는 이미 내일 날짜로 일기가 씌어 있었다.
〈200×년 ×월 ×일. 아빠, 엄마가 교통사고로 돌아가셨다.〉
깜짝 놀란 동호는 기분이 나빠 일기장을 덮고 곧 잠이 들었다. 다음날, 동호는 학교에서 아빠, 엄마가 교통사고로 돌아가셨다는 연락을 받았다. 며칠 후 부모님의 장례식을 치르고 집으로 돌아온 동호는 두려움에 떨면서 빨간 일기장을 다시 펼쳤다. 거기에는 선명한 글씨로 이렇게 씌여 있었다.
〈200×년 ×월 ×일.
오늘 아빠, 엄마와 다시 만났다.〉

애완동물 키우기

건강한 애완동물 고르기

건강하지 않은 동물은 눈에 눈곱이 많이 끼고 잦은 설사로 똥구멍 주변이 지저분하다. 건강한 애완동물을 고르려면 먼저 이 2가지를 잘 살펴보아야 한다.
또 귓속이 지저분하고 고약한 냄새가 난다면 질병이 있는 것은 아닌지 의심해 볼 필요가 있다. 다음으로 코를 만져 보도록 하자. 지나치게 콧물을 흘린다거나 자다가 일어난 것이 아닌데도 코가 바싹 말라 있다면 십중팔구 질병에 걸려 있다고 보아야 한다. 동물도 몸이 아프면 열이 나기 때문에 몸에 수분이 모자라 코가 메마르게 되는 것이다. 다른 동물들과 활발히 잘 노는지 살펴보는 것은 기본이다.
그 외에도 눈빛이 또렷한지, 사료는 잘 먹는지, 털이 고르고 깨끗한지, 너무 뚱뚱하거나 마르지 않았는지 등을 꼼꼼하게 살펴보고 골라야 한다.
건강한 애완동물을 새로운 식구로 맞아야 즐거운 생활을 함께 할 수 있다.

닮고 싶은 인물

《해리 포터》를 쓴 조앤 롤링

세계적인 베스트셀러 《해리 포터》 시리즈의 작가 조앤 롤링. 그녀는 어렸을 때부터 "우리가 ○○이 되었다고 상상해 보자!"는 말과 함께 상상하는 놀이를 즐겼다고 한다. 조앤 롤링이 《해리 포터》를 만들어 낼 수 있었던 원동력은 어릴 때부터 기른 상상하는 습관에 있었다고 해도 지나치지 않다. 조앤 롤링 스스로도 소설의 성공 비결은 상상의 힘 덕분이었다고 말한다.

기발한 상상력과 유머 그러면서도 감동적인 이야기로 독자를 빨아들이는 조앤 롤링의 소설은 엄청난 인기를 얻은 것은 물론이고 '세계 최우수 아동 도서'에 선정된 데 이어 권위 있는 '스마티즈 상'을 수상했다. 뿐만 아니라 세계적인 명성도 얻었다. 상상력의 힘은 이처럼 대단한 것이다.

No.02

펴낸 곳 삼성출판사 주소 서울시 서초구 서초동 1516-2 전화 (02)3470-6916 등록 제 1-276호 홈 페이지 www.samsungbooks.com
이 책에 실린 글과 그림을 무단으로 복사, 복제, 배포하는 것은 저작권자의 권리를 침해하는 것입니다. ⓒ Samseong Publishing Co., Ltd., 2009   삼성출판사

 # 똥눌 때 보는 신문

오늘의 읽을거리

똥 이야기 01

나무 주걱과 게다가 있어야 똥을 누다니?

도전! IQ 200 02
암호를 풀어라!

심리 테스트
위급한 상황에 대처하는 나의 능력은?

Hello, Ham 03
오늘의 포인트 _ meet

깜짝 기네스
세계 최고의 코골이

알기 쉬운 경제 04

조개 껍데기에서 신용 카드까지

상식뭉치

쥐는 비누, 전선, 벽돌, 나무 등 무엇이든 끊임없이 갉아먹는다. 쥐의 이빨은 죽는 날까지 계속 자라기 때문이다. 무언가를 계속 갉아서 적당한 길이를 유지해 주지 않으면 자라난 이빨이 안쪽으로 구부러지면서 결국 자신의 뇌를 찔러 죽게 된다.

나무 주걱과 게다가 있어야 똥을 누다니?

게다 신고 똥누고 나무 주걱으로 뒤 닦아

일본 헤이안 시대(794~1192)에는 서민들의 집에 화장실이 없었다. 그래서 똥을 누려면 길이나 숲에서 볼일을 보고 변주걱 또는 똥 막대기라고 불리는 나무 주걱으로 뒤를 닦았다. 더럽다고 생각되겠지만 실제로는 깨끗한 방법이었다. 당시 주식이었던 조나 피 등의 잡곡을 먹으면 단단한 똥을 누었기 때문에 주걱으로 한번 쓱 닦아 내면 깨끗해졌다.
똥을 눌 때 나무 주걱과 함께 필요한 물건이 또 있었는데, 바로 일본의 나막신에 해당하는 게다였다. 일본 사람들은 볼일을 볼 때 똥이나 오줌이 튀어서 몸에 묻거나, 옷이 땅에 닿아 더러워지는 것을 막기 위해 반드시 굽이 높은 게다를 신었다고 한다. 당시 게다는 매우 비싼 물건이었기 때문에 서민들은 볼일을 볼 때만 게다를 신었다.
그러나 똥이 농사에 비료로 쓰이기 시작하자 똥을 따로 모으기 위해 화장실이 생겨났다.

똥눌 때 한자

여름 하 夏

더워서 머리와 다리를 드러낸 모양을 본뜬 글자로 '여름'을 뜻한다.

도전! IQ 200

암호를 풀어라!

어느 날 아침 갑자기 사라져 버린 똥 박사. 경찰이 똥 박사의 집에 도착했을 때, 박사의 컴퓨터 모니터에 이상한 영어 문장이 씌어 있었다. 이 영어 문장은 범인을 찾는 데 필요한 중요한 단서가 분명했다. 똥 박사는 범인이 눈치채지 못하게 범인이 있는 곳을 써 놓은 것이다. 어떻게 해야 이상한 영어 문장에서 단서를 잡을 수 있을까?

```
ansqkdrn
enl vkfks
eoanswlq
```

정답 : 키보드를 한글로 바꾸어 치면, 문방구 옆 파랑 대문집, 이라는 단어가 된다. 즉 범인이 있는 곳은 문방구 옆 파랑 대문집이다.

PUZZLE

가로 풀이
2 선물을 포장할 때 끈을 ○○ 모양으로 묶어서 장식하지요.
3 어떤 대상을 대했을 때 마음 속에 새겨지는 느낌. 좋은 ○○을 남기다.
4 선생님의 가르침 없이 학생 스스로 하는 공부.
6 모래로 뒤덮이고, 식물이나 물이 거의 없는 벌판.

세로 풀이
1 널려 있는 물건들을 한군데에 모으거나 질서 있게 만드는 것. 책상 ○○.
3 언어를 가지고 생각하며, 사회를 이루고 사는 고등 동물.
5 장마철, 옷장 안에 ○○가 차면 옷장 문을 열어 두죠.
7 비바람, 볕 등을 막기 위해 치는 장막.

퍼즐 정답 : (가로) 2-리본, 3-인상, 4-자습, 6-사막 (세로) 1-정리, 3-인간, 5-습기, 7-천막

심리 테스트

위급한 상황에 다

식탁 위에 맛있는 과일 생크림 케이크가 있다. 나라면 어느 부분부터 먼저 먹을까?

A. 과일   B. 생크림   C. 빵

보는신문

🐹 Hi! I'm Ham.
안녕! 나는 햄이야.

🐰🐛 Nice to meet you!
만나서 반가워!

Point

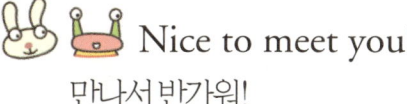

meet
[미트]
만나다

하는 나의 능력은?

맨 위에 있는 과일부터 먹는 사람은 생각보다 행동이 앞서는 성격. 상황에 따라 신중하게 행동하는 능력과 냉정한 판단력을 기를 필요가 있다.

달콤한 생크림부터 먹는 사람은 문제가 생기면 스스로 해결하기 보다 주위 사람들에게 눈물로 도움을 청하는 성격이다.

밑에 있는 빵부터 먼저 먹는 사람은 위급한 상황을 맞더라도 냉정함을 잃지 않고 충분히 생각한 후 행동으로 옮기는 성격. 도움을 청하기 보다 도와 주는 편에 속하는 사람이다.

깜짝 기네스

세계 최고의 코골이

소리의 크기를 측정하는 단위를 dB(데시벨)이라고 하며, 환경 소음의 기준치는 80dB이다. 오토바이 소리는 84dB이고 트럭의 소음은 90dB, 제트 여객기가 이륙할 때 내는 소리는 120dB, 나뭇잎이 바스락거리는 소리는 33dB 정도라고 한다. 그런데 93dB이라는 엄청난 소음을 내며 코를 고는 사람이 있다. 스웨덴 쿰라 시에 사는 코레 왈켓이 그 주인공이다. 코를 고는 시간이 고요한 한밤중이라 그 소리가 더 크게 느껴진다고 한다. 병원에서 진찰을 받아 본 결과 코레 왈켓은 혀의 안쪽이 기도를 막는 바람에 산소 공급이 어려워 심하게 코를 골게 된 것이라 한다. 코레 왈켓은 병원에서 처방해준 산소 호흡기 덕분에 코를 골지 않게 되었다. 트럭이 지나가는 듯한 소음을 더 이상 듣지 않게 되어 기뻐한 것은 코레보다 그의 부인이 아니었을까.

알기 쉬운 경제
조개 껍데기에서 신용 카드까지

필요에 따라 변화해 온 돈의 형태

먼 옛날에는 물건값을 무엇으로 치렀을까? 사람들은 오랫동안 화폐 없이 물물교환을 해 왔다. 그러다가 그 당시 무척 귀했던 소금이나 조개 껍데기, 동물 가죽 같은 것이 돈으로 쓰였다. 특히 조개 껍데기는 단단하고 예뻐서 기원전 3000년경부터 돈으로 쓰였다고 한다.

청동기 시대로 접어들면서 금속이 돈으로 사용되었다. 그러나 금속 화폐는 일일이 무게를 달아 사용해야 하는 불편함과 가짜가 많다는 문제점이 있었다. 그래서 일정한 금속을 녹여 만든 동전을 사용하기 시작했다. 하지만 많은 양의 동전을 무겁게 들고 다녀야 하는 불편함 때문에 종이로 만든 지폐가 생겨났다. 그리고 사회가 점점 복잡해지자 신용을 담은 수표나 어음, 돈의 가치를 지닌 '카드'가 새로운 화폐 수단으로 생겨났다. 이렇게 돈은 사회가 발전할 때마다 필요에 의해 새로운 형태로 만들어져 왔다.

별자리 이야기
염소자리 이야기(12.22~1.20)

목동의 신 판은 이마 위에 솟은 뿔과 갈라진 발굽을 지닌 염소의 모습을 하고 있었다.

어느 날, 올림포스에서 신들이 한창 잔치를 벌이고 있을 때, 괴물 티폰이 나타나 신들을 공격했다. 다급해진 신들은 각자 동물로 변신하여 재빨리 도망쳤다. 판도 도망을 치기 위해 변신했는데 너무 급하게 서두른 나머지 주문을 잘못 외워 상반신은 염소, 하반신은 물고기의 모습이 되고 말았다. 훗날 제우스가 이 모습을 재미있어 하며 별자리로 만들었다.

염소자리에 태어난 사람은 단번에 무언가를 이루기 보다는 끊임없는 노력과 성실함으로 목표를 이루는 사람이다. 책임감이 강한 반면 자기 중심적이며 주위와의 조화가 원만하지 못한 것이 단점이다.

No.03

펴낸 곳 삼성출판사 주소 서울시 서초구 서초동 1516-2 전화 (02)3470-6916 등록 제 1-276호 홈 페이지 www.samsungbooks.com 삼성출판사
이 책에 실린 글과 그림을 무단으로 복사, 복제, 배포하는 것은 저작권자의 권리를 침해하는 것입니다. © Samseong Publishing Co., Ltd., 2009

똥눌 때 보는 신문

오늘의 읽을거리

똥 이야기 01

야, 내 똥 넘어오지 마!

도전! IQ 200 02
상자는 모두 몇 개일까?

나도 마술사

터지지 않는 비눗방울

Hello, Ham 03
오늘의 포인트 _ morning

세상에 이런 일이

시체 먹는 풍습

요리조리 쿡 04

따끈따끈 팬케이크

상식뭉치

코끼리는 먹이를 먹을 때 코로 집어서 입으로 먹지만 물을 마실 때에는 코로 직접 들이켠다. 이 때 단 한 번에 코로 들어가는 양이 6.8L나 된다. 목이 무척 마를 때는 한 번에 227L를 들이켜기도 한다고. 이 정도면 소방수로 취업해도 될 듯하다.

야, 내 똥 넘어오지 마!

똥이나 오줌으로 영역을 표시하는 동물들

우리 집과 이웃집의 경계는 울타리나 담장이다. 그럼 동물에게도 우리 동네 혹은 우리 집이라는 구분이 있을까?

동물들은 자신의 영역을 표시하는 울타리로 똥오줌을 이용한다. 개를 데리고 산책을 나가면 여기저기 오줌을 찔끔거리며 누는 것도 이런 이유에서다.

돌아다니며 부지런히 오줌을 누는 개와 달리 선 채로 똥을 뿌려 영역을 표시하는 동물도 있다. 수컷 하마는 똥을 눌 때 짤막한 꼬리를 마구 흔들어서 되도록 멀리까지 똥을 흩어 놓는다. 거기에 독한 방귀 냄새도 한몫한다고. 한편 해안가나 하천가의 큰 나무뿌리 밑의 구멍이나 큰 바위 틈새를 집으로 삼는 수달은 귀여운 외모와는 달리 집 주위에 똥으로 둥그렇게 울타리를 만든다. 혹시 누군가 똥을 치우기라도 하면 금세 다시 똥을 누어 망가진 울타리를 수리하는 부지런함까지 보인다.

2

똥눌 때 한자

가을 **추**

잘 익어 가을에 고개 숙인 벼(禾)와 내리쬐는 햇볕(火)을 나타낸 글자로 '가을'을 뜻한다.

도전! IQ 200

상자는 모두 몇 개일까?

토끼네 가족이 어제 이사를 했다. 이삿짐을 풀고 나서 빈 상자를 그림과 같이 쌓아 두었다. 상자는 모두 몇 개일까?

①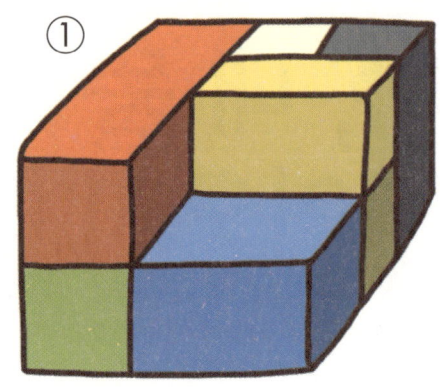

②

정답 : ① 7개 / ② 8개

숨은그림찾기

연필 / 밥그릇 / 털모자 / 펼친 책

나도 마술사

터지지 않는

준비물 : 비눗물, 비닐판, 빨대, 탁구공

마술 비법 : 비누 같은 세제 속에는 마른 것에 스며나 공에 미리 비눗물을 발라 두면 공이 다. 이 마술은 비눗물을 어떻게 만들었연구해 둘 필요가 있다.

 Good morning, Ham.
좋은 아침이야, 햄.

 Good night, Toto!
잘 자, 토토!

Point

morning
[모닝]
아침, 오전

비눗방울

1. 비눗물을 만든다(부엌에서 쓰는 세제에 PVA 성분이 들어 있는 다리미질용 풀을 섞으면 잘 터지지 않는 큰 비눗방울을 만들 수 있다).

2. 비눗물을 비닐판에 미리 발라 두고 빨대로 큰 비눗방울 돔을 만든다.

3. 비눗물을 발라 둔 탁구공을 비눗방울 돔 안으로 통과시킨다. 놀랍게도 공은 비눗방울 돔을 무사히 통과할 것이다.

러붙는 성분인 표면 활성제가 들어 있다. 비닐판이 의 얇은 막에 들러붙듯이 통과해 터지지 않는 것이라 잘 되지 않을 수 있으므로 비눗물에 대해 미리

세상에 이런 일이

시체 먹는 풍습

파푸아뉴기니에서는 1970년대까지도 가족이나 친척이 죽으면 그 시체를 먹는 풍습이 있었다. 그 중에서도 가장 귀한 것은 뇌였다고 한다. 사랑하는 가족과 친척의 살을 먹다니 도저히 있을 수 없는 일이라고 생각할 것이다. 그러나 이들은 사랑했던 사람의 시신을 먹음으로써 그 사람을 자신 안에 기억하고 그 사람이 자신의 일부가 되며 그 사람의 지혜가 자신에게 전해진다고 믿었다. 그러다 보니 자연히 존경받는 사람이 죽을수록 더 많은 사람들이 몰려 시체를 나누어 먹으려고 했다.
죽었을 때 아무도 시체를 먹으려 들지 않는 것은 그들 사회에서는 서글픈 일이었다. 시체를 먹는 것은 죽은 사람에 대한 일종의 존경심의 표시였기 때문이다.

팬케이크

재료[2인분] : 박력분 100g, 베이킹파우더 1/3작은술, 달걀 1개, 설탕 1/4컵, 우유 120cc, 버터 1큰술, 메이플 시럽

요리조리 쿡

따끈따끈 팬케이크

1. 박력분에 베이킹파우더를 넣고 고루 섞어 체에 내린다.
2. 볼에 달걀을 풀고 설탕을 넣어 거품기로 잘 저은 다음 설탕이 녹으면 우유를 부으면서 잘 섞는다.
3. 설탕과 우유를 섞은 달걀물에 다시 한 번 ①을 체에 쳐서 넣은 후 고루 섞어 반죽한다.
4. 달구어진 프라이팬에 버터를 얇게 바르고 ③의 반죽을 한 국자씩 지름 15cm정도로 떠 넣는다. 구멍이 송송 생기면 뒤집어서 2~3분 더 구워 낸 후 메이플 시럽을 곁들여 낸다.

Tip : 우유는 단백질과 무기질이 풍부해 성장기 어린이에게 좋다. 특히 우유의 칼슘은 몸에 잘 흡수되어 뼈를 튼튼하게 하고 잘 자라게 해준다.

글로벌 에티켓

'에티켓' 이란?

에티켓(etiquette)이라는 말은 고대 프랑스어의 동사 'estiquier(붙이다)' 에서 유래되었다. 옛날 프랑스 베르사유 궁전의 화원은 말뚝을 박아 출입을 막았는데 이 말뚝에 쓰여 있던 말이 바로 에티켓이었다.
에티켓은 '나무 말뚝에 붙인 표지' 를 가리키는 말에서 점차 받는 사람의 신분에 따라 달라지는 편지 예법이라는 말로 바뀌었다. 그리고 이것이 다시 궁중의 여러 예법을 가리키는 말로 변했다고 한다.
오늘날의 에티켓은 아름다운 화원을 훼손시키지 말라는 의미뿐 아니라 다른 사람 마음의 화원을 해치지 말라는 의미로도 사용되고 있다. 즉 다른 사람의 마음을 상하게 하지 않도록 사람과 사람 사이의 지켜야 할 기본적인 예절이라는 뜻으로 쓰이게 된 것이다.

No.04

펴낸 곳 삼성출판사 주소 서울시 서초구 서초동 1516-2 전화 (02)3470-6916 등록 제 1-276호 홈 페이지 www.samsungbooks.com
이 책에 실린 글과 그림을 무단으로 복사, 복제, 배포하는 것은 저작권자의 권리를 침해하는 것입니다. © Samseong Publishing Co., Ltd., 2009   삼성출판사

 똥눌 때 보는 신문

오늘의 읽을거리

똥 이야기 01
우리 아기 요람은 똥 경단

도전! IQ 200 02
피자를 배달하는 데 걸리는 시간은?

심리 테스트
친구들 사이에서 나는 어떤 사람일까?

Hello, Ham 03
오늘의 포인트 _ name

깔깔 유머
똥나라 이야기

역사 속으로 04
'임금님 귀는 당나귀 귀'의 실제 주인공은?

상식뭉치

음식을 부수는 이의 힘(분쇄력)은 227kg. 어른 남자 3명의 몸무게에 해당한다. 이는 우리 몸속에서 가장 단단한 법랑질로 덮여 있다. 또한 턱뼈 속에 단단히 뿌리를 내리고 있어 흔들리지 않고 딱딱한 음식도 잘게 부술 수 있다.

우리 아기 요람은 똥 경단

쇠똥구리 애벌레는 똥 경단 먹으며 자라

수많은 동물들의 천국인 아프리카. 어마어마한 숫자의 동물들이 살고 있는 만큼 동물들이 누는 똥의 양도 만만치 않을 것 같지만 생각보다 동물들의 똥을 찾아보기가 힘들다고 한다. 아무리 커다란 동물의 똥이라도 2000종에 이르는 쇠똥구리가 순식간에 없애 버리기 때문이다.

쇠똥구리는 동물들의 똥에서 영양분을 섭취하는 한편 똥으로 경단을 만들어 그 안에 알을 낳는다. 쇠똥구리의 알은 똥 경단 속에서 애벌레로 깨어나 아빠, 엄마가 열심히 빚어 놓은 똥 경단을 먹으며 무럭무럭 자란다.

한편 쇠똥구리를 이용해 환경 문제를 해결하는 나라가 있다. 목축 산업이 활발한 오스트레일리아에서는 하루에 생겨나는 똥무더기가 무려 2억 개. 오스트레일리아인들은 이 엄청난 양의 가축 똥을 쇠똥구리를 이용해 해결하고 있다고 한다.

똥눌 때 한자

겨울 동

사계절 가운데 가장 끝에 오는 계절로 얼음이 언다는 의미를 담고 있으며 '겨울'을 뜻한다.

도전! IQ 200

피자를 배달하는 데 걸리는 시간은?

어느 아파트 단지에 있는 5층짜리 상가 건물 1층에 맛있는 피자집이 있다. 여기서 일하는 배달원은 빠르기로 소문난 사람으로 3층까지 피자를 배달하러 가는 데 정확히 30초가 걸린다고 한다. 그렇다면 이 배달원이 5층까지 피자를 배달하는 데는 몇 초가 걸릴까? 단, 이 배달원은 여러 층을 올라가도 지치지 않고 똑같은 속도로 간다고 생각하고 계산하자.

정답 : 60초. 3층까지 올라가는 데 30초가 걸리고 한 층 올라가는데 15초씩 걸리므로 5층까지는 총 60초가 걸린다. 1층에서 3층까지 두 층 올라가는 데 걸리는 시간이 30초이므로 한 층 올라가는 데 걸리는 시간은 15초.

PUZZLE

가로 풀이
1 줄지어 찍은 점으로 이루어진 선. ○○을 따라가면 답이 있어요.
2 ○○○의 파란불이 켜지면 길을 건너가요.
5 꺼지지 않고 불을 이어 가는 조그만 불덩이. 난로의 ○○를 꺼뜨리다.

세로 풀이
1 아침, ○○, 저녁.
2 산에서 살며 도를 닦아 신통력을 얻은 사람.
3 병원에 가면 의사 선생님은 진찰을 해주고 ○○사 선생님이 주사를 놔 주지요.
4 등에 켠 불. 등잔불.
6 곡식이나 채소 등의 씨. 봄에 ○○을 뿌리다.

심리 테스트

친구들 사이에서

친구 집에서 파티를 열기로 했다. 파티에 먹을 음식을 각자 준비해 가야 하는데, 나는 어떤 음식을 가져갈까?

A. 빵이나 밥   B. 샐러드
C. 디저트   D. 특별 요리

대표 정답 : (가로) 1-점선, 2-신호등, 5-불씨 (세로) 1-점심, 2-산신령, 3-간호, 4-등불, 6-씨앗

보는신문

🐹 Hello, I'm Ham.
What's your name?
안녕, 나는 햄이야. 네 이름은 뭐니?

🐶 My name is Joe.
내 이름은 조야.

Point

name
[네임]
이름, 호칭

는 어떤 사람일까?

🌸 묵묵히 자기 일을 해 나가는 성격. 친구들의 궂은 일을 도와 주는 경우가 많다.

🌸 주위에 협조적인 성격. 친구들 사이에서 어려운 문제에 대해 충고해 주는 상담자 역할을 하는 경우가 많다.

🌸 분위기를 즐겁게 만들 줄 아는 밝고 명랑한 성격. 친구들 사이에서 꼭 필요한 존재다.

🌸 머리가 좋고 센스가 뛰어나다. 많은 사람으로부터 존경받는 리더와 같은 존재다.

깔깔 유머

똥나라 이야기

1) 똥나라의 왕비 : 변비
2) 똥나라의 강 이름 : 구린내
3) 똥나라의 새 이름 : 똥 냄새
4) 똥나라 사람들은 어떻게 생겼을까 : 똥그란 얼굴
5) 똥나라의 국조(國鳥 : 나라 새) : 정화조
6) 똥나라의 최고 인기 구기 종목 : 방구
7) 똥나라의 곤충 : 회충, 요충, 십이지장충, 촌충
8) 똥나라의 도자기 : 변기
9) 똥나라 사람들이 사는 동네 : 변두리
10) 똥나라에서 가장 아름다운 꽃 : 나프탈렌

역사 속으로
'임금님 귀는 당나귀 귀'의 실제 주인공은?

귀가 얇고 변덕이 심했던 경문왕

신라 48대 임금인 경문왕은 왕이 된 뒤부터 귀가 점점 길어지더니 결국 당나귀 귀 같이 되었다. 이 사실은 오직 복두 만드는 사람만이 알고 있었는데 아무에게도 말하지 말라는 어명 때문에 그는 누구에게도 말을 하지 못했다. 하지만 너무 답답해서 병이 날 지경에 이르자, 그는 대나무 숲으로 가 아무도 없는 것을 확인한 뒤 큰소리로 마구 외쳤다. "임금님 귀는 당나귀 귀!" 그 날 이후, 바람이 세게 부는 날이면 "임금님 귀는 당나귀 귀!"라고 외치는 소리가 대나무 숲에서 들려 왔다. 마침내 모든 신하들이 왕의 비밀을 알게 되자 왕은 대나무를 모조리 베고 산수유를 심게 했다.

이 설화에서 경문왕이 당나귀 귀로 묘사된 것은 귀가 얇아 남의 말을 잘 듣고 변덕이 심했음을 뜻한다. 또 대나무를 모두 베어 내고 산수유를 심었다는 것은 반대파를 모조리 없애고 자신의 비위를 맞추는 세력들만 곁에 두었다는 암시이다.

건강이 최고
쑥쑥~ 키 크는 방법

키가 크기 위해서는 영양 상태와 생활 습관, 적당한 운동 등 성장에 필요한 조건을 만들어 주는 것이 중요하다.

우선 칼슘과 단백질이 풍부한 달걀노른자와 생선 등을 많이 먹고 편식하지 않도록 한다. 또 밖에서 뛰어 놀면 햇빛에 있는 비타민 D가 피부를 통해 만들어져 뼈가 튼튼해지는 데 도움이 된다.

적당한 운동은 뼈의 성장판을 자극하여 뼈를 잘 자라게 해주고 성장 호르몬을 증가시키므로 수영, 조깅 등을 해 보자. 혹은 맨손 체조나 근육 관절을 풀어 주는 스트레칭을 하는 것도 좋다. 그러나 지나친 운동은 오히려 스트레스를 주어 성장 호르몬을 줄어들게 하므로 피한다.

일찍 자고 일찍 일어나는 습관을 기르고 성장 호르몬의 분비가 가장 왕성한 밤 10시에서 새벽 2시 사이에는 잠을 푹 자도록 한다.

No.05

펴낸 곳 삼성출판사 주소 서울시 서초구 서초동 1516-2 전화 (02)3470-6916 등록 제 1-276호 홈 페이지 www.samsungbooks.com 삼성출판사
이 책에 실린 글과 그림을 무단으로 복사, 복제, 배포하는 것은 저작권자의 권리를 침해하는 것입니다. © Samseong Publishing Co., Ltd., 2009

오늘의 읽을거리

똥 이야기 01
개똥도 약으로 쓰인다!

도전! IQ 200 02
손 안 대고 벽돌 넘어뜨리기

나도 마술사
손바닥에 뚫린 구멍

Hello, Ham 03
오늘의 포인트 _ get up

오싹 괴담
불행 하나

궁금한 과학 04
체온계 눈금이 42°C 까지밖에 없는 이유

상식뭉치

임진왜란 이전에는 오늘날과 같은 빨간 김치가 없었다. 고추가 우리 나라에 전해진 것은 임진왜란 이후인 16~17세기 무렵. 그러나 임진왜란 이전에도 김치는 우리 민족의 밥상에 훌륭한 반찬으로 올라왔다. 물론 고추가 등장하기 전이니 당시에는 하얀 백김치였다.

개똥도 약으로 쓰인다!

연료로, 거름으로, 쓰임새도 다양해

'개똥도 약에 쓰려면 없다'는 속담이 있다. 아주 흔한 것도 막상 찾으면 없다는 말이다. 그런데 개똥이 정말 약에 쓰일까? 비록 땅에 쓰이기는 하지만 약으로 쓰이기는 한다. 옛날에는 밖에 나가 있다가도 똥이 마려우면 집으로 달려와 볼일을 보곤 했다. 사람 똥이건 개똥이건 모든 똥은 밭에 뿌릴 귀한 거름이었기 때문. 최근 유기 농법에 쓰이기 시작하면서 농촌에서 똥의 가치가 다시 높아지고 있다. 똥을 풀이나 재와 함께 묵혀 두었다가 밭에 주면 땅을 건강하게 하기 때문이다.

똥의 쓰임새는 실로 다양하다. 인도에서 소똥이, 사막에서 낙타똥이 연료로 쓰인다는 사실은 이미 잘 알려져 있다. 아프리카에서는 야생 동물의 똥으로 벽돌을 만들어 집을 짓는다. 심지어는 벽에 시멘트처럼 바르기도 하는데, 야생 동물의 똥을 바른 벽은 튼튼하고 시원해서 좋다고 한다.

똥눌 때 한자

때 시 (時)

해(日)가 규칙적으로 움직이기(止) 때문에 계절이 바뀐다는 것을 나타낸 글자로 '때' 혹은 '시간'을 뜻한다.

도전! IQ 200

손 안 대고 벽돌 넘어뜨리기

과학 시간, 선생님이 아이들에게 흥미로운 문제를 하나 냈다. 손을 대지 않고 벽돌을 넘어뜨리는 방법을 물어 본 것이다. 아이들이 모두 고개를 가로저으며 어려워하자 선생님은 과학실에 있던 양초와 풍선, 나무젓가락 중 하나를 이용해 보라고 했다. 또 공기를 이용하라는 말도 덧붙였다. 어떤 것을 이용해야 손을 대지 않고 벽돌을 넘어뜨릴 수 있을까?

정답 : 풍선을 불어 벽돌 아래 놓고 공기를 빼면 벽돌이 넘어진다.

숨은그림찾기

럭비공 / 도끼 / 바나나 / 번데기

나도 마술사

손바닥에

준비물 : 알루미늄 포일을 다 쓰고 남은 종이 통

마술 비법 : 왼쪽 눈으로 보는 풍경과 오른쪽 눈에 구멍이 뚫려 보이는 것이다. 이 마술을

보는 신문

Hello, Ham

- Get up. It's too late.
  일어나거라. 너무 늦었어.
- All right. I am up now.
  네. 일어났어요.

Point

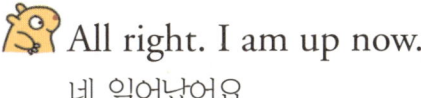

get up
[겟 업]
일어나다

린 구멍

1. 친구에게 왼손으로 통을 잡고 왼쪽 눈으로 종이 통을 통해 정해진 목표물을 바라보게 한다.
2. 오른쪽 눈은 살짝 감고 오른쪽 손을 쫙 펴서 종이 통 옆에 바짝 갖다 대게 한다.
3. 박수를 치면 왼쪽 눈으로는 계속 종이 통 안을 들여다보게 하고 오른쪽 눈을 떠 오른손을 보게 한다.
4. 눈을 뜨는 순간 친구는 오른쪽 손바닥에 뚫린 구멍 사이로 왼쪽 눈으로 바라보았던 목표물을 보게 되어 깜짝 놀랄 것이다.

바닥이 뇌 속에서 하나의 풍경으로 합쳐져 손바닥는 친구는 볼 수 없으므로 한 사람씩 보게 한다.

오싹 괴담

불행 하나

점을 보러 간 선희에게 점쟁이는 다가올 미래에 행복 셋, 불행 하나가 있다고 말했다. 몇 달 후 선희는 좋은 남자를 만나 결혼하게 되었다. 그리고 행복한 결혼 생활을 하다가 1년 후에는 예쁜 아이까지 낳았다. 좋은 남편과 행복한 결혼 생활, 귀여운 아이까지 3가지 행복을 모두 가졌다는 것을 깨달은 선희는 앞으로 다가올 불행을 생각하니 점점 불안해졌다. 그러던 어느 날, 선희는 낮잠을 자다가 아이가 누군가에 의해 베란다에서 떨어지는 꿈을 꾸고는 깜짝 놀라 깨어났다. 그런데 정말로 아이가 베란다에서 떨어져 죽어 있는 것이 아닌가! 선희는 슬펐지만 한편으로는 이제 불행은 끝났다고 생각하며 안심했다. 그러나 며칠 후, 선희는 누군가에 의해 남편이 죽는 악몽을 꾸었다. 깨어 보니 남편이 꿈에서처럼 죽어 있었다. 선희는 울부짖으며 점쟁이를 찾아 갔다. 불행은 하나라고 하지 않았느냐고 울며 따지는 선희에게 점쟁이는 조용히 말했다.
"불행은 하나가 맞아. 당신의 한 가지 불행은 몽유병이거든."

궁금한 과학

체온계 눈금이 42℃까지 밖에 없는 이유

41℃만 돼도 혼수 상태, 42℃면 사망

우리가 보통 사용하는 온도계는 눈금이 100℃까지 있다. 그런데 사람의 체온을 재는 체온계는 눈금이 42℃까지밖에 없다. 왜 체온을 재는 온도계는 42℃까지밖에 없는 것일까?

건강한 사람의 체온은 36℃~37℃ 사이. 그러나 몸이 아프면 체온이 올라가게 된다. 하지만 아무리 몸이 아파도 42℃ 이상은 올라가지 않는다. 42℃ 이상 올라가면 사람이 생명을 잃게 되기 때문이다.

사람은 정상 체온에서 벗어나 41℃만 돼도 혼수 상태에 이르고 42℃가 되면 몸 안의 단백질이 응고되어 제 기능을 잃게 된다. 단백질은 높은 열에 응고되는 성질을 지니고 있다. 우유를 데워 먹을 때 컵 가장자리에 우유 단백질이 응고되는 것과 마찬가지로 핏속의 단백질 또한 높은 열에서 응고되어 결국 생명을 잃게 되는 것이다.

그런 이유로 체온계는 눈금이 42℃ 이상은 필요하지 않다.

즐겁게 글쓰기

글을 잘 쓰려면 다양한 경험이 필요

글을 잘 쓰기 위해서는 여러 가지 준비가 필요하다. 그 중에서도 무엇보다 중요한 것은 경험이다. 따라서 많은 경험을 한 사람은 좋은 글을 쓸 수 있는 조건을 가진 셈이다. 그러나 모든 것을 직접 경험해 볼 수 있는 것은 아니므로 여행, TV 시청 혹은 책 읽기나 인터넷 검색을 통해 필요한 경험을 간접적으로 얻는 것도 좋은 방법이다.

많이 안다고 해서 반드시 좋은 글을 쓸 수 있는 것은 아니지만 지식이 풍부하면 좋은 글이 나올 수 있는 가능성이 높다. 많은 경험을 통해 생각의 폭이 그만큼 넓어지기 때문이다. 이렇게 수집한 경험을 잘 정리한다면 한 편의 좋은 글이 될 것이다.

No.06

 똥 눌 때 보는 신문

펴낸 곳 삼성출판사 주소 서울시 서초구 서초동 1516-2 전화 (02)3470-6916 등록 제 1-276호 홈 페이지 www.samsungbooks.com 삼성출판사
이 책에 실린 글과 그림을 무단으로 복사, 복제, 배포하는 것은 저작권자의 권리를 침해하는 것입니다. © Samseong Publishing Co., Ltd., 2009

오늘의 읽을거리

똥 이야기 01

하이힐이 탄생하게 된 속사정

도전! IQ 200 02
그림의 공통점 찾기

심리 테스트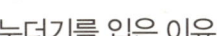
10년 후 나의 외모는?

Hello, Ham 03
오늘의 포인트 _hungry

생각하는 동화
누더기를 입은 이유

문화 답사 04

유네스코가 지정한 세계 문화 유산, 종묘

상식뭉치

조선 시대에도 여형사가 있었다. 조선 시대는 남녀의 구분이 엄격한 유교 사회였기 때문에 양반집이나 신분이 높은 부인의 몸을 수색하는 일, 염탐하는 일 등에 여형사가 필요했던 것이다. 이들은 '다모'라고 불렸으며 의금부나 포도청에서 일했다.

하이힐이 탄생하게 된 속사정

오물로 가득찬 거리를 걸을 땐 하이힐이 안성맞춤

여성들이 신는 굽 높은 구두 하이힐이 처음 등장한 것은 17세기 유럽에서였다. 여기저기에서 파티가 많았을 테니 그럴 만하다고 생각하겠지만 천만의 말씀! 하이힐이 탄생한 데는 다른 이유가 있었다.

당시 유럽의 거리는 밤새 용기에 받은 오물을 창밖으로 내버려 온통 엉망진창이었다. 비라도 내리면 오물 웅덩이가 천지에 널려 있었다. 그러다 보니 여성들은 언제나 치맛자락을 똥물에 적시는 수밖에 없었다.

이 때 혜성처럼 등장한 것이 굽 높은 구두. 도로의 똥물을 피하기 위해 만들어진 이 구두는 앞과 뒤에 똑같은 높이의 기다란 나무를 덧붙인 단순한 모양이었다. 높이에 얼마나 신경을 썼던지 무려 60cm의 구두가 등장하기도 했다고 한다. 이렇게 신기 시작한 하이힐은 널리 유행하게 되어 오늘날에는 여성의 구두를 뜻하게 되었다.

똥눌 때 한자

사이 **간**

문(門) 틈으로 들어오는 햇빛(日)을 나타낸 글자로 '틈' 혹은 '사이'를 뜻한다.

도전! IQ 200

그림의 공통점 찾기

주어진 4개 그림 속에는 한 가지 공통점이 있다. '발에 착용한다'는 뜻으로 표현할 수 있는 이 4개의 공통점은 무엇일까?

정답 : 발에 신는 것.

PUZZLE

가로 풀이
1 옷이나 과일 등 많은 물품을 사고 파는 장소.
3 가죽으로 만든 서양식 신. 뾰족 ○○.
5 많은 재산을 가진 사람. 흥부는 가난했지만 놀부는 ○○였죠.
7 깊은 땅 속에서 나오는 검은 연료. 휘발유, 등유.

세로 풀이
2 우리 나라의 대표적인 타악기 중 한 가지. 혼자서 북 치고 ○○ 친다.
4 콩으로 만든 식품의 한 가지. 네모난 ○○.
6 같은 극끼리는 서로 밀어내고 다른 극끼리는 끌어당기는 성질이 있죠.

퍼즐 정답 : (가로) 1-시장, 3-구두, 5-부자, 7-석유 (세로) 2-장구, 4-두부, 6-자석

심리 테스트

10년 후

침대에 누워 창 밖을 보며 밤하늘에 달이 떠 있다. 이 달은 어떤 모양일까?

A. 보름달 B. 반달 C. 초승달

- I'm hungry.
  배고파요.
- It looks delicious!
  맛있겠다!

hungry
[헝그리]
배고픈, 허기진

외모는?

떠 있는 장면을 상상해 보자. 내가 생각

- 보름달을 상상한 사람은 앞으로 뚱뚱해질 가능성이 있다. 규칙적인 생활과 함께 열심히 운동하는 습관을 갖자.

- 반달을 상상한 사람은 뚱뚱하지도 마르지도 않은 평균 체형을 가지고 있을 가능성이 크다.

- 초승달을 상상한 사람은 10년 후 뚱뚱한 체형과는 거리가 먼 날씬한 외모를 하고 있을 가능성이 크다.

생각하는 동화

누더기를 입은 이유

어느 시골에 재산이 많은 부자 유대인이 살고 있었습니다.
어느 날 그는 다 떨어진 누더기를 입고 큰 도시로 일을 보러 나갔습니다. 그 곳에서 우연히 만난 고향 친구가 누더기를 입은 부자 친구를 보고 깜짝 놀랐습니다. 고향 친구는 자네 같은 부자가 어떻게 누더기를 입고 이런 큰 도시에 나올 생각을 했느냐고 물었습니다. 그러자 부자 유대인은 이 도시에 나를 아는 사람이 없으니 괜찮다고 했습니다. 그 말을 들은 고향 친구는 고개를 끄덕였습니다.
며칠 후, 고향으로 돌아온 친구는 부자 유대인을 다시 만났습니다. 그런데 그는 여전히 다 떨어진 누더기를 입고 있는 것이 아니겠어요? 친구는 아는 사람이 많은 고향에서도 누더기를 입고 있는 까닭을 물었습니다. 그러자 부자는 고향에서는 자신이 부자라는 걸 모르는 사람이 없으니 괜찮다고 했습니다. 친구는 이번에도 고개를 끄덕일 수밖에 없었습니다.

문화 답사

유네스코가 지정한 세계 문화 유산, 종묘

역대 왕들의 위패가 모셔진 곳

종묘는 조선 역대 왕과 왕비의 위패(죽은 사람의 이름을 적은 나무판)를 모신 곳으로 조선의 왕들이 직접 선대 왕들에게 예를 올리던 제사 공간이었다.

종묘에 들어서면 제일 먼저 '신로'가 보인다. 정전과 영녕전으로 이어지는 신로는 혼령이 다니는 '가운데 길'과 왕과 세자가 걷는 '오른쪽, 왼쪽 길'로 나뉘어져 있다. 자세히 보면 돌들이 매우 거친 것을 알 수 있는데, 이는 제사 지내러 가는 발걸음을 무겁게 하기 위함이었다고 한다. 그만큼 경건한 마음으로 들어가야 한다는 의미이기도 하다. 종묘 제례악의 선율도 그에 맞춰 장중했으며 무게가 느껴지도록 정전의 정면을 온통 붉은색으로 치장했다.

우리 나라에서 제일 긴 목조 건물이기도 한 종묘의 정전이 옆으로 긴 까닭은 모실 신주의 수가 늘어남에 따라 건물을 옆으로 길게 늘려 지었기 때문이다. 종묘는 지하철을 타고 종로3가에서 내리면 된다.

왕따 탈출

나만 잘난 건 아니야

우리 주변에는 남다른 재능을 가진 친구들이 많다. 공부를 잘하는 친구, 그림을 잘 그리는 친구, 노래를 잘하는 친구, 또 운동을 잘하는 친구, 무용을 잘하는 친구 등. 무언가를 남보다 잘한다는 것은 타고난 재능에 스스로의 노력을 더한 결과이니 분명 자랑스러운 일이다.

그러나 자신이 다른 친구들보다 더 잘하는 것이 있다고 해서 잘난 척하거나 다른 친구들을 무시해서는 안 된다. 누구나 남보다 잘 하는 일이 한 가지씩은 있게 마련이다. 단지 조금 일찍 발견하거나 조금 늦게 발견하는 차이가 있을 뿐이다.

사소한 것이라도 친구가 가진 좋은 점이나 남보다 뛰어난 점을 찾아 칭찬해 보면 어떨까? 기뻐하는 친구의 모습을 보면 나의 마음도 덩달아 즐거워지는 것을 틀림없이 느낄 수 있을 것이다.

No.07

똥눌 때 보는 신문

오늘의 읽을거리

똥 이야기 01
똥구멍을 막고 겨울잠자는 곰

도전! IQ 200 02
공범이라는 증거는?

심리 테스트
친구들은 나를 어떻게 생각할까?

Sing a Song 03
What's This?
생각하는 동화
진짜 엄마, 가짜 엄마

신나는 스포츠 04
국제 스포츠 대회 올림픽

상식뭉치

살아 있는 파충류 가운데 가장 몸집이 큰 동물인 악어는 큰 사냥감의 경우 커다란 주둥이로 물속까지 끌고 들어가 익사 시킨 후 먹는다. 몸무게 1t가량의 악어가 주둥이로 먹이를 으깨는 힘은 사람이 깨무는 힘의 26배인 13t이나 된다.

똥구멍을 막고 겨울잠자는 곰

송진으로 똥구멍 막고, 오줌은 다시 사용해

곤히 잠을 자다가 새벽에 깰 때가 종종 있다. 대개는 소변이 마렵거나 아주 가끔은 똥이 마려운 경우. 졸음이 쏟아지는데 일어나야 하는 것도 괴로운 일이지만 혼자 깜깜한 화장실에 가는 것은 정말 싫은 일이 아닐 수 없다. 잠자는 동안에는 똥오줌을 안 눌 수 없는 걸까? 그런 점에서 곰은 정말 부러운 동물이다. 대개의 곰은 겨울잠을 자는 동안 똥오줌을 누지 않기 때문이다. 겨울잠을 자는 동안에도 약하게나마 신체 활동이 이루어지고 겨울잠을 자기 위해 잔뜩 먹었을 텐데 어떻게 한 번도 똥오줌을 안 눌 수 있는 걸까?

그 이유는 똥구멍을 틀어막기 때문이다. 곰은 겨울잠을 자기 위해 음식을 잔뜩 먹고 나서 마지막으로 송진을 먹는다. 송진은 굳으면 딱딱해지는데 이것으로 똥구멍을 막아 겨우내 똥이 나오는 것을 막는 것이다.

똥만이 아니다. 오줌도 다시 흡수해 몸 안에서 수분으로 사용하기 때문에 한 방울도 나올 오줌이 없다고 한다.

똥눌 때 한자

높을 고

성 위에 우뚝 솟은 전망대의 모양을 본 뜬 것으로 '높다' 는 뜻이다.

도전! IQ 200
공범이라는 증거는?

밤 사이 어느 부잣집에 도둑이 들었다. 신고를 받은 경찰이 사건을 조사하기 위해 찾아왔다. 가정부는 문 소리가 나 밖을 내다 보았을 땐 이미 도둑이 문을 나서고 있어 뒷모습밖에 보지 못했다고 했다. 경찰이 도둑의 모습을 본 대로 말해 보라고 하자 가정부는 도둑은 키가 크고 밤색 양복을 입었으며 파란 넥타이를 메고 있었다고 말했다. 조사를 마친 경찰은 가정부를 공범으로 체포해 갔다. 경찰은 어떻게 그 사실을 알았을까?

정답: 뒷모습만 보았다면 넥타이를 볼 수 없다.

숨은그림찾기

부메랑 / 크레파스 / 꽃병 / 앵클부츠

심리 테스트
친구들은 나를

가면 무도회가 열린다면 나는 어떤 가면을 쓰고 무도회에 참석할까?

A. 곤충 가면　　B. 철 가면

C. 탈　　D. 피에로 가면

보는신문

Sing a Song
What's This?

What's this? What's this?
What's this? What? What?
It's a bird. It's a bird.
It's a bird, bird, bird.

What's this? What's this?
What's this? What? What?
It's a tree. It's a tree.
It's a tree, tree, tree.

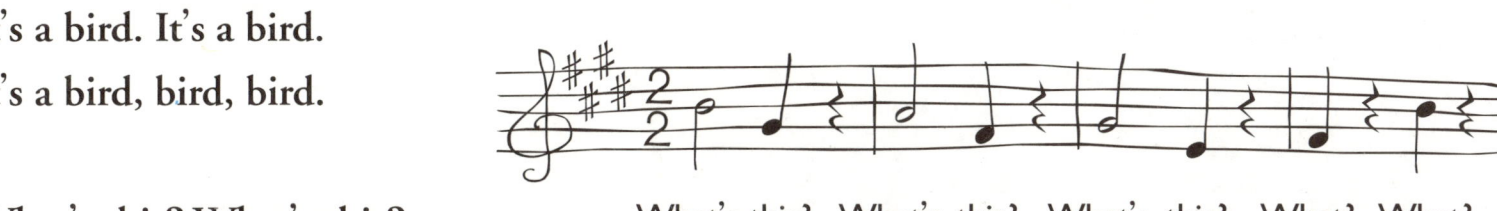

어떻게 생각할까?

겉모습은 성실하고 노력하는 사람으로 보이지만 사실은 놀고 싶어하는 친구로 생각한다.

야무지고 혼자서 뭐든지 해낼 수 있으면서 괜히 약한 척하는 친구로 생각한다.

누구에게나 친절하고 자상하지만 알고 보면 차가운 성격을 가진 친구라고 생각한다.

재미있는 말을 해서 사람들을 즐겁게 하지만 사실은 외로움을 잘 타는 성격의 친구라고 생각한다.

생각하는 동화
진짜 엄마, 가짜 엄마

두 여인이 한 아기를 데리고 솔로몬 왕을 찾아왔습니다. 여인들은 울면서 서로 자신이 아기의 엄마라고 주장했습니다. 눈을 감고 잠시 생각에 잠긴 솔로몬 왕은 재판장의 한 가운데 금을 긋게 한 다음 아기를 선 위에 눕히게 했습니다. 그리고는 두 여인에게 양쪽에서 아기의 팔을 잡아당겨 차지하는 사람이 아기의 엄마가 될 것이라고 말했습니다.

신호가 떨어지자 두 여인은 서로 자기 쪽으로 아기의 팔을 잡아당겼습니다. 그러자 아기는 팔이 아파 울기 시작했습니다. 한 여인은 그래도 사정없이 팔을 잡아당겼지만 다른 여인은 힘없이 아기의 팔을 잡은 채 울면서 끌려갔습니다. 솔로몬 왕은 울면서 끌려가는 여인에게 아기를 데리고 돌아가라고 말했습니다.

가짜 엄마는 아기를 차지할 욕심에 사정없이 아기를 잡아당겼지만 진짜 엄마는 아기가 다칠까 두려워 차마 잡아당기지 못했던 것입니다.

국제 스포츠 대회 올림픽

신나는 스포츠

스포츠를 통해 하나되는 마당

'세계인의 축제'인 올림픽은 IOC(국제 올림픽 위원회) 주최로 4년에 한 번씩 열리는 국제 스포츠 대회다. 라틴어의 "Citius (더 빨리), Altius(더 높이), Fortius(더 힘차게)"라는 구호 아래 세계 여러 나라 선수들이 우정을 나누는 자리이기도 하다.

올림픽 대회는 여름에 열려 하계 대회라고도 부른다. 이와 함께 4년에 한 번씩 같은 장소에서 장애인 올림픽이 열리고 겨울에는 동계 올림픽이 열린다.

동계 올림픽에서는 스케이트, 아이스하키 등의 겨울 스포츠 경기가 벌어진다. 또 파랄림픽(Paralympic)이라고 불리는 하반신이 마비된 장애인 선수들이 펼치는 장애인 올림픽은 모든 신체 장애자들에게 용기를 주고 있다.

그 밖에 제2차 세계 대전 이후, 아시아 여러 나라의 우호를 다지는 국제 스포츠 대회인 아시안 게임이 4년에 한 번씩 올림픽 중간 해에 열리고 있다.

환경 이야기

환경을 살리는 길이 인간이 사는 길

알면서도 환경을 파괴하는 유일한 동물은 무엇일까? 다름 아닌 만물의 영장이라고 공공연하게 주장하는 인간들이다.

인간의 직접적인 자연 파괴와 간접적인 환경 오염으로 매 시간마다 한 종류의 동식물이 지구에서 사라지고 있다. 또 인간은 매일 260억 톤의 쓰레기를 바다에 버리는 짓도 서슴지 않는다. 그뿐 아니라 주변을 둘러보면 골프장, 유원지 등 놀고 즐기기 위해 산을 깎아 없애는 일이 매일같이 일어나고 있다. 환경의 파괴는 결과적으로 인간에게도 종말을 의미한다. 인간 역시 다른 동식물처럼 파괴된 환경에서는 살 수 없기 때문이다. 지금 인간에게는 그 무엇보다도 지구가 선물한 아름다운 자연환경을 지키려는 노력이 필요하다.

No.08

펴낸 곳 삼성출판사　주소 서울시 서초구 서초동 1516-2　전화 (02)3470-6916　등록 제 1-276호　홈 페이지 www.samsungbooks.com　삼성출판사
이 책에 실린 글과 그림을 무단으로 복사, 복제, 배포하는 것은 저작권자의 권리를 침해하는 것입니다.　ⓒ Samseong Publishing Co., Ltd., 2009

똥 눌 때 보는 신문

오늘의 읽을거리

똥 이야기 01
엄마 똥만 있으면 변비 걱정 끝!

도전! IQ 200 02
범행에 사용된 승용차는?

나도 마술사
토마토를 뜨게 하는 신비의 물

Hello, Ham 03
오늘의 포인트 _ clean

깜짝 기네스
세계 최고의 잡식가

애완동물 키우기 04
애완용 강아지 제대로 키우기

상식뭉치

아주 오랜 옛날에도 자동 판매기가 있었다. 2200년 전 고대 그리스의 한 사원에 있던 성수 자동 판매기가 그것이다. 헤론이라는 사람이 만든 세계 최초의 자동 판매기는 20g의 동전을 넣으면 자동으로 성수가 나왔다고 한다.

엄마 똥만 있으면 변비 걱정 끝!

아기 하마에게는 엄마 똥이 변비약

코끼리만큼이나 많이 먹기로 유명한 하마. 먹는 양이 많은 만큼 변비에 걸려 고생하는 하마가 많다.

변비로 고생하는 하마에게 특효약은 섬유질이 많은 먹이를 먹는 식이 요법이나 강력한 변비약이 아닌 물로 엉덩이 자극하기! 그런 까닭에 하마는 근처에 물이 없으면 똥을 누지 않는다고.

그런데 특별히 태어난 지 1주일 된 아기 하마는 반드시 엄마 하마의 도움이 있어야 똥을 눌 수 있다. 아기 하마는 생후 1주일 동안 엄마 하마의 똥을 먹어야 제대로 똥을 눌 수 있기 때문이다. 엄마 하마의 똥에는 요구르트처럼 소화를 돕는 미생물이 포함되어 있어 아기 하마의 소화를 도와 준다는 것이다.

그래서 동물원의 아기 하마는 수조의 물을 갈 때면 물 속에 남아 있는 엄마 하마의 똥을 먹느라 정신이 없다고 한다.

2

똥눌 때 한자

낮을 저

신분이 낮은 사람이 신분이 높은 사람 앞에서 허리를 굽힌 모양을 본뜬 글자이며 '낮다'는 뜻을 가지고 있다.

도전! IQ 200

범행에 사용된 승용차는?

주차장에 같은 종류의 승용차 4대가 서 있었다. 이 중 1대가 새벽 2시에 주차장을 빠져 나가 은행을 털고 새벽 3시에 돌아왔다. 그날 새벽 2시 10분부터 약 30분 동안 비가 내렸다. 다음날 출동한 경찰은 범행에 사용된 차를 찾으려 했지만 차 종류도 같고 주변에 바퀴 자국도 없어 쉽지가 않았다. 어떻게 해야 범행에 사용된 차를 찾아낼 수 있을까?

정답 : 범행 중이 아닐 때 주차된 차의 주변에는 사용된 부분에 자국이 있다. 그러나 범행에 사용된 차의 주변에는 비가 와서 바퀴 자국이 없다.

숨은그림찾기

뱀 / 다리미 / 빗 / 여자 구두 / 가지(열매)

나도 마술사

토마토를 뜨

준비물 : 방울 토마토 4개, 유리컵 2개, 물병 2개(한

마술 비법 : 소금물은 물체를 뜨게 하는 힘(부력)이 것이다. 따라서 될 수 있는 대로 소금

보는신문

 Sure. What can I do?
좋아. 뭘 하면 되지?

 Will you clean the room?
방을 청소해 줄래?

Point

clean
[클린]
청소하다, 청결한

청소 좀 하자. 도와 줄래?

Sure. What can I do?

Will you clean the room?

그, 그래.

는 신비의 물

물, 다른 한쪽에는 소금물을 넣어 둔다.)

★ 빈 컵에 방울 토마토를 넣고 맹물을 붓는다. 물론 토마토는 뜨지 않고 바닥에 그대로 있다.

★ 마법을 걸면 토마토를 뜨게 할 수 있다고 친구들에게 말한 다음, 이번에는 다른 빈 컵에 방울 토마토를 넣고 소금물을 붓는다.

★ 거짓말처럼 방울 토마토가 물 위로 쑥 올라와 둥둥 뜨게 될 것이다.

하기 때문에 방울 토마토가 소금물에 뜨게 되는 만들어 놓는 것이 마술을 성공시키는 비결이다.

깜짝 기네스

세계 최고의 잡식가

세상에서 자신이 먹지 못하는 것은 없다고 큰소리치는 사람이 있다. 바로 프랑스 그루노블 시에 사는 쉬에 오띠또씨. 그는 정말 못 먹는 것이 없는 잡식가이다. 쉬에 오띠또는 지금까지 전화기, 텔레비전, 컴퓨터, 자전거, 냉장고, 슈퍼마켓 카트 등을 먹어 치웠다. 해산물 요리를 먹어도 조갯살은 먹지 않고 조개 껍데기만 먹는다고 한다.

쉬에 오띠또가 이렇게 엄청난 물건들을 씹어 먹을 수 있는 건 모두 특이한 그의 어금니 덕분이라고. 오띠또의 주치의에 의하면 그는 다른 사람 몸에는 없는 강한 방어 능력과 배설 능력이 있어서 금속 조각을 많이 먹어도 중독되지 않고 건강을 유지할 수 있다고 한다.

애완동물 키우기

애완용 강아지 제대로 키우기
끊임없는 관심과 보호의 손길 필요

강아지만큼 사람과 가까운 동물은 드물다. 사람을 바라보는 초롱한 두 눈과 그 안에 담긴 순한 마음은 사람을 감동시킨다. 애완동물 중 강아지를 가장 많이 기르는 것도 바로 그런 이유에서일 것이다.

그러나 어린 강아지를 가족으로 맞이하는 데는 많은 인내심과 사랑, 충분한 여건이 갖추어져야 한다. 정기적인 예방 주사는 물론이고 사료와 샴푸, 빗 등 강아지 전용 품이 필요하다. 사람이 쓰는 물건이나 음식이 더 좋을 것 같지만 때로는 강아지에게 해가 되기도 한다. 집에서 강아지를 기르려면 조심해야 할 점이 많다. 인간의 이기심에 의해 더 작고 예쁘게 유전적으로 개량되었기 때문에 강아지의 피부는 사람보다 5배나 약하다. 따라서 사람이 쓰는 비누나 샴푸로 강아지를 씻기면 심한 건성 피부병을 앓게 된다. 또 사람이 먹는 음식을 먹이면 비만이 되거나 질병의 원인이 될 수 있으니 주의하자.

닮고 싶은 인물

신지식인 특허인 박순복

발명을 위한 고민의 나날을 보내는 박순복씨의 생활은 직장에서나 집에서나 늘 고쳐야 할 부분을 찾는 것이 일이다.

포스코에서 근무하는 박순복씨는 업무와 관련한 특허 300여 건을 내 특허 5건과 실용신안 100여 건을 따냈다. 이런 노력 덕분으로 특허청에 의해 신지식인 특허인으로 뽑히기도 했다.

끊임없이 노력하다 보면 발전 또한 따르는 법. 집에 와서도 아내와 아이들과 머리를 맞대고 고민하던 박순복씨는 결국 튜브의 원리를 이용해 귀지를 뽑아 내는 흡입식 귀 후비개라는 발명품을 만들어 냈다.

박순복씨는 창의적인 생각을 하기 위해서는 다른 사람들의 생각을 먼저 아는 것이 기본이라고 말한다.

No.09

펴낸 곳 삼성출판사 주소 서울시 서초구 서초동 1516-2 전화 (02)3470-6916 등록 제 1-276호 홈 페이지 www.samsungbooks.com
이 책에 실린 글과 그림을 무단으로 복사, 복제, 배포하는 것은 저작권자의 권리를 침해하는 것입니다. ⓒ Samseong Publishing Co., Ltd., 2009
삼성출판사

똥눌 때 보는 신문

오늘의 읽을거리

똥 이야기 01
화장지가 없었던 시절에는

도전! IQ 200 02
같은 참새를 찾아라!

심리 테스트
나는 친구들에게 얼마나 의지할까?

Hello, Ham 03
오늘의 포인트 _ time to

세상에 이런 일이
아들 11명으로 축구 팀 만든 부부

알기 쉬운 경제 04
뱅카에서 시작된 은행의 유래

상식뭉치

요들 송은 '알펜호른'이란 관악기 소리를 목소리로 흉내낸 데서 시작되었다. 지금은 스위스 민요로 발전되었지만 원래는 눈이 많이 내리는 알프스 산간 지대의 사람들끼리 산울림을 이용해 자신의 상황을 멀리 있는 이웃에게 알리기 위해 불렀다.

화장지가 없었던 시절에는

화장지는 1970년대부터 사용하기 시작해

똥이 누고 싶을 때 달려가는 곳은 화장실이다. 볼일이 끝나고 나서 찾는 것은 화장지. 혹시 볼일을 본 후 화장실에 화장지가 없는 경험을 해 보았는지? 상상만 해도 아찔한 일이 아닐 수 없다.

종이는 2세기경 중국에서 발명되었다. 일본에서는 에도 시대에 이르러서야 귀족과 무사들이 재생 종이로 뒤를 닦았다. 우리 나라는 1950년대 초만 해도 종이로 뒤를 닦는 것은 생각할 수도 없었다. 그만큼 종이가 귀했기 때문이다. 사람들은 볏짚이나 채소, 나뭇잎 등으로 닦는 것이 보통이었다.

1970년대부터 화장지가 사용되기 시작했지만 그것도 부자들에게나 해당되는 일. 서민들은 신문지나 달력, 포대를 적당히 잘라 부드러워질 때까지 비벼서 사용했다. 종이가 빳빳하면 잘 안 닦이는 것은 물론이고 상처가 나서 아프기 때문이었다.

2

똥눌 때 한자

스스로 자 自

사람의 코 모양을 본뜬 글자로, 자신을 가리킬 때 코를 가리킨다는 데서 '스스로' 라는 뜻을 가지게 되었다.

도전! IQ 200

같은 참새를 찾아라!

5마리의 참새가 모이를 쪼아먹고 있다. 이 중에서 똑같은 참새 2마리를 찾아보자.

정답 : ①과 ⑤

PUZZLE

가로 풀이
2 학교에서 학생을 가르치는 사람.
4 동물의 꽁무니나 몸통의 끝에 가늘고 길게 나온 부분. ○○가 길면 길잡힌다.
5 신발을 신을 때 그 속에 함께 신는 면이나 나일론 등으로 짠 두 짝의 물건.
6 몸에 나타나는 온갖 병.

세로 풀이
1 선생님이 학생들을 가르치는 곳. 초등○○, 중○○
3 높은 곳에 오르내릴 때 디딜 수 있도록 만든 물건.
5 칫솔로 이를 닦는 일. 하루 3번, 3분간 ○○○을 해야죠.
7 머리 아프고 기침 나면 ○○에 가서 주사를 맞아야죠.

퍼즐 정답 : (가로) 2-교사, 4-꼬리, 5-양말짝, 6-질병 / (세로) 1-학교, 3-사다리, 5-양치질, 7-병원

심리 테스트

나는 친구들에

아름다운 여객선을 타고 여행을 하고 있는데 갑자기 상어 1마리가 나타났다. 이 상어의 크기는 어느 정도일까?

A. 작은배 정도
B. 유람선 정도
C. 타이타닉호 정도
D. 63빌딩 정도

 Time to go to bed.
잘 시간이야.

 Okay. Good night!
알았어요. 안녕히 주무세요!

Point

time to
[타임 투]
~할 시간

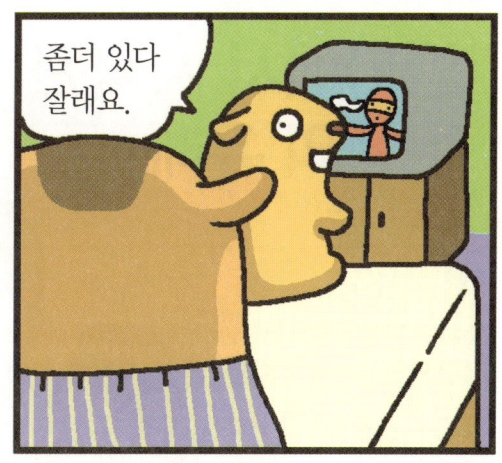

얼마나 의지할까?

🌼 자립심이 강하고 자신의 일을 스스로 처리하는 성격이다. 책임감이 강하고 타인을 배려하는 마음도 깊다.

🌼 평소에는 자신의 일을 잘 처리하지만 위급한 상황에 처하면 남에게 기대는 성격이다.

🌼 모든 일에 불안해 한다. 자신에 대한 믿음이 약해 남에게 의존하려는 마음이 강하다.

🌼 자신의 행동에 문제가 생기면 금세 소극적으로 변하는 성격이다. 자립심이 부족해 항상 주위 사람들에게 의존하곤 한다.

세상에 이런 일이

아들 11명으로 축구 팀 만든 부부

영국 앤도버에 사는 휴스 부부는 결혼 후 11명의 아들을 줄줄이 낳아 '휴스 축구팀'을 만들었다. 결혼 첫해 큰아들 아담(22)을 낳은 것을 시작으로 오웬(21), 라이언(20), 글렌(17), 케빈(15), 마틴(13), 콜린(10), 샘(9), 리암(5), 요셉(3), 막내아들 야곱(2)까지 낳아 완벽하게 축구팀 멤버를 완성했다. 12번째 아이는 그렇게 기다렸던 딸을 낳아 기쁘다는 휴스 부부. 한편 큰아들 아담은 경기 도중 부상으로 선수가 빠지게 되면 교체할 멤버가 필요하다며 남동생 한두 명을 더 낳아 달라고 엄마를 조르고 있다. 하지만 로스씨는 그만 쉬고 싶다고. 22년간의 결혼 생활 중 아이 낳는 데만 꼬박 10년이 걸린 셈이니 그럴만도 하다.

알기 쉬운 경제

뱅카에서 시작된 은행의 유래

뱅카는 오늘날의 은행원

은행을 영어로는 '뱅크(bank)'라고 한다. 뱅크는 책상을 뜻하는 이탈리아어 '뱅카(banca)'에서 시작된 말이다.

일찍부터 무역이 발달한 이탈리아의 항구 도시 베니스는 동양과 서양의 무역을 연결해주는 장소였다. 그래서 언제나 세계 곳곳에서 몰려든 상인들로 붐볐다. 그러다 보니 자연스럽게 상인들의 돈을 맡아 보관해 주거나 바꿔 주는 사람들이 등장했다. 상인들은 무역을 위해 먼 곳으로 떠나기 전에 가지고 있는 돈을 '뱅카'라 불리는 사람들에게 맡겼다. 뱅카는 오늘날의 은행원이었던 셈. 한번 떠나면 오랜 시간이 걸렸기 때문에 돈을 안전하게 맡아 줄 사람이 필요했던 것이다.

상인들의 돈을 맡은 뱅카는 돈을 맡았다는 증서를 써 주었다. 하지만 뱅카가 상인이 맡긴 돈을 가지고 멀리 달아나거나 모두 써 버려 돈을 돌려받지 못하는 경우도 종종 있었다.

별자리 이야기

물병자리 이야기(1.21~2.19)

제우스와 헤라의 딸이며 청춘의 여신인 헤베는 신들의 잔치가 있을 때마다 신들의 음료인 넥타르를 따르는 일을 해 왔다. 그러나 헤베가 지상에서의 생을 마치고 올림포스로 올라온 헤라클레스의 아내가 되자 일을 계속할 수 없게 되었다. 제우스는 헤베를 대신할 이로 트로이의 아름다운 왕자 가니메데를 떠올렸고 다른 신들도 찬성했다.

그리하여 가니메데는 불사의 몸이 되어 올림포스에서 신들의 넥타르를 따르는 일을 맡게 되었다. 이 일을 기념해 넥타르를 담은 물병이 별자리로 만들어졌다.

물병자리에 태어난 사람은 예리한 관찰력과 추리력을 지니고 있으며 사람들을 잘 설득하는 힘을 가졌다.

No. 10

펴낸 곳 삼성출판사 주소 서울시 서초구 서초동 1516-2 전화 (02)3470-6916 등록 제 1-276호 홈 페이지 www.samsungbooks.com 삼성출판사
이 책에 실린 글과 그림을 무단으로 복사, 복제, 배포하는 것은 저작권자의 권리를 침해하는 것입니다. ⓒ Samseong Publishing Co., Ltd., 2009

똥눌 때 보는 신문

오늘의 읽을거리

똥 이야기 01

지렁이는 자연의 청소부

도전! IQ 200 02
과연 명 사격수!

나도 마술사
마법의 가루가 알려 주는 내 몸의 때

Hello, Ham 03
오늘의 포인트 _ fun

깔깔 유머
내가 최고!

요리조리 쿡 04

힘이 쑥쑥~!
참치 샌드위치

상식뭉치
옛날에는 이발사가 외과 의사이기도 했다. 이발소에서 머리를 깎는 것 외에 작은 외과 수술을 하거나 골절, 탈골 등을 치료했던 것. 18세기 영국에서부터 두 분야가 나누어졌지만 이발소의 삼색 원통이 지금까지 그 증거로 남아 있다. 삼색 원통의 빨강은 동맥, 파랑은 정맥, 흰색은 붕대를 상징한다.

지렁이는 자연의 청소부

쓰레기를 먹고 싼 지렁이똥은 최고의 비료

지렁이는 땅 속 깊이 습기가 많고 나뭇잎이나 썩은 음식물이 있는 곳에서 생활한다. 꿈틀거리는 모습이 징그러워 보일지도 모르지만 지렁이는 환경에 매우 유익한 동물이다. 지렁이는 음식 찌꺼기, 하수 찌꺼기, 버려진 가공 식품, 종이류 등과 각종 동물의 똥을 좋아하는 특이한 식성을 가지고 있다. 게다가 식욕도 왕성해 하루에 자기 몸무게의 배가 넘는 양을 먹어 치운다.

먹은 양의 절반을 똥으로 누는데 작고 둥근 지렁이 똥은 땅을 건강하게 만들어 식물이 잘 자라게 한다. 또 지렁이가 흙 속을 기어다니면서 만드는 작은 구멍은 땅 속에 공기가 잘 통하게 하여 흙 속의 미생물이 자라기에 좋은 환경을 만들어 준다.

지렁이똥을 거름으로 사용하면 식물에 병충해가 거의 없기 때문에 최근에는 아주 비싼 값에 팔리고 있다고.

똥눌 때 한자

움직일 동

무거운 것(重)을 움직인다(力)는 뜻을 나타내는 글자로 '행동하다', '움직이다' 라는 뜻이다.

도전! IQ 200
과연 명 사격수!

탁자 위에 물컵이 2줄로 놓여 있었다. 외국의 유명한 사격 선수가 단 2발의 총알로 물컵을 모두 깨뜨렸다. 정말 놀라운 솜씨였다. 그런데 이것을 보고 있던 한국의 사격 선수가 코웃음을 치며 총알을 낭비하는 건 좋지 않다고 말했다. 자신은 단 1발만으로도 모든 컵을 깨뜨릴 수 있다는 것이다. 외국 선수는 화가 났지만 한국 선수의 솜씨를 보자 할 말을 잃었다. 한국 선수는 어떻게 단 1발로 모든 컵을 깰 수 있었을까?

정답 : 탁자의 다리를 쏘면 탁자가 쓰러질 것이고 자연스레 컵이 모두 깨진다.

숨은그림찾기

생선 / 야구공 / 알파벳 V / 조개 / 깔때기

나도 마술사
마법의 가루가

준비물 : 물 한 그릇, 후춧가루, 비누

마술 비법 : 물 분자는 비누 분자에 달라붙으면 잘 묻은 비누를 피해 물 분자가 흩어질 때

보는 신문

🐹 I'm home.
　다녀왔습니다.

🐹 Yes, Mom. It was fun.
　예, 엄마. 즐거웠어요.

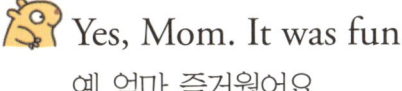

fun
[펀]
재미, 즐거움

주는 내 몸의 때

1. 집게손가락에 미리 비누를 살짝 묻혀 둔다.
2. 친구들에게 마법의 가루가 내 몸에 때가 있는지 알려 준다고 말하면서 물이 담겨 있는 그릇에 후춧가루를 적당히 뿌린다.
3. 손가락을 물에 담그면서 "마법의 가루가 내 손을 피해 달아나면 때가 많다는 뜻이죠" 라고 말한다.
4. 물에 뿌려 놓은 후춧가루가 손가락을 피해 멀리 달아나면 친구들에게 "내 몸에 때가 많아서 피하는 군요. 씻어야겠는 걸요?" 하고 말한다.

…는다. 즉 표면 장력이 약해지기 때문이다. 즉, 손에 …따라간 것이다.

깔깔 유머

내가 최고!

어느 날, 공들이 한자리에 모여 서로 자기가 최고라고 자랑했다. 먼저 탁구공이 말했다.
"난 작고 가벼워서 어디든지 들어갈 수 있어. 그러니까 내가 최고야!"
그러자 축구공이 앞으로 나서며 말했다.
"조그만 녀석이 까불고 있군! 크기로 보나, 가격으로 보나 내가 최고라고."
이번에는 농구공이 통통거리며 말했다.
"무슨 소리야? 크기로 따지자면 당연히 내가 최고지! 건방진 녀석들……"
그러자 럭비공이 소리쳤다.
"야~, 모두들 조심하는 게 좋을 거야. 나 지금 화나서 어디로 튈지 모르니까!"
그 때 말없이 공들의 대화를 듣고 있던 야구공이 조용히 한마디 하자 모두 입을 다물고 말았다.
"너희들! 나 얼굴에 실밥 푼다!"

4

참치 샌드위치

재료[1인분] : 식빵 1장, 통조림 참치 1/4통, 잘게 다진 셀러리 줄기 약간, 씨를 빼고 잘게 다진 붉은 피망 1/2개, 치커리 20g, 물기를 제거하고 잘게 다진 오이 피클 1개, 마요네즈 약간

요리조리 쿡

힘이 쑥쑥~! 참치 샌드위치

1. 통조림 참치는  체에 받쳐 기름을 쪽 뺀다.

2. 참치, 셀러리, 오이 피클, 붉은 피망을 볼에  담고 마요네즈를 넣어 잘 버무린다.

3. 식빵은 가장자리를 잘라 내고 한쪽 면에 마요네즈를 바른다.

4. 마요네즈를 바른 식빵 위에 치커리를 깔고 ②를 얹는다.

Tip : 참치와 같은 등푸른 생선은 DHA 등 필수 지방산을 함유하고 있어 자라나는 어린이의 두뇌 계발에 좋으며, 참치의 EPA 성분은 혈액 순환을 좋게 해준다.

글로벌 에티켓

자카르타에서 화장실에 가다

인도네시아의 자카르타를 여행하다가 무심코 화장실에 들어갔다가는 무척 당황하게 될지도 모른다. 왜냐 하면 아무리 찾아 봐도 휴지가 없기 때문이다. 자카르타의 화장실에는 휴지 대신 수도꼭지 밑에 물통과 바가지가 있을 뿐이다. 신체의 청결을 중요시하는 인도네시아 사람들은 볼일을 본 후 휴지로 닦지 않고 물로 씻는 것이 습관처럼 굳어져 있다. 따라서 이것을 지저분하다고 생각하면 곤란하다.

또한 인도네시아 사람들은 화장실에서 반드시 왼손을 사용한다. 반대로 오른손은 식사할 때나 악수할 때, 물건을 건네줄 때 등 중요하고 의미 있는 데에만 사용한다. 따라서 당연히 왼손으로 악수를 하거나 음식을 먹거나 물건을 건네주는 행동은 엄청난 실례이다.

No.11

펴낸 곳 삼성출판사 주소 서울시 서초구 서초동 1516-2 전화 (02)3470-6916 등록 제 1-276호 홈 페이지 www.samsungbooks.com 삼성출판사
이 책에 실린 글과 그림을 무단으로 복사, 복제, 배포하는 것은 저작권자의 권리를 침해하는 것입니다. ⓒ Sarnseong Publishing Co., Ltd., 2009

똥눌 때 보는 신문

오늘의 읽을거리

똥 이야기 01

엄마 코알라의 똥 이유식!

도전! IQ 200 02
우리 안에 1마리씩 넣기

심리 테스트
나는 얼마나 사교적일까?

Hello, Ham 03
오늘의 포인트 _ dark

오싹 괴담

사당행 막차

역사 속으로 04

온달은 정말 바보였을까?

상식뭉치

세계에서 가장 많이 사용되는 언어는 중국어이다. 중국이 세계 최대의 인구를 자랑하는 만큼 그 언어도 가장 많이 사용되는 것. 2위는 스페인어, 3위는 영어, 한국어는 13위라고. 한편 세계에서 가장 많은 언어를 사용하는 나라는 845개가량의 언어를 사용하는 인도이다.

엄마 코알라의 똥 이유식!

따끈따끈 엄마 똥, 맛도 좋고 영양도 좋고!

엄마 똥을 먹고 무럭무럭 자라는 아기가 있다. 무척 지저분한 그 주인공은 호주에 사는 아기 코알라이다.

코알라는 귀엽게 생긴 외모와는 달리 예민하고 편식이 심해 유칼리 잎만 먹는다. 유칼리 잎에는 타닌이라는 독성이 있어서 다른 동물들은 거의 먹지 않는다. 코알라가 하루에 18시간이 넘게 잠을 자는 이유도 유칼리 잎의 독을 해독하는 데 많은 에너지를 쏟기 때문이다. 유칼리 잎이 어찌나 질긴지 이를 소화시키기 위해 코알라의 맹장은 몸의 4배나 된다고 한다. 이렇게 잎이 질기다 보니 막 젖을 뗀 아기 코알라가 먹을 수는 없는 노릇. 잘게 씹어 먹인다 해도 너무 질기기 때문에 어미 코알라가 한 번 소화시킨 다음 먹기 좋게 똥으로 누어 아기 코알라에게 먹인다. 때문에 어미 코알라의 똥은 사람의 똥과 달리 영양 만점 이유식인 셈.

2

똥눌 때 한자

모 **방**

소가 끄는 쟁기를 본뜬 글자로, '네모', '방향', '방법'의 뜻을 가지고 있다.

도전! IQ 200

우리 안에 1마리씩 넣기

한 우리 안에 함께 있으면 위험한 4마리의 동물이 있다. 사다리꼴 모양의 우리 안에 철장을 만들어 각각의 동물을 안전하게 보호하려 한다. 각 동물이 1마리씩 들어갈 수 있도록 4개의 칸막이를 가지고 똑같은 크기와 모양의 우리 4개를 만들어 보자.

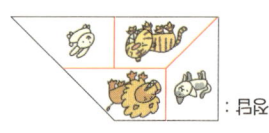

PUZZLE

가로 풀이
1 나라와 나라 사이에 무력을 사용하여 싸움.
2 교과를 이루는 단위. 내가 제일 좋아하는 ○○은 음악이야.
5 옷을 여미기 위해 쓰는 작은 물건. 똑딱 ○○.
6 대대로 내려오는 한 가문의 혈통 관계를 기록한 책.

세로 풀이
1 옛날부터 전해 내려옴. ○○ 동화.
3 나무로 집을 짓거나 여러 가지 물건을 만드는 사람.
4 명주실로 광택이 나게 짠 천. ○○결처럼 고운 마음씨.
7 한 집안의 보배가 될 만한 물건.

심리 테스트

나는 얼마

해가 잘 드는 창가에 화분을 하나 놓고 ... 다. 나라면 어떤 종류의 화분을 고를까?

A. 고개 숙인 은방울꽃

B. 강인한 선인장

C. 작고 많은 꽃이 피는 석류

D. 귀여운 튤립

3

Hello, Ham

🐹 It's getting dark. Let's go home.
어두워진다. 집에 가자.

🐹 Okay. See you tomorrow.
그래. 내일 만나자.

Point

dark
[다크]
어두운, 캄캄한

It's getting dark. Let's go home.

좀더 놀고 싶은데….

집에 가서 저녁 먹어야지, 쩝~.

Okay. See you tomorrow.

사교적일까?

- 고개를 숙인 채 꽃을 피우는 은방울 꽃을 선택한 사람은 내성적이고 혼자 비밀을 간직하기 좋아하는 성격이다.

- 선인장을 선택한 사람은 사교성은 있지만 지나치게 완벽하기 때문에 대인관계가 원만하지 못한 사람이다.

- 많은 꽃을 피우는 석류를 선택한 사람은 사교적이며 남에게 사랑받기를 강하게 원하는 사람이다.

- 귀여운 튤립을 선택한 사람은 가만히 있어도 남에게 호감을 주는 매력적인 사람이다.

오싹 괴담

사당행 막차

보슬비가 추적추적 내리는 밤이었다.
밤 12시가 가까워 올 무렵, 영수는 4호선 사당행 지하철을 타고 집으로 가고 있었다. 막차여서 그런지 사람이 별로 없었다. 사람들이 하나, 둘씩 내리자 열차 안은 점점 한기가 돌았다. 다음 정거장에 도착하기 전, 안내 방송이 나왔다.
"이번 역은 총신대, 총신대역입니다. 내리실 문은 오른쪽입니다."
총신대역에서 문이 열렸다 닫히자 지하철 안에는 영수 혼자만 남아 있었다. 지하철은 다시 덜컹덜컹 사당역을 향해 달렸다. 그 때, 이전의 안내 방송과는 다른 가냘픈 여자의 목소리가 스피커를 통해 흘러 나왔다.
"이번 역은 사당, 이 열차의 종착역입니다. 내리실 문은 없습니다."

이번역은 사당…, 내리실 문은 없습니다….

역사 속으로

실제로는 바보가 아닌 용감한 장군

바보라고 놀림을 당하던 가난하고 미천한 신분의 온달이 평강 공주와 결혼해 훌륭한 장군이 된다는 바보 온달 이야기는 너무나 유명한 설화이다. 그런데 우리가 알고 있는 이 설화는 사실과 조금 다르다.

바보 온달은 고구려 평원왕 때 살았던 실제 인물이다. 고구려 시대에는 아무리 능력이 뛰어나도 귀족이 아니면 출세할 수 없었다. 그래서 평민이나 하급 군졸, 벼슬아치들은 신분 제약에 대한 불만이 많았다. 북으로는 수나라, 남으로는 신라·백제와 맞서고 있는 상황에서 나라 안의 불만 세력까지 생기자, 평원왕은 그들의 불만을 없애기 위해 평강 공주를 내세워 능력 있는 신흥 무사 계급이었던 온달을 사위로 맞았다. 온달은 전쟁에서 공을 세워 왕의 사위로 인정을 받고 신흥 귀족이 되었다. 온달의 이러한 모습은 불만 세력을 누그러뜨려 고구려에 활력을 불어넣었다. 온달은 결코 바보가 아니었던 것이다.

건강이 최고

날씬해지는 비결

한번 찐 살을 빼기란 쉬운 일이 아니다. 그렇다고 무리해서 다이어트를 하면 건강에 해로울 뿐만 아니라 성장기에 키가 크는 것을 방해한다. 그러나 짧은 시간 안에 살을 많이 빼겠다는 욕심만 부리지 않는다면 효과적으로 안전하게 살을 뺄 수 있는 방법이 여러 가지 있다.

가장 좋은 다이어트 방법은 천천히 체중을 줄여 나가는 것이다. 무엇보다 기름기 많은 음식은 금물이다. 균형 잡힌 식사를 하되 같은 음식이라도 튀기는 대신 굽거나 삶아서 먹고 인스턴트 식품이나 패스트푸드는 먹지 않도록 한다. 또 음식을 천천히 꼭꼭 씹어 먹는 습관도 중요하다.

거기에 매일 걷는 운동을 함께 하도록 해 보자. 자신에게 알맞은 목표를 세우고 규칙적으로 걷기 시작해서 매일 단계적으로 걷는 양을 늘려 나가는 것이 좋다.

No. 12

펴낸 곳 삼성출판사 주소 서울시 서초구 서초동 1516-2 전화 (02)3470-6916 등록 제 1-276호 홈 페이지 www.samsungbooks.com 삼성출판사
이 책에 실린 글과 그림을 무단으로 복사, 복제, 배포하는 것은 저작권자의 권리를 침해하는 것입니다. © Samseong Publishing Co., Ltd., 2009

똥 눌 때 보는 신문

오늘의 읽을거리

똥 이야기 01
똥 마렵다, 실시~!

도전! IQ 200 02
경비행기에서 떨어뜨린 것은?

나도 마술사
손가락이 알려 주는 구구법 9단

Hello, Ham 03
오늘의 포인트 _ hurt

깜짝 기네스
세계에서 가장 작은 쌍둥이

궁금한 과학 04
오존, 방패일까 창일까?

배변 반사에 의해 나오는 똥

우리 몸의 모든 기관은 대부분 대뇌의 명령에 의해 움직인다. 그러나 반사만큼은 예외다. 반사란 어떤 자극이 왔을 때 대뇌의 명령을 받기 전에 척수에서 바로 운동 신경을 자극해 신체에 반응이 나타나는 것을 말한다.

우리가 똥을 누는 것도 배변 반사에 의해서다. 곧은창자가 똥으로 꽉 차서 늘어나면 바로 감각 신경을 자극해 척수로 전달되고 척수에서 운동 신경을 통해 똥을 내보내도록 자극을 준다. 그러면 곧은창자가 오그라들고 똥 구멍의 근육이 느슨해지면서 똥이 나오는 것이다.

그러나 자극이 온다고 언제 어디서나 똥을 눌 수는 없는 일이다. 똥을 눌 수 있는 적절한 상황이 아니라면 뇌에서 배변 반사를 조절해 똥을 참게 한다. 아기가 기저귀를 차는 것은 아직 배변 반사를 조절하지 못하기 때문이다.

그러나 똥을 너무 참아도 곧은창자가 늘어나 배변 반사가 잘 일어나지 않게 되어 변비에 걸린다고 한다.

상식뭉치

오늘날 전 세계적으로 사용되고 있는 아라비아 숫자는 2000여 년 전, 아라비아가 아닌 인도에서 처음으로 만들어졌다. 아라비아 상인들이 이 숫자를 배워 12세기경 유럽에 전했기 때문에 아라비아 숫자라는 이름이 붙었을 뿐이라고.

2

똥눌 때 한자

향할 향

창문이 북쪽에 나 있는 집을 본뜬 글자이며 '향하다'의 뜻을 가지고 있다.

도전! IQ 200

경비행기에서 떨어뜨린 것은?

어느 날 밤, 산 속에 있던 집이 갑자기 무너졌다. 주변 마을 사람들의 말에 의하면 사고가 나던 날 밤, 경비행기 1대가 집 위를 지나갔으며 '꽝' 하는 소리가 들렸다고 한다. 하지만 불꽃이 전혀 보이지 않았기 때문에 폭탄은 아닌 것 같다고 했다. 실제로 폭탄이 떨어진 흔적은 그 어디에도 없었다. 그런데 한 가지 이상한 것은 집 주위에 물이 흥건히 고여 있다는 것이었다. 도대체 경비행기에서 무엇이 떨어진 것일까?

정답 : 가비행기 얼음덩어리.

숨은 그림 찾기

가위 / 고추 / 갈매기 / 하트

나도 마술사

손가락이 알려

준비물 : 볼펜

⭐1 양손의 손가락에 1번부터 10번까지 번호를 매긴다.

⭐2 친구 싶은 한다. 라고 가락

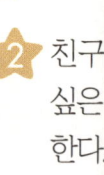

보는신문

 I'm really sorry.
정말 미안해.

 Does it hurt a lot?
많이 아프니?

는 구구법 9단

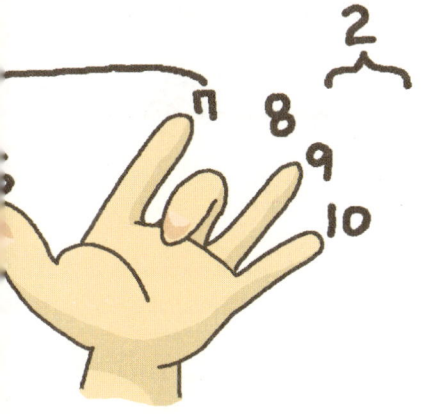

곱하고
개라고 말
구가 8이
면 8번 손
다.

⭐ 답은 구부린 손가락의
왼쪽 손가락 개수 7과
오른쪽 손가락 개수 2
를 차례로 붙인 72다.

깜짝 기네스

세계에서 가장 작은 쌍둥이

보통 사람이 세상에 갓 태어났을 때의 키는 약 50cm. 그리고 두 살이 되면 약 90cm가 된다. 그런데 세상에 태어난 지 40년이 넘었는 데도 키가 86.5cm밖에 안 되는 사람이 있다. 그것도 형제가 똑같이.

미국의 플로리다 주에 사는 존과 그레그 형제가 '세상에서 가장 작은 쌍둥이' 기록을 세운 주인공이다. 존과 그레그는 인기가 많아 플로리다 주에서 여는 갖가지 행사에 초청 받는 것은 물론, 텔레비전 광고에도 출연했다고 한다. 그러나 이들의 진짜 직업은 유능한 부동산 중개업자이다.

사람의 키는 머리끝에서 발끝까지 재는 것이 아니라 어깨 위에 있는 머릿속을 재야 한다고 말하는 이 쌍둥이 형제야말로 세상에서 가장 큰 사람들이 아닐까.

오존, 방패일까 창일까?

궁금한 과학

개선하려는 우리 모두의 노력이 절실

산소에는 2가지 종류가 있다. 하나는 2개의 원자로 이루어졌으며 생물의 호흡에 사용되는 산소(O_2)이고 다른 하나는 3개의 원자로 이루어진 오존(O_3)이다.

오존은 지구 대기의 성층권에 있을 때는 우주의 해로운 자외선을 막아 피부암 등의 질병을 막아 준다. 그러나 공기중에 다량으로 있으면 눈과 머리를 아프게 하고 호흡 곤란을 가져오는 환경 오염 물질로 변하게 된다. 자외선을 막아 주는 방패인 동시에 사람을 공격하는 창인 셈이다.

환경 오염으로 지구 대기의 오존층에 생긴 구멍이 점점 더 커지고 있다. 오존층이 사라지면 지구의 생물들은 죽게 된다. 오존층 파괴의 주범은 냉장고나 에어컨의 찬바람을 만들 때 쓰이는 프레온 가스, 한편 지상에서 오존을 주로 만드는 것은 자동차의 매연이다. 여러 가지 대안과 개선책이 제시되고 있지만 무엇보다 환경 오염에 대한 문제 의식과 적절한 대책이 시급하다.

즐겁게 글쓰기

매일 일기를 쓰자

글을 잘 쓰고 싶다면 일기 쓰는 습관을 길러 보자. 많은 친구들이 일기 쓰는 이유를 선생님이 검사하기 때문이라고 말한다. 하지만 일기는 다른 사람에게 검사받기 위해 쓰는 것이 아니라 자신의 하루를 정리하고 내일의 계획을 세우기 위해 쓰는 것이다. 오늘 내가 한 일은 무엇이고 어떤 생각을 했으며 어떤 기분으로 지냈는지에 대해 매일 적다 보면 글 쓰는 실력이 부쩍 늘어나는 것을 느낄 수 있을 것이다. 그렇다고 그날 있었던 일을 늘어놓기만 하는 것은 의미가 없다. 하루 중 가장 인상에 남은 일을 골라 써 보자. 또한 같은 상황을 여러 가지 다양한 말로 표현해 보는 것도 중요하다. 지금까지는 일기장에 '정말 기분 좋은 하루였다'라고 썼다면 오늘은 '하늘을 날 것 같이 행복한 하루였다' 혹은 '마음 가득 즐거운 날이었다'라고 써 보는 것이다.

No. 13

펴낸 곳 삼성출판사 주소 서울시 서초구 서초동 1516-2 전화 (02)3470-6916 등록 제 1-276호 홈 페이지 www.samsungbooks.com 삼성출판사
이 책에 실린 글과 그림을 무단으로 복사, 복제, 배포하는 것은 저작권자의 권리를 침해하는 것입니다. ⓒ Samseong Publishing Co., Ltd., 2009

 똥눌 때 보는 신문

오늘의 읽을거리

똥 이야기 01
 구리구리한 똥 냄새, 정체를 밝혀라!

도전! IQ 200 02
어떻게 쇠사슬을 배달했을까?

심리 테스트
나의 지도력은 어느 정도일까?

Hello, Ham 03
오늘의 포인트 _ready

생각하는 동화
먼 훗날을 위해

문화 답사 04
한국적인 궁궐의 아름다움을 간직한 창덕궁

구리구리한 똥 냄새, 정체를 밝혀라!

구린내의 공범은 스카톨과 인돌

똥과 떼려야 뗄 수 없는 구린 냄새. 이 구린 냄새의 주인공은 장내 세균이 음식물을 소화시키면서 만들어 내는 스카톨과 인돌이다. 여기에 소화 과정 중에 생겨나는 작은 양의 황화수소와 메탄가스, 암모니아도 한몫한다. 동물성 단백질을 많이 섭취할수록 냄새가 고약하다고 하는데 이는 스카톨과 인돌이 많이 생기기 때문이다.

똥 냄새가 구린 또 다른 이유는 병원균이 만드는 분해 산물 때문이다. 장 속에 살고 있는 균 가운데 유산균처럼 몸에 좋은 물질을 만들어 내는 균들은 유당을 먹이로 사용하기 때문에 악취를 만들지 않는다. 그러나 유당을 먹이로 사용하지 않는 대부분의 병원균들(장티푸스, 콜레라 등)은 장 속에서 지독한 냄새를 풍기는 분해 산물을 만든다. 따라서 병원균이 많은 똥일수록 더 지독한 똥 냄새를 풍기게 된다고 한다.

상식뭉치

오늘날 우리가 가장 즐겨 입는 청바지는 험한 작업으로 옷이 자주 해지는 광부들을 위해 튼튼한 천막용 천으로 바지를 만든 데서 시작되었다. 또 광산에 나타나는 독사를 쫓기 위해 약초로 바지를 물들이면서 원래는 갈색이던 천막 천이 파란색이 되었다고 한다.

똥눌 때 한자

인간 세

열 십(十)자를 3개 합쳐 놓은 모양이며 인간의 한 세대를 30년으로 잡은 것으로 '한 평생'을 뜻한다.

도전! IQ 200
어떻게 쇠사슬을 배달했을까?

쇠사슬을 만드는 회사에서 강 건너 마을로 쇠사슬을 배달할 일이 생겼다. 그런데 문제는 강 건너 마을로 연결된 다리가 낡아서 8t의 무게밖에 견디지 못한다는 것이다. 쇠사슬은 길이 50m에 무게가 4t이나 되고 쇠사슬을 싣고 갈 트럭의 무게도 5t이다. 모두가 이 일로 고민을 하고 있는데 신입 사원 1명이 자신이 해 보겠다고 불쑥 나서더니 배달을 하고 왔다. 그는 어떤 방법으로 쇠사슬을 배달한 것일까?

정답: 쇠사슬을 트럭 뒤에 매달아 쇠사슬의 절반 정도 길이를 끌고가게 운전했다.

PUZZLE

```
        [3]
    [1]  □
[2] □ □ [4][5]
        □
       [7]
     [6]
```

가로 풀이
2 이를 닦을 때 칫솔에 묻혀서 쓰는 물질.
3 겨루어서 이김.
4 수많은 여러 사람. ○○ 교통.
6 강원도에서 많이 나고, 녹말이 많아 널리 식용되는 포테이토칩의 재료.

세로 풀이
1 경사가 있을 때 음식을 차려 놓고 여러 사람을 청하여 즐기는 일. ○○를 치르다.
3 차, 배, 비행기 등의 탈것을 타는 손님. 열차 ○○.
5 사방의 중심이 되는 한가운데
7 서양 음식의 1가지. 둥글넓적한 밀가루 반죽 위에 치즈, 토마토, 고기 등을 얹어 구운 것.

퍼즐 정답: (가로) 2-치약, 3-승리, 4-대중, 6-감자 (세로) 1-잔치, 3-승객, 5-중앙, 7-피자

심리 테스트
나의 지도력은

아래의 풍경에 무언가를 하나 더 넣으려고 한다. 무엇을 그려 넣는게 좋을까?

A. 다리   B. 구름
C. 사람   D. 태양

보는신문

 Are you ready?
준비됐니?

 Oh! I forgot my bag.
아차! 내 책가방을 잊었어.

ready
[레디]
준비가 된

느 정도일까?

- 다리를 그려 넣으려는 사람은 항상 새로운 일에 도전하는 사람이다.

- 구름을 그려 넣으려는 사람은 현실적으로 생각하는 힘이 약한 편이다. 그러나 상상력이 풍부하다.

- 사람을 그려 넣으려는 사람은 생각이 정리되어 있지 않은 산만한 성격이다.

- 태양을 그려 넣으려는 사람은 재치가 있고 아이디어가 샘솟는 사람이다.

생각하는 동화

먼 훗날을 위해

나이가 지긋한 할아버지가 뜰에 어린 과일 나무를 심고 있었습니다. 지나가던 젊은이가 그 광경을 보고 물었습니다.
"할아버지, 지금 심으신 그 나무에서 열매가 열리려면 얼마나 더 있어야 할까요?"
"한 70년쯤 후면 열매를 거둘 수 있다네."
할아버지의 대답에 깜짝 놀란 젊은이는 다시 물었습니다.
"아니, 그럼 할아버지께서는 앞으로 70년 이상 더 살 수 있다고 믿으십니까?"
그 말에 노인은 이렇게 대답했습니다.
"허허~, 내가 그렇게 오래 살 리가 있겠나? 내가 이렇게 나이를 먹는 동안에도 이 뜰에 있는 다른 나무에서는 열매가 풍성하게 열렸다네. 내가 태어나기도 전에 나의 할아버지께서 나무를 심어 두셨기 때문이지. 이제 나도 그와 같은 일을 하려는 것뿐이라네."

문화 답사

한국적인 궁궐의 아름다움을 간직한 창덕궁

조선의 역사를 간직한 곳

창덕궁은 조선 왕조 제3대 태종 5년(1405)에 경복궁의 별궁으로 지어진 궁궐이다. 창덕궁은 1997년, 유네스코 세계 문화 유산으로 등록되었다.

창덕궁에는 보물 제383호로 지정된 돈화문, 각종 행사를 치르고 관리들이 왕에게 조회를 했던 인정전, 왕이 신하들과 국가의 정치를 의논하고 유교 경전을 공부했던 선정전, 왕과 왕비가 잠을 자던 대조전 등이 있다. 또 흔히 비원이라고 불리는 창덕궁의 후원은 조선 시대 왕과 왕비들이 연회를 베풀고 여가를 즐겼던 곳이다. 비원은 장대한 숲이 우거진 자연과 건축물의 조화가 빼어난 아름다운 정원이다. 그러나 창덕궁은 일제 강점기에 궁전 일부가 일본인들에 의해 변형되기도 했다.

창덕궁은 지하철 3호선 안국역이나 종로3가에서 내리면 15분 거리에 있다. 정해진 시간에 안내원과 함께 관람해야 하므로 미리 시간을 확인하고 가도록 하자.

왕따 탈출

우린 모두 똑같은 친구

우리 주변에는 몸이 불편해서 뛰지 못하거나 심지어는 말하는 것조차도 힘겨워하는 친구들이 있다. 신체 장애가 있는 친구들은 단지 몸이 조금 불편한 것일 뿐, 장애가 없는 사람들과 똑같이 느끼고 똑같이 기뻐하고 똑같이 슬퍼한다는 것을 잊지 말자.

몸이 불편한 친구가 주변에 있다면 외로움을 느끼지 않고 자신감 있게 생활할 수 있도록 곁에서 좋은 친구가 되어 주도록 하자. 무엇보다 중요한 것은 친구들의 편견 없는 시선이다. 우리가 태어날 때 서로 다른 얼굴, 다른 키를 가지고 태어나듯 장애도 그와 같은 것일뿐이라고 생각한다면 모두 똑같은 친구로 좀더 가까워질 수 있을 것이다.

또 신체 장애를 가진 친구들은 '난 안 돼!' 하고 미리 포기하지 말고 자신감을 가지고 끝까지 도전하는 마음 자세를 갖자.

No. 14

펴낸 곳 삼성출판사 주소 서울시 서초구 서초동 1516-2 전화 (02)3470-6916 등록 제 1-276호 홈 페이지 www.samsungbooks.com ⓒ Samseong Publishing Co., Ltd., 2009 삼성출판사

이 책에 실린 글과 그림을 무단으로 복사, 복제, 배포하는 것은 저작권자의 권리를 침해하는 것입니다.

똥눌 때 보는 신문

오늘의 읽을거리

똥 이야기 01

규칙적인 습관으로 변비 탈출~!

도전! IQ 200 02
어느 그림일까?

심리 테스트
나는 얼마나 솔직할까?

Sing a Song 03
One Little Finger

생각하는 동화
작은 선행의 큰 힘

신나는 스포츠 04

월드컵으로 친숙한 스포츠, 축구

상식뭉치

우리 민속 놀이 가운데 하나인 연날리기. 연은 중국에서 처음으로 만들어졌다. 연의 색깔이나 무늬, 움직임을 군사용 신호로 사용했던 것이다. 우리 나라에서는 약 1300여 년 전 신라 선덕 여왕 때 김유신 장군이 연을 사용했다고 전해온다.

규칙적인 습관으로 변비 탈출~!

변비에는 물과 콩밥, 나물 등이 좋아

주변 사람들에게 물어 보면 변비로 고생하는 사람이 의외로 많다. 하루 3번에서 1주일에 3번 정도 똥을 눈다면 정상이며 1주일에 3번도 화장실에 가기 힘들다면 변비라고 할 수 있다. 변비 증상으로는 젖 먹던 힘까지 내야 똥이 나온다거나, 똥이 너무 딱딱하다거나, 혹은 아랫배가 더부룩하다거나, 똥을 누고 나서도 시원하지 않은 것 등을 들 수 있다.
변비에서 탈출할 수 있는 가장 좋은 방법은 규칙적으로 똥누는 습관을 들이는 것이다. 흔히 아침에 똥을 누는 사람이 건강하다고 하지만 이는 근거 없는 말이다. 똥을 누는 데 있어 중요한 것은 특정한 시간이 아니라 규칙성. 따라서 매일 같은 시간에 화장실을 가는 습관을 들이는 것이 좋다. 또 되도록이면 변비에 좋은 콩밥을 먹자. 각종 야채와 나물, 과일 등 식이성 섬유질이 많은 음식을 먹고 물을 많이 마신다면 변비는 잊고 살 수 있다.

똥눌 때 한자

경계 **계**

밭과 밭 사이에 나 있는 경계선을 본뜬 글자로 '경계'를 뜻한다.

도전! IQ 200

어느 그림일까?

보기의 그림은 등을 위에서 본 그림이다. 3가지 등 가운데 어느 등을 본 그림일까?

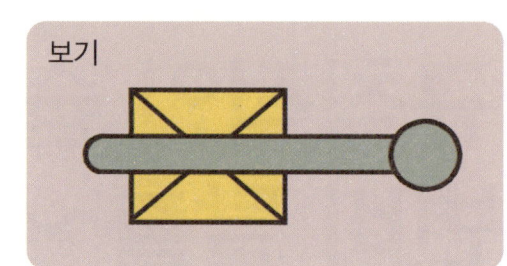

ⓒ : 月윤

숨은그림찾기

동전 지갑 / 종이비행기 / 우산 / 낫 / 텐트 / 먹는 밤

심리 테스트

나는 얼마

어젯밤, 시간이 맞지 않아 고쳐 놓고 잠자리에 들었던 시계가 아침에 일어나 보니 맞지 않았다. 몇 분 정도 틀려 있을까?

A. 5분　　B. 10분
C. 30분　　D. 1시간 이상

보는신문

Sing a Song

One Little Finger

One little finger
One little finger,
One little finger,
Tap, tap, tap!
Point to the ceiling,
Point to the floor,
Put it on your head.

One lit-tle fin-ger, One lit-tle fin-ger, One lit-tle fin-ger, Tap, tap, tap!
Point to the ceil-ing, Point to the floor, - Put it on your head.

솔직할까?

A 솔직도 80%. 평소 자신의 감정을 부드럽고 솔직하게 표현하는 성격으로 주위 친구와 사이 좋게 지낸다.

B 솔직도 60%. 솔직한 편이지만 결정적인 순간에 왠지 머뭇거리는 성격으로 기회주의자가 될 수도 있다.

C 솔직도 40%. 자신은 솔직하다고 생각하지만 남들이 보기에는 그 반대일 수도 있다.

D 솔직도 20%. 속으로만 생각하고 밖으로 잘 드러내지 않는 성격이다. 조금 더 솔직해질 필요가 있다.

생각하는 동화

작은 선행의 큰 힘

호숫가에 한 농부가 살고 있었습니다. 겨울이 다가오자 작은배를 창고에 들여놓으려고 옮기다가 밑창에 작은 구멍을 내고 말았습니다. 농부는 당분간 쓸 일이 없으니 봄에 수리하기로 했습니다. 어느 날, 농부의 집에 칠장이가 일거리를 찾아왔습니다. 농부는 창고에 있는 배에 칠을 해달라고 일을 맡겼습니다. 칠장이는 작은배를 새것처럼 칠했습니다. 봄이 되자 농부의 두 아들이 배를 타게 해달라고 아버지를 졸랐습니다. 농부는 2시간만 타고 오라고 허락했습니다. 그런데 2시간이 지나도 아이들이 돌아오지 않는 것이었습니다. 농부는 그제야 지난 겨울, 배 밑에 났던 작은 구멍이 생각났습니다. 농부가 부리나케 호수로 달려가자 아이들이 배에서 내리고 있었습니다. 농부가 배 밑을 살펴보니 구멍을 막아 놓은 흔적이 있었습니다. 겨울에 찾아왔던 칠장이가 고쳐 놓았던 것입니다. 농부는 두 아들을 데리고 칠장이에게 고맙다는 인사를 하러 갔습니다.
"제 두 아들의 생명을 구해 주셔서 감사합니다."
"나뭇조각을 대고 몇 번 못질을 했을 뿐인데요, 뭐."
칠장이의 겸손한 말에 농부는 더욱 고개를 숙였습니다.

월드컵으로 친숙한 스포츠, 축구

신나는 스포츠

체력과 협동심을 함께 기를 수 있어

월드컵은 한 가지 종목만으로는 세계에서 가장 큰 스포츠 행사로서, 이미 우리 나라뿐 아니라 전 세계인이 즐기는 대회로 자리잡았다. 또한 2002년, 한국과 일본이 월드컵을 공동으로 개최하면서 축구는 우리 나라 어린이들에게도 인기를 끌게 되었다. 공을 던지거나 발로 차는 놀이는 기원전부터 있어 왔다. 축구와 비슷한 여러 가지 놀이가 세계 곳곳에서 오래 전부터 이루어졌다는 것은 자연스러운 일이다. 이 놀이들이 1800년대 영국에서 체계적으로 조직화되면서부터 축구가 오늘날과 같은 형식을 갖추게 되었다.

축구는 11명으로 이루어진 2팀이 손을 쓰지 않고 공을 발로 차거나 머리로 헤딩해서 상대편의 골문 안에 넣어 득점을 겨루는 경기이다. 축구는 개인의 실력도 중요하지만 팀원들 간의 협동이 무엇보다 중요하다. 또한 튼튼한 체력은 물론이고 친구들 간의 협동심도 기를 수 있는 스포츠다.

환경 이야기

지구의 허파, 숲을 가꾸고 지키자!

숲은 지구 온난화를 일으키는 이산화탄소를 흡수한다. 그리고 산소를 만들어 지구의 공기를 신선하게 해주며 소음과 바람을 막아 준다. 또한 숲은 어린이들에게 훌륭한 놀이터이자 자연 학습의 장이기도 하다. 특히 무덥고 비가 많이 내리는 열대 지방의 넓은 숲을 열대 우림이라고 한다. 그 중 지구 산소의 3분의 1을 만들어 내는 브라질의 아마존 강 유역은 '지구의 허파' 라 불린다.

아마존 강 유역뿐 아니라 크든 작든 모든 숲은 지구의 허파이다.

그러나 100여 년 전만 해도 지구 표면의 16%에 이르던 열대 우림이 지금은 7%에 불과할 만큼 점점 숲이 파괴되고 있다. 허파가 제 기능을 못 하면 숨을 쉴 수 없어 생명을 잃게 되는 법이다. 언제나 곁에 있다고 해서 무심히 지나칠 것이 아니라 숲을 가꾸고 지키려는 노력이 필요하다.

No. 15

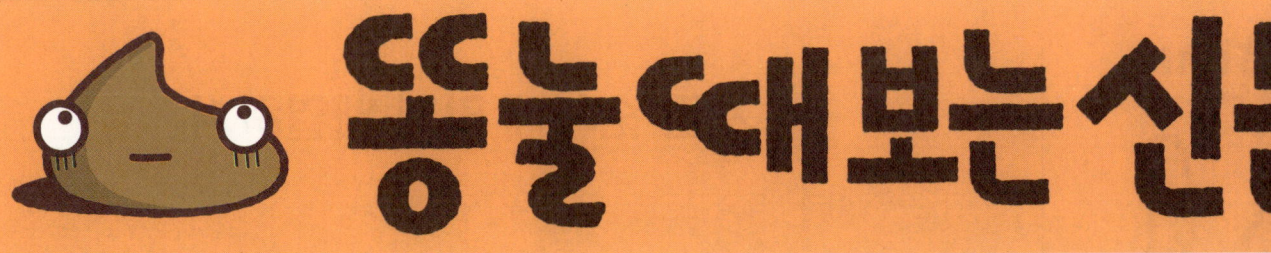

펴낸 곳 삼성출판사 주소 서울시 서초구 서초동 1516-2 전화 (02)3470-6916 등록 제 1-276호 홈 페이지 www.samsungbooks.com 삼성출판사
이 책에 실린 글과 그림을 무단으로 복사, 복제, 배포하는 것은 저작권자의 권리를 침해하는 것입니다. ⓒ Samseong Publishing Co., Ltd., 2009

오늘의 읽을거리

똥 이야기 01

때를 쏙~ 빼 주는 오줌 비누!

도전! IQ 200 02
시간 순서에 맞게 배열하기

나도 마술사

빠지지 않는 고무장갑

Hello, Ham 03
오늘의 포인트 _sunny

세상에 이런 일이

주인의 목숨을 구한 개

애완동물 키우기 04

애완견의 똥누기 훈련

상식뭉치

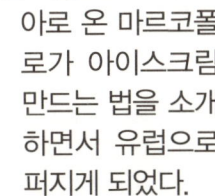

아이스크림은 약 4000년 전, 중국에서 처음으로 만들어졌다. 당시의 아이스크림은 익힌 쌀에 양념을 하고 우유를 넣어 만든 반죽을 눈 속에서 얼린 것이었다. 중국을 여행하고 이탈리아로 온 마르코폴로가 아이스크림 만드는 법을 소개하면서 유럽으로 퍼지게 되었다.

때를 쏙~ 빼 주는 오줌 비누!

오줌을 약으로 사용한 경우도 있어

손에 조금만 묻어도 더럽다고 생각하는 오줌. 이 오줌도 쓸모 있던 시절이 있었다. 고대 로마에서는 항아리를 땅에 묻어 공중 화장실을 만들었는데 여기에 모인 오줌을 충분히 부패시키고 발효시켜 비누를 만들었다고 한다. 또 에스키모인들은 최근까지도 오줌을 이용해 머리를 감았다.

실제로 오줌의 주요 성분인 암모니아에는 머리카락의 때나 지방을 말끔히 빼 주는 성분이 있다고 하니 과학적으로도 근거가 있다.

한편 오줌을 약으로 사용한 경우도 있었는데 18세기, 프랑스의 의사였던 포샤르는 이가 아픈 환자에게 자신의 오줌으로 이를 닦도록 권했다고 한다. 또 인도의 전 수상인 데사이는 매일 아침 오줌을 마시고부터는 병을 모르고 지냈다고 한다. 우리 나라에서도 민간 요법으로 당뇨병 환자에게 자신의 오줌을 받아 마시게 하기도 했다.

똥눌 때 한자

가르칠 교

사랑의 매를 들고 아이들을 가르치는 모습을 그린 것으로 '가르치다', '지도하다' 라는 뜻이다.

도전! IQ 200

시간 순서에 맞게 배열하기

시간 순서에 따라 아래의 문장과 그림을 다시 배열해 보자.

① 돌아오는 길에 갑자기 소나기를 만나

② 옷이 흠뻑 젖었다.

③ 오후에 엄마 심부름으로

④ 빵집에서 빵을 사 가지고

⑤ 그날 밤 나는 감기에 걸렸다.

정답 : ③ → ⑦ → ① → ② → ⑤

숨은그림찾기

편지 봉투 / 장갑 / 장화 / 빗자루

나도 마술사

빠지지

준비물 : 입구가 넓은 투명한 유리병, 고무장갑

고무장갑을 유리병 안에 집 어넣고 끝 부분을 밖으로 꺼내 씌워 놓는다.

고무장갑 병 사이기 이프로 공

마술 비법 : 유리병 내부는 공기가 들어가지 않도록 어나면서 공기의 압력이 낮아져 진공 의 대기압 때문에 아무리 세게 고무장갑

보는신문

- Yesterday, it rained.
  어제는 비가 왔다.
- I like sunny days.
  나는 맑은 날이 좋다.

sunny
[써니]
햇빛이 밝은

Yesterday, it rained.

하지만 오늘은 맑았다.

나는 조와 함께 농구를 했다.

I like sunny days.

고무장갑

친구에게 유리병 안에 있는 고무장갑을 밖으로 힘껏 잡아당기게 한다. 고무 장갑은 절대 빠지지 않는다.

분과 유리 ~~않게 테~~ 있어서 고무장갑을 당기면 내부 공기의 부피가 늘~~가워진다~~. 따라서 병 안쪽보다 압력이 높은 바깥쪽 ~~겨도 빠지지 않는 것이다~~.

세상에 이런 일이

주인의 목숨을 구한 개

두 살짜리 개 벤을 데리고 사는 노부부가 있었다. 적적한 생활에 벤이 있어 그나마 외롭지 않았던 노부부는 벤을 무척 귀여워했다. 노부부는 낮 동안 데리고 놀던 벤을 잠들기 전에는 마당 한쪽에 끈으로 묶어 놓곤 했다.

여름 장마로 집중 호우가 내리던 어느 날 새벽, 어떻게 끈을 풀었는지 벤은 할머니의 배에 올라와 다급하게 짖으며 노부부를 깨웠다. 잠에서 깬 노부부는 상황이 심상치 않음을 느끼고 급히 집 밖으로 대피했다. 노부부가 마당 한쪽으로 뛰쳐나오는 순간, 집 위쪽에 있는 주차장에서 급류에 떠밀려 내려온 2대의 차가 집을 덮쳤다. 천만다행이었다. 문득 벤을 떠올린 노부부는 깜짝 놀라 벤을 애타게 찾았지만 근처에서 죽어 있는 것을 발견했다. 주인을 구하기 위해 목숨을 버린 것이다.

애완견의 똥누기 훈련

애완동물 키우기

인내심을 가지고 사랑으로

사람들은 종종 애완견은 본래부터 똥오줌을 잘 가릴 거라는 기대를 하곤 한다. 그러나 애완견도 동물이므로 똥누는 훈련을 반드시 시켜야 한다. 훈련은 며칠, 때로는 몇 달이 걸리기도 하므로 애정과 인내심을 가지고 반복적으로 훈련시키도록 한다.

먼저 강아지가 쉽게 드나들 수 있는 조용한 구석으로 장소를 정한 다음 신문지나 패드를 깔아 화장실을 만들어 준다. 강아지가 제자리에서 빙글빙글 돌거나 냄새를 맡고 다니는 등 똥을 누고 싶어하는 것처럼 보이면 화장실로 즉시 데려간다.

똥을 잘못 누었을 때는 항상 같은 말과 방법으로 꾸짖어야 한다. 일관성이 없으면 강아지가 헷갈려 하기 때문이다. 또 심한 매질은 절대 피하도록 한다.

잘못 똥을 눈 곳에는 냄새 제거제를 뿌려 그 장소에 계속 똥누는 것을 막고 화장실로 강아지를 데리고 가서 '응가' 같은 짧은 단어를 반복하며 엉덩이를 살짝 누르고 칭찬을 반복한다. 만약 화장실에 똥을 누었다면 칭찬을 해주고 간식을 준다.

닮고 싶은 인물

열정과 끈기의 승리 거스 히딩크

한국 축구의 자존심을 살린 히딩크 감독. 그는 네덜란드 리그에서 16년 동안 선수 생활을 했지만 크게 눈에 띄는 선수는 아니었다. 그러나 1982년부터 지도자로 활동을 시작하면서 각종 기록을 세워 세계적인 감독의 위치에 올랐다.

2000년 12월, 그는 2002 한일 월드컵을 앞두고 한국 대표팀의 감독으로 한국 땅을 밟았다. 2001년 5월 프랑스, 8월 체코와의 경기에서 5대 0이라는 충격적인 스코어로 대표팀이 무너지자 분노한 팬들은 그를 오대영이라 부르며 비아냥댔다.

그러나 그는 정해진 원칙과 목표대로 끝까지 팀을 이끌고 나갔다. 어떤 상황에서도 스스로 정한 목표에 대한 확신을 굽히지 않았던 것이다. 히딩크는 2002 한일 월드컵에서 보란듯이 한국팀을 4강에 올려 놓아 스스로의 확신이 옳았음을 보여 주었다.

No. 16

펴낸 곳 삼성출판사　주소 서울시 서초구 서초동 1516-2　전화 (02)3470-6916　등록 제 1-276호　홈 페이지 www.samsungbooks.com　삼성출판사
이 책에 실린 글과 그림을 무단으로 복사, 복제, 배포하는 것은 저작권자의 권리를 침해하는 것입니다. ⓒ Samseong Publishing Co., Ltd., 2009

똥눌 때 보는 신문

오늘의 읽을거리

똥 이야기　01

똥만 먹어도 토실토실, 제주도 똥돼지

도전! IQ 200　02
도넛을 움직여 역삼각형 만들기

심리 테스트
나의 인내심과 집념은 어느 정도일까?

Hello, Ham　03
오늘의 포인트 _ homework

깔깔 유머

참새 사냥꾼

알기 쉬운 경제　04

나라마다 지폐에 새겨져 있는 위인들

상식뭉치

나무가 귀한 사막에서는 무엇으로 불을 때서 물을 끓이고 음식을 해 먹을까? 바로 낙타똥이다. 말린 낙타똥은 그을음이 적고 아주 잘 타는데다 타고 다니는 낙타에게서 손쉽게 구할 수 있어 미리 준비하지 않아도 되기 때문에 무척 편리하다고.

똥만 먹어도 토실토실, 제주도 똥돼지

똥 털어 내려 몸부림치다 사람에게 튀기도

재래식 화장실이 대부분이었던 30여 년 전의 제주도. 화장실에서 똥을 누려고 널빤지 2개를 밟고 앉으면 화장실 밑에서 까만 돼지가 어슬렁거리며 나타난다. 떨어지는 똥을 받아먹으려는 것이다. 이 때 옆에 있는 나뭇가지로 돼지를 한 번 쫓지 않으면 돼지의 몸에 똥이 떨어지게 된다. 그러면 돼지가 몸에 묻은 똥을 털어 내려고 몸부림을 치는 통에 똥이 엉덩이에 튀는 곤란한 상황을 맞게 된다.

똥돼지는 별다른 사료 없이 화장실과 연결된 통로로 들어와 사람의 똥을 먹으며 자란다. 사람 먹을 것도 귀했던 가난한 시절, 돼지에게 먹을 것을 구해 준다는 것은 불가능한 일이었다. 때문에 사람 똥만 먹고도 토실토실 잘 자라 제법 큰 재산이 되어 주었던 똥돼지만 봐도 사람들은 배가 불렀을 것이다. 제주도의 특산물처럼 그 맛으로 유명해진 똥돼지는 지금도 널리 식용되고 있다.

2

똥눌 때 한자

집 **실**

집 안에 사람이 들어가 앉아 있는 모양으로 '집' 또는 '방'의 뜻이다.

도전! IQ 200

도넛을 움직여 역삼각형 만들기

도넛 10개로 삼각형을 만들어 놓았다. 도넛을 3개만 옮겨서 역삼각형 모양을 만들려면 어떻게 해야 할까?

PUZZLE

가로 풀이
1 둘 이상의 사람이 힘을 합하여 같이 일을 함. ○○ 작업.
2 겨울 하면 군밤과 군○○○가 생각나죠.
5 우리들이 먹고 마시는 모든 것. 맛있는 ○○.

세로 풀이
1 우리가 살고 있는 지구를 둘러싼 기체. 신선한 ○○.
2 신호를 하기 위해 길게 내는 소리. 뱃○○.
3 2팀이 상대편의 투수가 던진 공을 방망이로 치는 경기.
4 친구와 사이가 멀어졌을 땐 ○○을 열고 이야기해 봐.
6 쌀밥에 엿기름 가루를 우린 물을 붓고 삭힌 전통 음료.

심리 테스트

나의 인내심과 집

한 그루의 나무 그림이 있다. 보이지 않는 땅 밑의 뿌리는 어떻게 생겼을까? 상상대로 그려 보자.

보는신문

 Diby is my friend.
디비는 내 친구다.

 We did homework together.
우리는 함께 숙제했다.

Point

homework
[홈웍]
숙제, 예(복)습

나는 오후에 디비네 집에 놀러 갔다.

Diby is my friend.

디비는 날씬하고 귀엽다.

We did homework together.

은 어느 정도일까?

* 작고 얕게 뻗어 있는 뿌리를 그린 사람은 담백하고 남의 일에 간섭하는 것을 싫어하는 성격이다.

* 옆으로 넓게 퍼져 있는 뿌리를 그린 사람은 남에게 불쾌한 말이나 행동을 쉽게 할 수 있는 성격이다.

* 아래로 길게 뻗은 뿌리를 그린 사람은 사람들과 잘 지내는 것 같지만 사실은 불만이 많은 사람이다.

* 깊고 넓게 퍼져 있는 뿌리를 그린 사람은 집념이 강하고 한번 결심한 일은 절대 포기하지 않는 성격이다.

깔깔 유머

참새 사냥꾼

참새만 잡으러 다니는 사냥꾼이 있었다. 어느 날, 사냥꾼은 시장에 갔다가 귀 먹은 참새가 몸에 좋다는 얘기를 우연히 듣게 되었다. 사냥꾼은 귀 먹은 참새를 찾아 길을 나섰다가 전깃줄에 나란히 앉아 있는 참새 무리를 발견하게 되었다. 사냥꾼은 참새들을 향해 큰 소리로 외쳤다.
"참새들아, 날아라! 안 그러면 쏜다~!"
사냥꾼의 예상대로 참새들은 깜짝 놀라 우르르 날아가 버렸다. 그런데 단 1마리가 전깃줄에 그대로 앉아 있는 것이 아닌가. 사냥꾼은 저 놈이 바로 귀 먹은 참새다 싶어 얼른 총을 겨누었다. 그런데 총에 맞은 덩치 큰 참새가 땅으로 떨어지면서 하는 말,
"으……, 지는 독수리인디유!"

나라마다 지폐에 새겨져 있는 위인들

알기 쉬운 경제

모두 돈에 새겨질 만한 공로 세워

한 나라의 돈은 그 나라의 역사와 문화를 보여 준다. 그래서인지 나라마다 지폐에 새겨져 있는 인물은 대부분 위인들이다. 우리나라의 1000원 지폐에는 퇴계 이황 선생, 5000원짜리에는 율곡 이이 선생, 만 원짜리에는 세종대왕, 5만 원짜리에는 신사임당의 초상화가 그려져 있다. 퇴계 이황 선생은 지폐 뒷면에 그려져 있는 도산 서원을 세우고 훌륭한 제자들을 많이 기른 분이다. 율곡 선생은 '10만 양병설' 등 곧은 주장을 편 학자이자 정치가이다. 세종대왕은 한글 창제와 측우기 발명에 이르기까지 수많은 공적을 세운 분이라 더 이상의 설명이 필요 없을 것이다.

미국 지폐 중 1달러에는 초대 대통령인 조지 워싱턴이, 5달러에는 16대 대통령인 링컨의 초상화가 그려져 있다. 또 일본의 경우에는 나쓰메 소세키와 후쿠자와 유키치, 이토 히로부미 등 일본의 근대화에 기여한 사람들의 초상화가 그려져 있다.

별자리 이야기

물고기자리 이야기(2.20~3.20)

올림포스에서 신들이 한창 잔치를 벌이고 있을 때, 괴물 티폰이 나타나 공격하자 깜짝 놀란 신들은 각자 동물로 변신하여 재빨리 도망을 쳤다.

미의 여신 아프로디테와 그녀의 아들인 사랑의 신 에로스도 물고기로 변신하여 강물로 뛰어들었다. 그런데 이 때 아프로디테와 에로스는 서로를 잃어버릴까 염려해 끈으로 연결했다고 한다. 제우스가 이 모습을 나중에 염소자리의 판처럼 별자리로 만들었다.

물고기자리에 태어난 사람은 남을 쉽게 믿는 순진함이 있어 낭패를 보기도 하지만 그 순수함으로 다른 사람을 감동시키기도 한다. 또 공상을 잘하는 타입으로 자주 상상의 세계에 빠져들기도 한다.

No. 17

펴낸 곳 삼성출판사 주소 서울시 서초구 서초동 1516-2 전화 (02)3470-6916 등록 제 1-276호 홈 페이지 www.samsungbooks.com 삼성출판사
이 책에 실린 글과 그림을 무단으로 복사, 복제, 배포하는 것은 저작권자의 권리를 침해하는 것입니다. ⓒ Samseong Publishing Co., Ltd., 2009

똥 눌 때 보는 신문

오늘의 읽을거리

똥 이야기 01
환경에 따라 화장실도 가지가지

도전! IQ 200 02
숨어 있는 단서를 찾아라!

나도 마술사
움직이는 뱀

Hello, Ham 03
오늘의 포인트 _ delicious

오싹 괴담
말하지 말랬지!

요리조리 쿡 04
특별한 만남! 꼬마 과일 피자

상식뭉치

대부분의 나라에서 식사 후에 트림을 하는 것은 예절에 어긋나는 행동이다. 그러나 필리핀과 사우디아라비아에서는 식사 후 트림을 하지 않는 것이 예의에 어긋난다. 두 나라에서는 식사를 마친 후 트림을 하는 것이 맛있게 잘 먹었다는 인사이기 때문이다.

환경에 따라 화장실도 가지가지

연못부터 뻥 뚫린 천막까지, 다양한 화장실

인도네시아 자카르타의 연못 주위에는 집들이 빙 둘러져 있는데 이곳 사람들은 똥오줌을 화장실이 아닌 연못에 눈다. 또 베트남 메콩 강 유역의 수상 가옥에 사는 사람들은 집 밑으로 흘러가는 강 위에 얼기설기 엮은 대나무 판을 두고 화장실로 사용한다. 이렇게 사람들이 강에 눈 똥은 물고기가 먹고 그 물고기를 다시 사람이 잡아먹는다. 천연 양식장인 셈이다.

산간 마을인 발리에서는 해 질 녘이 되면 마을 사람들이 하나둘씩 물이 흐르는 곳으로 나와 1시간 정도 두런두런 이야기를 나누면서 정답게 똥을 눈다.
한편 춥고 건조한 풀밭에서 생활하는 몽골 사람들의 화장실은 사방을 다 살펴볼 수 있도록 만들어져 있다. 이는 외세의 침략이 잦다 보니 똥을 누다가도 적이 공격해 오면 자신을 방어할 수 있게 하려는 데서 나온 것이다.

2

똥눌 때 한자

긴 장 長

지팡이를 든 노인의 모습을 본떴다. 길게 소리낼 때는 '웃어른', 짧게 소리낼 때는 '자라다', '길다' 라는 뜻이다.

도전! IQ 200

숨어 있는 단서를 찾아라!

공붓벌레 토끼가 집에서 책을 읽던 중 심장마비로 숨졌다. 토끼는 다음 날 아침 발견되었다. 친구의 신고로 출동한 경찰은 토끼의 방을 조사하던 중 이상한 점을 발견했다. 시체는 이미 굳어 있었고, 어젯밤 11시경에 죽은 것으로 밝혀졌지만 현장에서 발견된 물건 중 이상한 점이 발견되었던 것이다. 경찰들은 어떤 점을 수상하게 생각한 것일까?

정답 : 죽은 곳은 토끼의 방으로, 창문을 해쳐 들어온 햇빛 때문에 양초가 더 타고 있지 않아야 하는데 밤부터 지금까지 양초가 녹아 있기 때문이다.

숨은 그림 찾기

낫 / 가오리연 / 팽이 / 붓

나도 마술사

움직

준비물 : 빨대, 지우개, 종이컵 2개(한쪽에는 뱀을, 다

마술 비법 : 뱀이 그려진 컵을 들어올리는 힘은 빨대 가지 않을 수 있으니까 작은 종이컵을

 It was delicious.
그것은 정말 맛있었다.

 I want to eat grapes.
나는 포도가 먹고 싶다.

Point

delicious
[딜리셔스]
매우 맛있는

엄마가 수박을 사 오셨다.

It was delicious.

하지만 나는 포도를 가장 좋아한다.

I want to eat grapes.

뱀

(는 항아리 그림을 그려 둔다.)

¹리를 그려 놓은 컵에 지우개를 집어넣
¹ 그것을 받침대 삼아 그 위에 뱀이 그려
¹¹이 약간 보일 정도로 올려 놓는다.

¹들에게 빨대 하나로 뱀을 춤추게 해 보
¹고 말하며 빨대로 포개 놓은 컵 사이에
¹을 불어넣는다. 위에서 컵 사이로 비스
¹하게 바람을 부는 것이 비결이다.

¹의 세기나 길고 짧음을 달리해서 컵이
¹ 올라오게 하기도 하고 조금씩 여러 번
¹오게도 한다.

바람의 압력이다. 큰 종이컵을 사용하면 잘 올라
한다.

오싹 괴담

말하지 말랬지!

야간 자율 학습 시간, 화장실에 가고 싶어진 희진이는 혼자 가는 것이 무서워서 단짝인 의정이를 데리고 갔다. 밖에서 의정이가 기다리고는 있었지만 아무도 없는 화장실 안은 어쩐지 무서웠다. 서둘러 볼일을 마치고 막 일어나려는 순간, 희진이는 머리 위에서 귀신이 자신을 노려보고 있는 것을 느꼈다. 희진이는 너무 무서운 나머지 얼어붙은 듯이 몸이 뻣뻣하게 굳고 말았다. 바로 그 때 누군가 문을 두드렸다. 그러자 귀신은 희진이를 노려보며 경고했다.
"나를 본 사실을 이야기하면 죽게 될 거야!"
비명을 지르며 화장실에서 뛰쳐나온 희진이를 붙잡은 건 기다리고 있던 의정이였다. 무슨 일이냐고 걱정스럽게 묻는 의정이에게 희진이는 귀신의 경고를 잊고 화장실에서 귀신을 보았다는 말을 하고 말았다.
순간 의정이가 눈을 새빨갛게 빛내며 말했다.
"내가 말하지 말랬지!"

꼬마 과일 피자

재료[2인분] : 모차렐라 치즈 70g, 모닝빵 2개, 피자 소스(혹은 토마토케첩) 2큰술, 껍질을 벗겨 잘게 썬 키위 1/2개, 잘게 썬 통조림 파인애플·복숭아 약간, 반으로 썬 체리 2개, 버터 약간

요리조리 쿡

특별한 만남! 꼬마 과일 피자

1. 모닝빵을 가로로 반을 가른 후 밀대로 얇게 밀어 모양틀로 찍어 낸다.

2. 빵에 버터와  피자 소스를 바르고 준비해 둔 키위, 통조림 파인애플, 복숭아를 올린 다음 맨 위에 체리를 올린다.

3. ② 위에 잘게 썬 모차렐라 치즈를  뿌린다.

4. 전자레인지에 30초~1분가량 치즈가 녹을 정도까지 두었다 꺼낸다.

Tip : 키위는 비타민 C가 풍부해 감기 예방에 좋다. 또, 목감기에 걸렸을 때 갈아서 먹으면 비타민을 보충해주고 입맛도 되살려 준다.

글로벌 에티켓

중국인들만의 독특한 관습

중국에서는 사람들이 거스름돈이나 담배, 서류 등을 던지는 광경을 쉽게 볼 수 있다. 또 회의 자리에서 하품을 하는 모습도 쉽게 눈에 띈다. 이러한 행동은 우리 나라의 예의 범절에 비추어 보면 예의 없는 태도이다. 그러나 중국인들의 이러한 행동은 사람에 대한 무시가 담긴 행동이 아니라 단지 오래된 관습일 뿐이다. 중국인들이 동전을 무성의하게 던져 준다고 화를 낸다면 오히려 이상한 사람 취급을 받기 쉬우니 주의하자.

또 중국 사람에게 선물을 할 때 시계는 피해야 한다. 시계는 중국 사람들에게 장례식을 떠올리게 하는 선물이기 때문이다.

똥눌 때 보는 신문

No. 18

펴낸 곳 삼성출판사 주소 서울시 서초구 서초동 1516-2 전화 (02)3470-6916 등록 제 1-276호 홈 페이지 www.samsungbooks.com 삼성출판사
이 책에 실린 글과 그림을 무단으로 복사, 복제, 배포하는 것은 저작권자의 권리를 침해하는 것입니다. ⓒ Samseong Publishing Co., Ltd., 2009

오늘의 읽을거리

똥 이야기 01

뒷간이라 부르지 말고 화장실이라 불러다오

도전! IQ 200 02
색이 묻지 않은 상자는 몇 개일까?

심리 테스트

나의 질투심은 얼마나 될까?

Hello, Ham 03
오늘의 포인트 _ drawing

깜짝 기네스

세상에서 가장 무거운 여자

역사 속으로 04

성형 수술을 했던 가야 여인들

상식뭉치

물가에 앉아 물을 마시는 나비를 보았다면 틀림없는 수컷이다. 꿀에는 일반적으로 수분이 포함되어 있어서 물을 따로 마실 필요가 없다. 그러나 수컷은 암컷을 찾아 쉴새없이 돌아다니기 때문에 올라간 몸의 온도를 내리기 위해 물을 마신다.

뒷간이라 부르지 말고 화장실이라 불러다오

지방에 따라 다양하게 불려

특정 장소로 화장실만큼 이름이 다양한 곳도 드물다. 옛날 우리 나라에서는 화장실을 뒷간 혹은 변소라 불렀다. 뒷간은 '뒤에 있는 공간', '변소는 대소변을 보는 공간'이라는 뜻이다. 강원도와 전라도 사투리인 칙간, 함경도 사투리인 정낭이란 말도 널리 사용되었다. 몸을 깨끗이 하는 곳이라는 의미의 정방, 뒷물을 하는 공간이란 의미로 북수간, 지역에 따라서는 똥구당 혹은 통숫간 등으로도 불렸다. 절에서는 똥누는 일은 곧 근심을 푸는 일이라는 뜻으로 해우소라 부른다. 화장실이 표준어이니 뒷간, 칙간, 똥구덩 등은 방언이나 비어로, 일종의 별명인 셈이다.

그럼 화장실이라는 이름은 어떻게 생긴 것일까? 화장, 몸단장이라는 뜻을 가진 영어의 토일렛(toilet)을 번역하는 과정에서 나온 것으로 보인다. 근래에 와서는 보다 넓은 의미의 휴식 공간이 되어 Rest Room으로도 불린다.

똥눌 때 한자

짧을 **단**

물건의 길이를 잴 때 긴 것은 화살, 짧은 것은 콩으로 헤아린 데서 비롯된 것으로, '짧다'는 뜻이다.

도전! IQ 200

색이 묻지 않은 상자는 몇 개일까?

그림과 같이 쌓아 올린 상자 위에 구석구석 빨간색 스프레이를 뿌렸다. 상자들 틈 사이로는 색깔이 스며들지 않는다고 할 때, 1면이라도 색이 묻지 않은 상자는 모두 몇 개일까?

정답 : 77개, 가장 아랫단에 4개, 그 윗단에 3개.

PUZZLE

가로 풀이
1 물체에 다른 물건이 닿거나 지나간 흔적. 손톱 ○○.
3 여름에 나는 맛이 달고 물이 많은 과일. 초록색에 검은 줄무늬가 있음.
5 회사의 우두머리.
7 수컷에게 갈기가 있으며 밀림의 왕이라 불리죠.

세로 풀이
2 밀가루나 메밀가루 등을 반죽하여 얇게 민 뒤, 가늘게 썰거나 틀에 눌러 뽑아 낸 식품. 비빔○○, 메밀○○.
4 모든 일에 대해 잘 알 뿐 아니라 숙달된 사람. 만물 ○○.
6 몸이 우람하고 힘이 아주 센 사람을 가르키는 말. 천하 ○○, 씨름 ○○.

퍼즐 정답 : (가로) 1-자국, 3-수박, 5-사장, 7-사자 (세로) 2-국수, 4-박사, 6-장사

심리 테스트

나의 질투심

친구와 함께 길을 걷다가 우연히 좋아하는다면 나는 어디에 설까?

A. 스타와 친구의 중간

B. 스타가 중간, 나는 오른쪽

C. 친구가 중간, 나는 오른쪽

보는신문

 Today I played with Diby.
나는 오늘 디비와 놀았다.

 I like drawing pictures.
나는 그림 그리기를 좋아한다.

Point

drawing
[드러잉]
그림 그리기

얼마나 될까?

스타를 만났다. 세 사람이 함께 사진을 찍

A 가운데 서려고 했다면 언제 어디서나 자신이 주인공이 되지 못하면 행복을 느낄 수 없는 성격이다.

B 스타를 중간에 서게 한 사람은 합리적인 사고를 가지고 있으며 주위 사람들에게 협조적인 성격이다.

C 친구를 가운데 서게 하고 자신은 가장자리에 선 사람은 친구를 위해 한 걸음 양보할 수 있는 성격이다.

깜짝 기네스

세상에서 가장 무거운 여자

미국 펜실베이니아 주에 있는 작은 도시 벨링톤에 사는 로잘리 브래드포드는 어릴 때부터 친구들에 비해 체격이 큰 편이었다. 게다가 먹는 것으로 스트레스를 푸는 나쁜 습관까지 가지고 있었다. 1987년, 결국 로잘리는 '세계 최고의 몸무게' 라는 기네스 기록을 얻게 되었다. 그때 로잘리의 몸무게는 550kg에, 허리둘레가 2m 40cm나 되었다. 침대 밖으로 한 발짝도 나오지 못할 만큼 살이 찐 로잘리는 굳은 결심을 품고 다이어트를 시작했다. 그렇게 해서 그녀가 뺀 살이 무려 420kg. 이것 역시 '세계 최고의 다이어트 기록' 으로 기네스에 남게 되었다. 하지만 늘어진 피부 제거 수술을 받은 후 2006년 안타깝게도 합병증으로 세상을 떠나고 말았다.

성형 수술을 했던 가야 여인들

역사 속으로

인공적으로 머리 모양을 만들어

1976년, 경상남도 예안리에서 가야인들의 집단 무덤이 발견되었다. 그 속에서 나온 많은 머리뼈 가운데 정상인에 비해 이마가 훨씬 뒤로 누워 있고 정수리가 불쑥 솟아 있는 여인들의 머리뼈가 있었다. 이 머리뼈는 고대 가야인 중에서도 특별한 경우에 속한다. 인공적으로 만들어진 편두(編頭)이기 때문. 편두란 아기의 머리 앞뒤에 판자를 댄 후 끈으로 여러 차례 묶거나 머리에 돌을 얹어 부드럽고 연한 아기의 머리뼈를 앞뒤로 납작하게 만드는 것을 말한다. 머리가 앞뒤로 납작한 여인의 옆모습에서 눈에 띄는 것은 뒤로 젖혀진 이마와 마치 성형 수술을 받은 것처럼 오뚝 솟은 코다. 당시 가야 여인들에게 머리를 납작하게 하는 편두는 새로운 얼굴을 만드는 일종의 성형 수술이었던 셈. 물론 현대의 성형 수술과는 차이가 있지만 1600여 년 전에 이런 성형 수술이 있었다는 것은 참으로 놀라운 일이 아닐 수 없다.

건강이 최고

성장기에 좋은 운동

운동은 누구에게나 좋지만 특히 성장기 어린이에게 매우 좋다. 비만을 막아 주는 것 외에도 스트레스를 해소하는 데 많은 도움이 되기 때문이다.

운동은 정서적으로도 좋다. 운동을 하면 기분이 좋아지고 자신감이 생기게 된다. 또한 면역력이 늘어나서 감기 같은 질병에 쉽게 걸리지도 않는다. 그러나 몸에 좋다고 무리해서 운동을 하면 오히려 건강을 해치게 된다. 따라서 매일 조금씩 꾸준히 할 수 있는 운동을 선택하는 것이 좋다.

운동은 한번에 30분 이상씩, 1주일에 적어도 3번은 해야 효과가 있다. 스스로 즐기면서 할 수 있는 운동이라면 더욱 좋다. 어린이에게 가장 좋은 운동은 자전거 타기, 계단 오르기, 줄넘기, 달리기, 걷기, 배드민턴, 수영, 등산, 에어로빅 등과 같은 유산소 운동이다.

No.19

펴낸 곳 삼성출판사 주소 서울시 서초구 서초동 1516-2 전화 (02)3470-6916 등록 제 1-276호 홈 페이지 www.samsungbooks.com 삼성출판사
이 책에 실린 글과 그림을 무단으로 복사, 복제, 배포하는 것은 저작권자의 권리를 침해하는 것입니다. © Samseong Publishing Co., Ltd., 2009

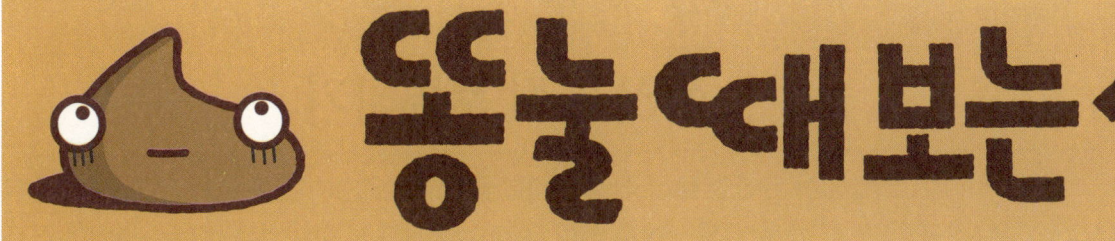

오늘의 읽을거리

똥 이야기 **01**
임금님 전용 변기, 매화틀

도전! IQ 200 **02**
섞인 물질 분류하기

나도 마술사
붙어서 떨어지지 않는 책

Hello, Ham **03**
오늘의 포인트 _ present

세상에 이런 일이
심장에 총 맞고도 오래 산 사나이

궁금한 과학 **04**
죽은 별이 반짝이다니?

임금님 전용 변기, 매화틀

유아용 의자식 변기와 비슷한 모양

조선 시대에 왕은 화장실에 가지 않고 방 안에서 매화틀 혹은 매우틀이라 불리우는 이동식 좌변기에 볼일을 보았다고 한다.

나무로 만들어진 매화틀은 직사각형 모양으로 청동제 매화 그릇을 손쉽게 넣고 빼낼 수 있도록 한쪽이 뚫려 있다. 가운데는 직사각형으로 구멍이 뚫려 있고 대략 가로 39.5cm, 세로 22.5cm, 높이 21cm이며 겉에 비단을 씌워 놓았다. 양 옆 아랫부분 에는 발을 올려 놓을 수 있는 발판이 있다. 간단하게 말하면 네모난 나무 상자 안에 서랍식의 똥받이 그릇이 있는 형태로 지금의 유아용 의자식 변기와 비슷하다. 왕이 쓰던 매화틀은 모두 3개였는데 하나는 침전에, 나머지는 나랏일을 돌보는 곳과 신하들을 만나는 곳에 두었다고 하며 왕비는 2개를 사용했다고. 매화틀은 '복이나인' 이 담당했으며 왕의 똥은 내의원이 왕의 건강을 진단하는 데 이용했다.

상식뭉치

고래가 머리 위의 숨구멍으로 분수처럼 뿜어내는 것은 물이 아니라 사실은 공기다. 허파 속의 따뜻한 공기가 바깥의 차가운 공기와 만나 물보라가 생기는 것. 이것이 또렷이 보이는 것은 공기를 내보낼 때 몸 속의 기름기가 같이 나오기 때문이다.

똥눌 때 한자

평평할 평 (平)

물 위에 떠 있는 개구리밥에서 모양을 따온 글자로 '평평하다'는 뜻을 가지고 있다.

도전! IQ 200

섞인 물질 분류하기

할머니가 외출에서 돌아와 보니 어린 손자와 손녀가 소꿉놀이를 하느라 큰 그릇에 완두콩, 소금, 모래, 톱밥, 쇳가루를 마구 섞어 놓았다. 이것을 본 할머니는 한숨을 내쉬며 걱정을 하셨다. 이때 막 학교에서 돌아온 똥구리가 걱정하시는 할머니에게 자기가 도와 드릴 테니 걱정 말라고 큰소리를 쳤다. 똥구리는 마구 섞여 있는 완두콩, 소금, 모래, 톱밥, 쇳가루를 과연 어떻게 분류하는 것이 좋을까?

정답 : 우선 물통에 채를 놓고 혼합물을 이용해 큰 알갱이인 완두콩과 톱밥을 걸러낸다. 그리고 그릇에 있는 물을 부으면 톱밥은 물에 뜨고 완두콩은 가라앉는다. 마지막으로 남은 소금물은 증발시키면 소금이 남고, 모래와 쇳가루는 자석을 이용해 분리한다.

숨은그림찾기

부채 / 성냥 / 안경 / 국자

나도 마술사

붙어서 떨어

준비물 : 쪽수와 크기가 비슷한 책 2권

마술 비법 : 종이와 종이는 대기압에 의해 찰싹 달라[붙는다]. 장의 마찰력은 크지 않지만 책 전체[는] 없어진다.

🐹 My sister likes a doll.
내 동생은 인형을 좋아한다.

🐹 It is a present for her.
이것은 그녀에게 줄 선물이다.

Point

present
[프레젠트]
선물

내일은 여동생의 생일이다.

My sister likes a doll.

나는 작은 인형을 샀다.

It is a present for her.

생일 축하해!

지 않는 책

책 2권을 준비해 처음부터 끝까지 2~3쪽씩 가장자리만 겹쳐지게 준비해 둔다.

친구를 불러내 겹쳐 놓은 책 2권을 함께 잡아당겨 본다. 책은 절대 떨어지지 않는다.

주문을 외우듯 중얼거리면서 양쪽 책 등을 안쪽으로 밀어 책장 사이에 틈을 만든다. 책장 틈 사이에 있는 힘껏 바람을 불어넣은 후 잡아당기면 책은 쉽게 떨어진다.

며 그 사이에는 마찰력이 작용한다. 종이 한 장 한 개우 크다. 그러나 이런 마찰의 힘도 틈이 생기면

세상에 이런 일이

심장에 총 맞고도 오래 산 사나이

도널드 무어하우스는 한국 전쟁에 참전했다가 1953년 6월 12일, 총을 맞고 군 병원에 입원을 했다. 그 때 그는 의사로부터 총알이 심장을 아슬아슬하게 빗나가 목숨을 건졌다는 말을 들었다.

세월이 지나 70세가 된 무어하우스는 심장병 수술을 받기 위해 병원에 갔다. 무어하우스의 심장을 수술하던 의사들은 총알이 심장을 꿰뚫은 자국을 보고 깜짝 놀랐다. 보통 그처럼 총알이 심장을 꿰뚫은 경우에는 1시간 내로 목숨을 잃기 때문이다. 그럼에도 불구하고 무어하우스가 70세가 넘도록 장수한 것이 의사들은 놀라웠던 것이다. 의사들은 총알이 아주 깨끗하게 심장을 지나갔기 때문에 상처가 이내 스스로 아문 것이 분명하다고 추측하고 있다.

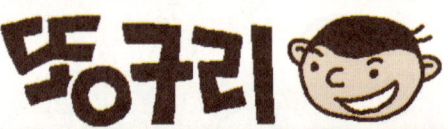

궁금한 과학

오늘 보는 별빛은 수천 년 전의 빛

밤하늘에서 아름답게 빛나는 별들. 그러나 지금 우리의 눈에 보이는 반짝이는 별빛은 바로 이 시간에 뿜어낸 별빛이 아니다.

빛의 속도는 진공 속에서 초속 약 30만 km에 달한다. 그야말로 눈 깜짝할 만한 속도인 것이다. 그럼에도 우주의 크기가 어마어마하게 거대하기 때문에 지구에서 멀리 떨어져 있는 별이 뿜어낸 빛이 우리의 눈에 보이기까지 달려와야 하는 거리는 엄청나다.

따라서 우리는 지금 현재의 별빛이 아닌 수십, 수백, 수천 년 전의 별빛밖에는 볼 수 없다.

오늘 밤하늘에서 우리가 바라보는 아름다운 별빛은 늙어 가고 있는 별이 젊은 시절에 뿜어냈던 빛일 수도 있고 이미 죽은 별이 살아 있을 때 뿜어냈던 마지막 빛일 수도 있다. 그리고 보면 우리는 언제나 밤하늘에서 별들의 빛나는 과거만을 보고 있는 셈이다.

즐겁게 글쓰기

일기를 재미있게 쓰려면

일기라고 하면 부담부터 갖는 친구들이 많다. 하지만 자신이 관심 있는 분야를 이용한다면 일기도 얼마든지 즐겁게 쓸 수 있다. 우선 그림을 잘 그리는 친구라면 그림 일기를 써 보도록 하자. 1장이 아니라 자신이 그리고 싶은 만큼 그리다 보면 흥미진진한 그림일기를 쓸 수 있다. 또 관심 있는 식물이나 동물을 기르면서 변화하는 모양을 생생하게 써 나가는 관찰 일기를 쓰는 것도 권할 만하다.

그리고 누군가에게 하고 싶은 말을 편지의 형식을 빌려서 쓰는 편지 일기나 그날 읽은 책의 줄거리와 느낌을 적는 독서 일기, 그날 본 TV 프로그램 중 가장 인상 깊은 부분을 중심으로 줄거리와 느낌, 의견 등을 적는 TV 시청 일기, 자신이 좋아하는 게임에 대해 적어 보는 게임 일기 등 관심 있는 모든 것이 일기의 소재가 될 수 있다.

No.20

펴낸 곳 삼성출판사 주소 서울시 서초구 서초동 1516-2 전화 (02)3470-6916 등록 제 1-276호 홈 페이지 www.samsungbooks.com 삼성출판사
이 책에 실린 글과 그림을 무단으로 복사, 복제, 배포하는 것은 저작권자의 권리를 침해하는 것입니다. ⓒ Samseong Publishing Co., Ltd., 2009

똥눌때 보는 신문

오늘의 읽을거리

똥 이야기 01
일본 성에 얽힌 똥강의 전설

도전! IQ 200 02
수표는 어디에 있을까?

심리 테스트
1주일 동안 내 건강은 어떨까?

Hello, Ham 03
오늘의 포인트 _ puppy

생각하는 동화
지혜로운 까마귀

문화 답사 04
과학적인 아름다움이 살아 있는 수원 화성

일본 성에 얽힌 똥강의 전설

화장실의 똥오줌이 해자에 가득 차

아름답기로 유명한 일본의 옛 성들. 하지만 성이 실제로 사용되던 당시에는 아름다움을 느끼기는커녕 코를 막고 다녀야 했을 정도로 똥 냄새가 지독했다.

그 이유는 망을 보기 위해 지어진 천수각의 화장실 때문이다. 1579년에 안토 성을 지을 때 만들어진 일본 최초의 천수각에는 3개의 화장실이 있었다. 당시 안토 성의 화장실은 다른 성의 화장실을 꾸미는 기준이 되어 일본의 모든 성에는 입구와 1층 그리고 지하에 화장실을 만들었다. 그런데 성 안 화장실에 모인 모든 똥을 적의 침입을 막기 위해 성 주변을 깊게 파 물을 채워 두었던 해자로 흘러들게 만들어 놓았다. 오줌도 역시 나무통에 모아서 돌담 밑 해자로 버렸다고.

결국 일본의 성들은 지독한 냄새를 풍기는 똥강으로 둘러싸여 새들도 성을 떠날 수밖에 없었다는 것이다.

상식뭉치

뱀은 혀로 냄새와 온도를 느낀다. 2개로 갈라진 혀끝에서 공기 중에 흩어져 있는 냄새와 체온을 느낄 수 있는 특별한 화학 물질이 나오기 때문에 먹이의 위치를 알 수 있다. 그래서 뱀은 쉴새없이 혀를 날름거리는 것. 또 입에 구멍이 있어 입을 다물고도 혀를 날름거릴 수 있다.

똥눌 때 한자

화목할 화 和

잘 익은 벼와 입을 나타낸 모양으로, 함께 농사를 지어 나누어 먹는다는 '화목하다'의 의미를 가진다.

도전! IQ 200

수표는 어디 있을까?

신고를 받은 경찰들이 1000만 원짜리 수표를 훔친 범인이 살고 있다는 집을 갑자기 덮쳤다. 그 때 범인은 좁은 방에서 선풍기를 틀어 놓고 만화책을 보고 있었다. 그는 절대 자신은 범인이 아니라고 주장했다. 경찰들이 방안 구석구석을 샅샅이 뒤졌지만 수표는 정말 어디에도 없었다. 그러나 그가 범인인 것은 확실했다. 그는 어디에 수표를 감춘 것일까?

정답 : 수표를 조그맣게 접어 선풍기 날개에 붙이고 선풍기를 틀어 놓은 것이다.

PUZZLE

가로 풀이
2 집 밖에 나가려면 이걸 신고 나가야죠.
4 시끄러운 소리.
5 놀이 공원에 가면 바이킹 등 놀이 ○○가 많죠.
6 허리가 잘록하며 기어다니는 곤충. 그 곳에서 ○○ 새끼 하나 볼 수 없었다.

세로 풀이
1 우편물, 전보 등의 통신을 받는 것. 발신의 반대말.
3 어느 곳을 가기 위해 발을 옮겨 걷는 일.
5 피곤할 때 자고 일어나서 팔다리를 쭉 펴는 행동.
7 소리내지 않고 방긋 웃는 모습.

퍼즐 정답 : (가로) 2-신발, 4-소음, 5-기구, 6-개미 (세로) 1-수신, 3-발걸음, 5-기지개, 7-미소

심리 테스트

1주일 동안

여러 가지 색깔의 음료가 든 6개의 작은 병이 있다. 나라면 어떤 것을 선택할까?

A. 붉은색　B. 파란색　C. 노란색

D. 녹색　E. 보라색　F. 우윳빛

보는신문

- I keep a puppy.
  나는 강아지 1마리를 기르고 있다.
- I love Toto very much.
  나는 토토를 정말 사랑한다.

Point

puppy [퍼피] 강아지

I keep a puppy.

강아지의 이름은 '토토'이다.

나는 오늘 토토와 함께 산책을 했다.

I love Toto very much.

건강은 어떨까?

- 건강은 좋은 편이지만 넘어지거나 화상을 입을 염려가 있으니 조심하자.
- 면역력이 떨어져 감기에 걸리기 쉬운 상태이다. 건강에 신경 쓰자.
- 마음의 피로가 몸의 건강을 좌우한다. 스트레스를 없애도록 하자.
- 건강에 문제가 없다. 다소 험한 운동을 해도 괜찮은 때이다.
- 혈액 순환이 나빠져 있다. 따뜻한 물에 목욕을 해 보자.
- 몸이 약해져 있다. 외출할 때는 비상약을 가지고 다니는 것이 좋다.

생각하는 동화

지혜로운 까마귀

몹시 더운 날이 계속되고 있었습니다. 까마귀 1마리가 물을 찾아 여기저기 돌아다녀 보았지만 시냇물이 모두 말라 물을 구할 수가 없었습니다. 그러다 우연히 들에서 병을 하나 발견했습니다. 누군가 먹다 남긴 물병이었습니다.
"야, 물병이다. 이제 살았어!"
까마귀는 너무 기뻤습니다. 그러나 병 속으로 부리를 집어넣어 본 까마귀는 실망하고 말았습니다. 물이 병 밑바닥에 조금밖에 남지 않아 부리가 닿질 않았기 때문입니다.
"어떡하지? 겨우 찾은 물인데 마실 수 없다니!"
한참을 생각하던 까마귀는 작은 돌멩이를 물어다가 물병 속에 넣기 시작했습니다. 돌멩이가 채워지자 병 속의 물도 점점 위로 올라왔습니다. 드디어 부리가 닿는 곳까지 물이 올라왔습니다. 포기하지 않고 지혜를 발휘한 까마귀는 시원하게 목을 축일 수 있었습니다.

과학적인 아름다움이 살아 있는 수원 화성

문화 답사

정조의 애틋한 효심이 절로 느껴져

조선 왕조 제22대 임금인 정조는 아버지인 사도 세자가 뒤주 속에 갇혀 죽은 것을 항상 슬프게 생각했다. 그는 왕위에 오르자 양주 배봉산에 있던 아버지의 묘를 화성군 화산으로 옮겨 와 매년 봄, 가을로 성묘를 하러 다녔다. 그러다가 아예 수원을 새로운 도읍으로 정하고자 지은 성이 바로 수원 화성이다. 성의 정상에 오르면 사도세자의 능이 있는 화산이 멀리 보여 아버지의 능을 가까이에서 모시고 싶어 했던 정조의 효심이 절로 느껴진다.

수원 화성은 가장 근대적인 규모와 기능을 갖춘 전통 양식의 성으로, 웅장하기보다는 화려하다. 성을 쌓을 때 정약용이 발명한 거중기 등이 사용되었으며, 세계 문화 유산으로 지정될 만큼 그 가치 또한 매우 크다. 정조의 애틋한 효심과 백성들을 위했던 위민 사상을 떠올리며 화성을 둘러보자. 지하철 1호선 수원역에서 내려 시내버스를 이용하면 된다.

왕따 탈출

예쁜 별명으로 불러 주자

주변의 친구들을 살펴보면 모두 서로 다른 개성을 가지고 있다는 것을 알 수 있다. 눈이 큰 친구, 키가 큰 친구, 말을 잘하는 친구 등. 그러나 그 중에 키가 작은 친구, 뚱뚱한 친구, 말을 더듬는 친구 들은 듣기 거북한 별명으로 친구들의 놀림을 받기도 한다. 별명은 그 사람을 표현해주는 또 다른 이름이다. 친구들끼리 서로 별명을 지어 주고 그 별명을 부르다 보면 더 친해질 수 있다.

그런데 친구의 약점을 별명으로 만들어 놀린다면 친구와 멀어질 뿐만 아니라 친구에게 상처를 주게 된다. 별명은 친구 사이를 더 가깝게도 만들지만 나쁘게도 만들 수 있으므로 친구에게 예쁜 별명을 지어 주기로 하자. 오늘부터 뚱뚱한 친구는 뚱보나 저팔계 대신 통통이, 키가 작은 친구는 땅콩이나 꼬맹이 대신 귀염둥이 등으로 불러 보는 것은 어떨까?

No.21

펴낸 곳 삼성출판사 주소 서울시 서초구 서초동 1516-2 전화 (02)3470-6916 등록 제 1-276호 홈 페이지 www.samsungbooks.com 삼성출판사
이 책에 실린 글과 그림을 무단으로 복사, 복제, 배포하는 것은 저작권자의 권리를 침해하는 것입니다. ⓒ Samseong Publishing Co., Ltd., 2009

똥눌 때보는 신문

오늘의 읽을거리

똥 이야기 01

축하축하! 똥, 그 화려한 탄생!

도전! IQ 200 02
잃어버린 강아지 찾기

심리 테스트

말투로 알 수 있는 나의 성격은?

Sing a Song 03

Where Is Daddy?
생각하는 동화
그 아버지에 그 아들

신나는 스포츠 04

여럿이 함께 즐길 수 있는 야구

상식뭉치

딱따구리가 나무를 쪼는 속도는 총알이 날아가는 속도의 2배. 쪼아 대는 힘도 중력의 1000배 정도로 강력하다. 1초에 15~16회의 빠른 속도로 나무를 쪼을 수 있는 딱따구리는 하루에 최소한 2000마리 이상의 해충을 잡아먹어 나무를 보호해준다.

축하축하! 똥, 그 화려한 탄생!

똥 탄생의 비밀을 벗긴다!

내가 먹은 맛있는 불고기와 피자가 과연 어떻게 똥이 되어 나오는 것일까?

우선 음식이 입으로 들어오면 이가 잘게 다지고 침이 녹인 다음 혀가 목구멍으로 넘긴다. 그러면 식도가 꾸물럭꾸물럭 음식물을 위로 넘겨준다. 음식물은 위산과 위의 운동에 의해 더욱 잘게 다져지고 위의 좁은 출구를 통해 아주 작은 입자만 내보낸다. 체로 거르는 원리와 같다. 음식물은 다시 십이지장과 소장에서 나온 소화 효소에 의해 더 잘게 다져져 아주 작게 만들어진 다음 최대한 흡수되고 남은 찌꺼기가 대장으로 밀려 나간다.

대장에서는 주로 물을 흡수하기 때문에 음식 찌꺼기는 점점 단단하게 굳어진다. 음식 찌꺼기들은 마지막까지 한번 더 분해되어 대장에서 잠시 대기하고 있다가 다른 음식물이 들어와 대장이 비좁아지면 밀려나와 비로소 똥으로 탄생하게 된다.

똥눌 때 한자

동녘 **동**

원래 자루를 본떠서 만든 글자로, 점차 '동쪽' 이라는 뜻으로 쓰이게 되었다.

도전! IQ 200

잃어버린 강아지 찾기

윤정이는 길을 가다가 잃어버린 강아지를 찾는다는 벽보를 보았다. 골목길에 돌아다니는 비슷하게 생긴 여러 마리의 강아지 가운데 벽보 속에 있는 강아지는?

ⓖ : 月윤

숨은 그림 찾기

홍당무 / 식빵 / 뱀 / 벙어리 장갑

심리 테스트

말투로 알 수

나는 평소에 말하는 스타일이 어떤지 아래 보기 4개 가운데 가장 비슷한 것을 골라라.

A. 수다쟁이   B. 과묵하다

C. 말이 빠름   D. 말이 느림

Sing a Song

Where Is Daddy?

Where is daddy?
Where is daddy?
Here I am,
Here I am,
How are you today,
daddy?
Very well I thank you,
Run away, run away.

♬ daddy? 자리에 mommy? brother? sister? baby?를 넣어서 불러 보자.

Where is dad-dy? Where is dad-dy? Here I am, Here I am,
How are you to-day, daddy? Ver-y well I thank you, Run a-way, run a-way.

나의 성격은?

❀ 솔직 담백한 성격으로 분위기를 잘 타는 면이 있다.

❀ 겉으로 드러내지 않고 속으로 상상하며 좋아하는 사람이다.

❀ 호기심이 많지만 위기에 처하면 달아나는 겁이 많은 성격이다.

❀ 위기에 강해 의지가 되는 타입이지만 겉늙어 보이는 수가 있다.

생각하는 동화

그 아버지에 그 아들

어떤 아버지가 일곱 살짜리 아들에게 심부름을 시켰습니다.
"아들아, 가게에 가서 술을 좀 사 오거라."
그러자 아들이 말했습니다.
"돈을 주셔야지요, 아버지."
아들의 대답에 아버지가 말했습니다.
"아들아, 돈을 주고 술을 사 오는 일은 누구나 할 수 있단다. 돈 없이 술을 사 오는 것이 바로 요령이야."
아들은 고개를 끄덕이며 밖으로 나갔습니다.
잠시 후 아들은 빈 술통을 들고 돌아왔습니다.
"아니, 술은 어쩌고 빈 술통만 가지고 왔느냐, 아들아?"
아버지가 묻자 아들이 대답했습니다.
"가득 찬 술통의 술을 마시는 건 누구나 할 수 있잖아요? 빈 술통의 술을 마시는 게 바로 요령이죠."

4

여럿이 함께 즐길 수 있는 야구

신나는 스포츠

위치별로 필요한 능력이 달라

야구는 던지고, 치고, 달리고, 지키는 다양한 방식으로 이루어진 흥미로운 경기이다. 초기의 야구는 경기 방법이 매우 간단했다. 투수가 공을 던지면 타자가 공을 치고 베이스로 달리는 건 똑같았다. 하지만, 수비측이 공을 잡으면 지금처럼 공을 던지는 것이 아니라 타자와 마찬가지로 베이스로 달려가야 했다. 그래서 수비측이 빠르면 아웃, 타자가 빠르면 세이프였다. 어떻게 보면 초기 야구는 달리기 실력이 승부를 가르는 가장 중요한 요인이었을 것이다.

야구는 위치별로 필요한 능력이 다르다. 즉, 투수는 공을 잘 던지는 능력이, 유격수는 잘 잡는 능력이, 타자는 공을 잘 치는 능력이 중요하다. 따라서 각자의 소질에 맞게 팀을 구성할 수 있기 때문에 많은 친구들이 모여서 하기에 적당하다.

인기가 많은 경기인 만큼 국제 대회 규모의 어린이 선수권 대회가 있는 경기는 야구뿐이라고 한다.

환경을 보호하는 작은 실천

환경 이야기

환경을 보호하는 데 결코 거창한 일만 해야 하는 것은 아니다. 생활 속에서 쉽게 실천할 수 있는 방법도 있다.

화장실의 방향제는 암을 발생시킬 가능성과 천식이나 심장병을 악화시킬 수 있는 화학 물질을 가지고 있다. 그러니 인공적인 화학 물질과 플라스틱으로 포장된 방향제 대신 숯이나 모과 등을 놓아 두자. 또 꼭 필요한 때가 아니면 에어컨을 켜지 않는 것도 환경을 보호하는 방법이다. 에어컨 1대는 선풍기 30대와 맞먹는 에너지를 쓴다.

겨울에는 내복과 긴팔 옷을 입는 것도 좋은 방법. 난방 온도를 1℃ 낮추면 7%의 에너지를 절약할 수 있다. 꼭 필요하지 않은 곳은 불을 끄도록 하고, 세수를 할 때 귀찮더라도 물을 받아서 하는 작은 실천만으로도 환경을 보호할 수 있다.

No. 22

펴낸 곳 삼성출판사 주소 서울시 서초구 서초동 1516-2 전화 (02)3470-6916 등록 제 1-276호 홈 페이지 www.samsungbooks.com 삼성출판사
이 책에 실린 글과 그림을 무단으로 복사, 복제, 배포하는 것은 저작권자의 권리를 침해하는 것입니다. © Samseong Publishing Co., Ltd., 2009

똥눌 때 보는 신문

오늘의 읽을거리

똥 이야기 01

서서 오줌누는 여자?

도전! IQ 200 02
쌓아 놓은 상자는 각각 몇 개일까?

나도 마술사

날아가지 않는 탁구공

Hello, Ham 03
오늘의 포인트 _ fresh
깔깔 유머

선녀와 나무꾼

애완동물 키우기 04

강아지와 대화하기

서서 오줌 누는 여자?

옛날에는 드문 일이 아니었다고 하는데

일본 에도 시대(1603~1867)에 교토의 여자들은 길가에서 아무렇지도 않게 오줌을 누었다고 한다. 더 재미있는 것은 허리를 구부린 채로 서서 오줌을 누었다는 사실. 결혼하지 않은 여자나 아줌마나, 부자나 가난한 사람을 가릴 것 없이 모든 여자들이 길거리에서 벽을 향해 엉덩이를 내놓고 볼일을 보는 것을 당연하게 생각했다. 당시 일본의 여자들은 몸에 둘둘 마는 기모노나 작업 바지인 몸뻬를 입고 있었고 속옷마저 없던 시절이라 오히려 서서 일을 보는 것이 편했을 지도 모른다.

옛날에 여자가 서서 오줌누는 것은 그다지 이상한 일이 아니었다. 아메리카 인디언인 아파치족은 남자는 앉아서, 여자는 서서 볼일을 보았다. 또 앙골라에서는 모두 서서 볼일을 본 반면, 터키에서는 모두 앉아서 볼일을 봐야 했는데 서서 볼일을 보는 것 자체가 신에게 큰 죄를 짓는 일이었다고 한다.

상식뭉치

어둠 속에서 빛나는 고양이의 눈. 하지만 고양이의 눈이 야광이라서 빛나는 것은 아니다. 고양이의 눈에는 밝을 때 빛을 모아 두었다가 어두울 때 내보내는 반사막이 있기 때문이다. 이것은 모든 고양잇과 동물들의 특징이기도 하다. 진짜 야광인 것은 바로 고양이의 오줌이다.

2

똥눌때 한자

서녘 서

원래는 새가 둥지에 있는 모습을 본떠 '둥지'의 의미를 가지고 있다가 점차 서녘을 가리키는 말로 사용하게 되었다.

도전! IQ 200

쌓아 놓은 상자는 각각 몇 개일까?

똥구리가 동네에 버려져 있는 상자를 모아 2덩어리로 쌓아 놓았다. 상자의 수는 각각 몇 개일까?

정답 : ① 12개 / ② 10개

숨은 그림 찾기

못 / 버선 / 성냥 / 깃발

나도 마술사

날아가z

준비물 : 깔때기 모양으로 만들어 자른 페트병, 탁구

마술 비법 : 입으로 페트병 속에 바람을 불면 기압 구공은 페트병 속의 공기가 떠받치고

보는신문

- May I open the window?
  창문을 열어도 되겠니?
- Let some fresh air in.
  환기 좀 시키자.

 Point

fresh
[프레쉬]
신선한

May I open the window?

왜?

Let some fresh air in.

창문을 다시 닫는 게 어떻겠니?

탁구공

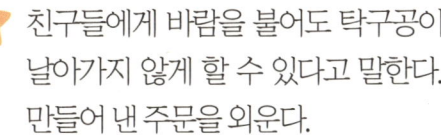

1. 잘라 놓은 페트병의 넓은 면이 위로 향하게 놓은 다음 그 안에 탁구공을 넣는다.

2. 친구들에게 바람을 불어도 탁구공이 날아가지 않게 할 수 있다고 말한다. 만들어 낸 주문을 외운다.

3. 페트병 입구에 입을 대고 바람을 힘껏 분다. 하지만 페트병 속에 있는 탁구공은 날아가지 않고 입 쪽에서 빙글빙글 돌기만 할 것이다.

공기가 페트병 입구쪽으로 모이게 된다. 따라서 탁게 날아가지 않는 것이다.

깔깔 유머

선녀와 나무꾼

하늘에 한 선녀가 살고 있었다. 그 선녀는 오래 전, 할머니 선녀로부터 인간 나무꾼과의 연애 이야기를 들은 다음부터 인간 세상의 나무꾼과 결혼하는 것이 소원이었다. 그래서 나무꾼이 날개옷을 가져가는 바람에 결혼하게 되었다는 할머니 선녀의 이야기대로 할머니가 목욕했던 선녀탕으로 내려갔다. 선녀는 눈에 띄는 곳에 날개옷을 벗어 두고 목욕을 했다. 그러자 잠시 후, 정말로 나무꾼이 나타났다. 그런데 이상하게도 그 나무꾼은 '선녀와 나무꾼' 의 이야기와는 다르게 선녀가 벗어 둔 날개옷을 거들떠보지도 않는 것이 아닌가! 화가 난 선녀가 나무꾼을 불렀다.
"나무꾼님! 왜 내 날개옷을 안 가져가시는 거죠?"
선녀가 물어 보자 나무꾼이 대답했다.
"저요? 저는 금도끼 은도끼에 나오는 나무꾼인데요?"

강아지와 대화하기

애완동물 키우기

배를 보이는 것은 항복의 표시

종종 강아지들은 사람에게 말을 건다. 빈 밥그릇을 물고 와서 낑낑거린다면 밥을 달라는 말. 물론 영리한 강아지의 경우다. 일반적인 강아지 말 몇 가지를 배워 보자. 강아지가 꼬리를 살랑살랑 흔들며 귀를 쫑긋 세우는 것은 반갑다는 말이다. 벌렁 드러누워서 꼬리를 흔든다면 쓰다듬어 달라는 애교이다. 이 때 배를 쓰다듬어 주면 무척 기뻐할 것이다. 이런 경우가 또 있는데, 주인에게 야단을 맞을 때다. 이 때는 항복과 복종의 표시로 귀를 축 늘어뜨리고 낑낑거리는 소리를 내기도 한다.

강아지가 몸을 웅크리고 귀를 젖힌 채 꼬리를 다리 사이로 감추면 무섭다는 말이다. 또 하늘을 올려다보며 울 때가 있는데 이것은 외롭다는 말이니 다가가 살짝 안아 주도록 하자. 똑같이 꼬리를 세워도 살랑거리지 않고 털이 바짝 서서 으르렁거린다면 물지도 모른다는 경고. 이럴 때는 피하는 것이 좋다.

닮고 싶은 인물

토크 쇼의 여왕, 오프라 윈프리

미국에서 가장 유명한 토크 쇼의 사회자 오프라 윈프리. 가난한 흑인 여성이었던 오프라 윈프리가 토크 쇼의 여왕으로 불리기까지는 어려운 시간들을 이겨 내기 위해 흘린 많은 땀방울과 눈물이 있었다.

미국에서 성공의 장애물로 여겨지는 검은 피부와 가난을 떨치고 일어난 그녀는 이혼한 어머니와 아버지 사이를 오가며 우울한 어린 시절을 보냈다.

그러나 오프라 윈프리는 의지와 재능을 발휘하여 연간 2억 달러 이상을 버는 세계적인 방송인으로 우뚝 섰다. 정곡을 찌르는 유머와 솔직함으로 사람들의 마음을 사로잡은 그녀는 독서가 자신의 인생을 바꿨다고 말한다. 어린 시절부터 시작된 독서 습관이 성공의 비결이었던 것이다. 책에서 얻은 많은 지식과 뛰어난 재치는 오프라 윈프리의 가치를 더욱 빛나게 한다.

No.23

펴낸 곳 삼성출판사 주소 서울시 서초구 서초동 1516-2 전화 (02)3470-6916 등록 제 1-276호 홈 페이지 www.samsungbooks.com 삼성출판사
이 책에 실린 글과 그림을 무단으로 복사, 복제, 배포하는 것은 저작권자의 권리를 침해하는 것입니다. ⓒ Samseong Publishing Co., Ltd., 2009

똥눌 때 보는 신문

오늘의 읽을거리

똥 이야기 01

똥 닦는 방법도 여러 가지

도전! IQ 200 02
범인은 어떻게 달아난 것일까?

심리 테스트
나는 미래에 어떤 사람이 될까?

Hello, Ham 03
오늘의 포인트 _ hello

오싹 괴담
네 눈은 내 것

알기 쉬운 경제 04

세계 최고의 부자들

상식뭉치

우리 눈에는 1가닥으로 보이는 거미줄을 확대해 보면 수백 가닥의 가는 줄로 이루어져 있다. 때문에 거미줄은 강하고 튼튼한데다 가볍기까지 하다. 이런 이유로 1990년대 초, 미국의 국방부는 거미줄을 이용해 방탄조끼 만드는 것을 검토하기도 했다고.

똥 닦는 방법도 여러 가지

나라와 민족마다 환경에 맞는 방법으로

수세식 변기와 두루마리 화장지가 널리 사용되기 전, 똥을 닦는 방법은 각 나라와 민족에게 주어진 자연 환경에 따라 차이가 있었다. 인도와 인도네시아의 빈민굴이나 시골에서는 손가락과 물을 사용해서 닦는데 왼손의 손가락으로 뒤를 닦은 후 깡통에 담긴 물로 손을 씻었다. 사우디아라비아 같은 사막에서는 모래 위에 쭈그리고 앉아 일을 보는데 볼일이 끝나면 모래로 그 위를 덮는다. 그리고 땀에 젖은 손가락 하나에 모래를 묻혀 뒤를 문지른다. 똥구멍에 묻은 모래는 걸어다니는 동안 저절로 떨어지고 손가락에 묻은 똥은 모래와 함께 툭툭 털어 냈다.

모래로 닦으면 무척 아팠겠다고? 천만의 말씀! 사막의 모래는 매우 곱기 때문에 똥구멍을 닦아도 전혀 아프지 않다. 게다가 뜨겁게 내리쬐는 햇빛 때문에 똥이 금방 말라 가루가 되어 모래 바람과 함께 날아간다.

똥눌 때 한자

남녘 남

방울 종류의 악기를 매달아 놓은 모양에서 유래된 글자로, 궁궐의 남쪽에 놓았기 때문에 '남쪽'이란 뜻으로 사용.

도전! IQ 200

범인은 어떻게 달아난 것일까?

어느 빌딩의 5층에서 도난 사고가 일어났다. 값비싼 다이아몬드가 사라진 것이다. 경보기가 울리자 경비원은 빌딩에 하나뿐인 출입문을 잠갔다. 그리고 내부를 샅샅이 조사했지만 범인은 감쪽같이 사라진 다음이었다. 범인은 밧줄을 타고 내려간 것도 아니고 빌딩 내부의 사람도 아니다. 그렇다면 범인은 어떻게 달아난 것일까?

정답: 이 빌딩에는 옆 건물로 건너갈 수 있었다.

PUZZLE

가로 풀이
1 손을 이용해 어떤 사물을 가리키는 행동. ○○, 발짓.
2 유리로 조그맣고 둥글게 만든 놀이 기구. 유리○○.
5 오전 0시부터 오후 12시까지 24시간. ○○살이.
6 상점들이 죽 늘어서 있는 거리.

세로 풀이
1 아들의 아들. 개굴개굴 개구리, 노래를 한다. 아들, ○○, 며느리 다 모여서~.
3 일을 해결해 나가는 능력이나 재주. ○○로운 생활.
4 땅 밑으로 다니는 대중 교통. 빠르고 편리한 ○○철.
7 왕의 집안.

정답: (가로) 1-손짓, 2-구슬, 5-하루, 6-상점 (세로) 1-손자, 3-슬기, 4-지하, 7-왕가

심리 테스트

나는 미래에

마당에 꽃씨를 뿌렸다. 매일 물을 주자 얼마 후 드디어 싹이 돋았다. 이 싹이 꽃을 피운다면 어떤 꽃이 필까?

A. 장미

B. 제비꽃

C. 백합

D. 해바라기

- Hello, May I speak to Diby, please?
  여보세요, 디비 좀 바꿔 주세요.
- This is Diby. Who is calling?
  디비인데요. 누구세요?

hello
[헬로우]
여보세요

사람이 될까?

- 자신의 미래를 위해 열심히 노력하는 사람이다. 동시에 이성 친구를 사귀고 싶어하는 꿈을 가지고 있다.

- 착실하게 한 걸음씩 나가려는 성실한 사람이다. 또한 착하고 헌신적이며 사람들과 사이 좋게 지내는 것을 중요하게 생각한다.

- 마음을 가장 중요하게 생각하는 사람이다. 새로운 일에 도전하는 것을 겁내지 않고 사람들과 어울리는 것을 좋아한다.

- 밝고 긍정적인 사람으로 늘 새로운 것에 도전하려 한다. 상상을 현실로 바꾸는 능력이 있다.

오싹 괴담

네 눈은 내 것

미술실에 발레복을 입은 소녀의 그림이 걸려 있었다. 소문에 의하면 그림 속의 소녀가 밤마다 그림에서 나와 미술실에서 춤을 춘다고 했다. 소문이 사실인지 궁금해진 미정이는 어느 날 저녁, 몰래 미술실로 내려갔다. 미정이는 미술실 문을 살며시 열고 들어가 발레복을 입은 소녀의 그림이 얌전히 벽에 걸려 있는 것을 보았다.
'그러면 그렇지!'
미정이는 괜히 싱거워져 피식 웃으며 미술실을 나가려고 했다.
그 때, 갑자기 그림 속의 소녀가 튀어나와 미정이의 주위를 돌며 중얼거리기 시작했다. 공포에 질린 미정이의 귓가에 소녀의 목소리가 계속 맴돌았다.
"네 눈은 내 것! 네 눈은 내 것!"
미정이는 정신이 몽롱해지면서 쓰러졌다. 다음날부터 미정이의 눈이 보이지 않게 되었다. 대신 미술실 그림 속의 소녀는 촉촉하게 물기를 머금은 눈을 가지고 미술실의 학생들을 바라보고 있었다.

알기 쉬운 경제

빌 게이츠가 세계 제1의 부자

세계 최고의 부자는 과연 누구일까? 컴퓨터 소프트웨어를 만드는 마이크로소프트(MS)사의 전 회장인 빌 게이츠다. 빌 게이츠는 1995년부터 2007년까지 13년 동안 세계 제1의 부자 자리를 놓치지 않았다. 그러다 지난해 딱 한 번 워런 버핏에게 1위 자리를 내주고, 올해 다시 1위 자리를 탈환했다. 그렇다면 빌 게이츠의 재산은 과연 얼마나 될까? 빌 게이츠의 재산은 약 400억 달러에 이른다고. 2위는 전설적인 투자자 워런 버핏, 3위는 멕시코의 카를로스 슬림 텔멕스 회장이 차지했다.

한국의 경우 이건희 전 삼성 회장이 205위, 정몽구 현대자동차 그룹 회장이 468위, 정몽준 한나라당 의원이 559위, 이명희 신세계 그룹 회장이 701위를 차지했다. 세계 최고의 부자 3명의 재산은 가난한 나라의 6억 명이 1년 동안 번 돈을 합친 것보다도 훨씬 많다. 물론 중요한 것은 얼마나 벌었느냐보다 어떻게 쓰느냐일 것이다.

별자리 이야기

양자리 이야기(3.21~4.20)

그리스 보이오티아의 아타마스 왕은 네펠레와 이혼하고 이노와 재혼했다. 아타마스 왕은 이미 네펠레와의 사이에 딸 헬레와 아들 프릭소스를 두고 있었다. 그런데 아타마스 왕의 새로운 아내인 이노는 전처의 아이들이 자신이 낳은 아이에게 해를 끼칠까 염려한 나머지 남매를 죽이려 했다. 남매의 어머니 네펠레는 신들의 도움으로 황금 털을 가진 양을 보내 남매를 도망치게 했다. 남매는 양을 타고 안전한 콜키스로 날아갔지만 헬레는 양의 등에서 떨어져 바다에 빠져 죽고, 프릭소스만 콜키스에 도착했다. 프릭소스는 양을 잡아 고기는 제우스에게 감사의 제물로 바치고 양의 황금 털은 콜키스의 왕에게 선물했다. 제우스는 고생한 황금 양을 기려 하늘의 별자리로 만들었다. 양자리에 태어난 사람은 정의감이 넘치고 친절하며 온순한 성격을 가졌다.

No.24

펴낸 곳 삼성출판사 주소 서울시 서초구 서초동 1516-2 전화 (02)3470-6916 등록 제 1-276호 홈 페이지 www.samsungbooks.com 삼성출판사
이 책에 실린 글과 그림을 무단으로 복사, 복제, 배포하는 것은 저작권자의 권리를 침해하는 것입니다. ⓒ Samseong Publishing Co., Ltd., 2009

똥눌 때 보는 신문

오늘의 읽을거리

똥 이야기 01

무엇에 쓰는 물건인고?

도전! IQ 200 02
떡잎의 수가 다른 채소는?

나도 마술사
들리지 않는 발뒤꿈치

Hello, Ham 03
오늘의 포인트 _ weather

깜짝 기네스
세계에서 가장 큰 청바지

요리조리 쿡 04

대~한 민국!
필승 태극 김밥

상식뭉치

하루살이의 수명은 평균 2~3일. 하루살이의 알은 1달 후에 애벌레가 된 후 그 상태로 몇 개월에서 3년까지 지내다가 어른 벌레가 된다. 이 때 짧게는 1시간, 길게는 3주까지 산다. 수명이 짧은 만큼 먹지도 않고 짝을 맺어 알을 낳는 일만 한다.

무엇에 쓰는 물건인고?

똥을 닦는 데 사용했던 화장지 대용품

옛날 우리 나라 농가의 화장실에는 볏집 또는 나뭇잎이 놓여 있었다. 일본의 옛 농가도 마찬가지였다. 그런가 하면 미국의 옥수수 재배 지역 농가에는 옥수수 수염을 가득 담아 놓은 바구니가 화장실에 놓여 있었다. 이 모두는 똥을 닦는 데 쓰였던 화장지 대용품들이다. 또 중국의 황토 지대에 위치한 농가의 화장실에는 밧줄 3가닥이 놓여 있었다. 밧줄을 잡고 일을 본 후 그 중 한 밧줄로 뒤를 닦았던 것. 공기가 워낙 건조해서 똥이 금방 마르기 때문에 밧줄을 흔들면 잘 떨어졌다고 한다. 한편 아프리카에서는 강의 상·하류에 말뚝을 박고 강물의 흐름에 따라 밧줄을 물에 잠기도록 묶어 뒤를 닦았다. 일을 본 다음 강의 상류 쪽을 향해 밧줄을 타고 뒤를 문질러 똥을 닦아 내는 것이다. 밧줄에 묻은 똥은 물고기들이 깨끗이 먹어 치우기 때문에 다음 사람이 사용할 때 별다른 문제가 없다고 한다.

똥눌 때 한자

북녘 북 (北)

원래 2사람이 등지고 있는 모습을 본뜬 글자로, '등지다'라는 뜻이 '북쪽'이라는 뜻으로 바뀌었다.

도전! IQ 200

떡잎의 수가 다른 채소는?

엄마와 함께 시장에 가서 채소를 잔뜩 사 왔다. 다음 채소들 중 하나는 씨앗에서 돋아나는 떡잎의 수가 다르다. 어느 것일까?

정답 : 양파. 양파는 외떡잎 식물이다. 무·당근·고구마는 쌍떡잎 식물이다.

숨은그림찾기

중절모자 / 팽이 / 지팡이 / 아이스크림

나도 마술사

들리지

마술 비법 : 발뒤꿈치를 들려면 몸의 중심을 앞으로 이동해야 하는데, 벽이 몸을 더 이상 앞으로 이동시킬 수 없어…

How's the weather today?
오늘 날씨 어때?

It's windy.
바람이 불어.

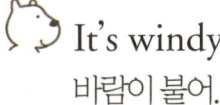

weather
[웨더]
날씨, 일기

발뒤꿈치

1. 친구에게 벽을 보고 서게 한 다음 양쪽 발의 발톱 끝을 벽에 바싹 붙이게 한다.

2. 이 자세로 서 있는 친구를 향해 마술을 부리듯 주문을 외운다.

3. 친구에게 발뒤꿈치를 들어 보라고 말한다. 하지만 친구는 절대로 발뒤꿈치를 들지 못할 것이다.

겨야 한다. 그러나 벽이 가로막고 있기 때문에 중심 들지 못하는 것이다.

깜짝 기네스

세계에서 가장 큰 청바지

세계에서 가장 큰 청바지의 크기는 과연 어느 정도일까? 현재 세계에서 가장 큰 청바지는 15층 건물이 들어갈 수 있을 정도의 크기이며 페루의 재단사가 만들었다. 이 청바지의 길이는 무려 42m나 되고, 무게도 2톤으로 어마어마한 크기를 자랑한다. 이 청바지를 만들기 위해 재단사 3명과 보조 6명이 꼬박 46일 동안 매달렸다고.

우리나라에도 '빅진(Big Jean)'이라 불리는 거대한 청바지가 있다. 어느 청바지 회사에서 홍보를 위해 만든 이 청바지는 길이 29m, 무게 226kg로 어른의 청바지 500여 벌을 만들 수 있는 천이 사용되었다고 한다. 이 청바지의 단추는 사람 머리보다 크고 동전 주머니 역시 어른이 들어갈 수 있을 만큼 크다.

태극 김밥

재료[2인분] : 밥 2공기, 설탕·소금·참기름 약간씩, 껍질만 다진 오이 1개, 붉은 부분만 다진 게맛살 1쪽, 김 6장

요리조리 쿡

대~한 민국! 필승 태극 김밥

1. 껍질 부분만 벗겨서 다진 오이를 설탕과 소금으로 절인 후 물기를 제거한다.

2. 따뜻한 밥을 둘로 나누어 각각 오이와 게맛살을 넣고 소금, 참기름과 함께 버무린다.

3. 김 2장에 ②를 각각 얇게 편 다음, 한쪽 부분만 꼬리가 생기도록 김밥을 말아 준다.

4. 1장의 김에 ③의 오이 김밥과 게맛살 김밥을 엇갈려 놓고 돌돌 만 다음, 잘라서 태극 무늬를 만든다.

Tip : 김은 다른 해조류에 비해 단백질, 비타민, 미네랄 등이 풍부하다. 맛도 좋고 영양도 풍부해 동맥 경화 방지, 암 예방에 효과가 있다.

글로벌 에티켓

영국에서는 국가 호칭 유의해야

영국을 여행할 때는 잉글랜드(England), 그레이트 브리튼(Great Britain), 대영 제국(United Kingdom)의 차이를 잘 구별해서 사용해야 한다. 잉글랜드, 웨일스, 스코틀랜드 셋을 합친 것이 그레이트 브리튼이고, 여기에 북아일랜드를 더한 것이 대영 제국이기 때문이다.

우리는 보통 영국을 잉글랜드라고 부르는데 다른 지역 사람들이 들으면 기분 나빠할 수 있다. 영국의 각 지역에서는 아직도 특유의 문화와 고유성을 그대로 유지하고 있다. 따라서 국가 호칭은 매우 민감한 문제이기 때문에 특별히 주의해야 한다.

형용사를 쓸 때도 잉글랜드 지역에 국한되는 잉글리시(english) 보다는 브리티시(british)라고 쓰는 것이 바람직하다.

No.25

펴낸 곳 삼성출판사 주소 서울시 서초구 서초동 1516-2 전화 (02)3470-6916 등록 제 1-276호 홈 페이지 www.samsungbooks.com 삼성출판사
이 책에 실린 글과 그림을 무단으로 복사, 복제, 배포하는 것은 저작권자의 권리를 침해하는 것입니다. ⓒ Samseong Publishing Co., Ltd., 2009

똥눌때보는신문

오늘의 읽을거리

똥 이야기 01
설사 미용법

도전! IQ 200 02
그림 조각 맞추기

심리 테스트
친구들은 날 이렇게 오해할지도 몰라

Hello, Ham 03
오늘의 포인트 _ nearly

세상에 이런 일이
4층에서 뛰어내린 남자

역사 속으로 04

조선 시대 왕의 건강 관리

상식뭉치

수컷도 새끼를 낳을 수 있다. 해마와 해룡은 수컷의 배에 새끼를 기르는 아기주머니가 있다. 암컷이 수컷의 아기주머니 속에 알을 낳으면 수컷은 정성을 다해 보살핀다. 그러다가 알에서 새끼들이 부화하면 수컷 해마와 해룡은 몸을 뒤틀어 새끼를 낳는다.

설사 미용법

우아하게 관장하는 것이 자랑거리

16~18세기 무렵의 유럽에서는 관장을 하거나 약을 먹고 설사하는 것이 건강과 미용에 효과가 있다고 여겼다. 프랑스의 루이 13세는 1년에 212회나 관장을 했다고 하니 당시 분위기를 짐작할 만하다.
당시 의사들은 설사를 하거나 콧물을 흘리지 않으면 나쁜 체액이 몸 속에 쌓여 건강을 해친다고 생각했다. 루이 13세의 주치의도 그렇게 믿었기 때문에 콧물도 설사도 없는 왕의 건강이 염려됐는지 적극적으로 관장을 권했다고 한다. 덕분에 루이 13세는 변기와 왕좌를 수시로 오가야 했다.
18세기에 이르자 이것이 지나쳐 미용법으로 유행하게 되었다. 귀부인들은 침실에서 정기적으로 관장을 했을 뿐 아니라 우아하게 관장하는 것을 자랑스럽게 여겼다고. 심지어는 관장하는 모습을 그린 가운을 입거나 관장하는 모습이 그려진 부채를 사용하기도 했다.

똥눌 때 한자

백성 민

원래는 '노예' 라는 뜻을 가지고 있었지만 지금은 '한 나라의 근본이 되는 많은 사람들' 을 의미한다.

도전! IQ 200

그림 조각 맞추기

민수는 이번 여름 방학 때 할머니 댁에 놀러 갔다. 아래 그림은 그 때 그림일기의 조각들을 따로 떼어 놓은 것이다. 조각들을 맞춰서 그림을 완성시켜 보자.

정답: ㅁ=⑤ / ㄷ=④ / ㄴ=③ / ㄹ=② / ㄱ=①

PUZLE

가로 풀이
2 여러 형제 중 맨 마지막으로 태어난 아이.
3 몹시 사나운 개.
4 말하고 있는 시점보다 조금 전. ○○전에 난 소리.
6 마음이 꾸밈이 없이 순박하고 참됨.

세로 풀이
1 옛날, 시골 길가에서 밥과 술을 팔던 집.
3 아무것도 타지 않은 물.
5 금이나 금빛 나는 재료로 만든 테.
7 앞으로 나아가는 것. 일보 ○○.

퍼즐 정답: (가로) 2-막내, 3-맹견, 4-방금전, 6-순진 (세로) 1-주막, 3-맹물, 5-금테, 7-전진

심리 테스트

친구들은 날 이렇

백설공주의 아름다움에 화가 난 나쁜 왕비가 마법을 걸어 백설공주를 다른 무언가로 바꾸어 버렸다. 무엇으로 변했을까?

A. 장미   B. 제비

C. 개구리   D. 돼지

 What time is it?
지금 몇 시니?

 It's nearly six.
6시 거의 다 됐어.

nearly
[니얼리]
거의, 얼추

오해할지도 몰라

❀ 화려한 분위기를 지니고 있어 다른 사람으로부터 쉽게 호감을 얻는 성격이다.

❀ 예절 바른 행동이 지나쳐 상대에 따라서는 잘난 체한다고 오해할 수도 있다.

❀ 남 앞에서는 평소보다 밝게 행동하는 성격이다. 가식적인 사람으로 오해받지 않도록 진실한 모습을 보여 주자.

❀ 누구에게나 친절한 성격이다. 그러나 너무 많은 일에 나서고 간섭한다는 비난을 받을 수도 있다.

세상에 이런 일이

4층에서 뛰어내린 남자

태국 방콕의 한 건물 4층에서 26세의 남자가 죽을 생각으로 뛰어내렸다. 그런데 이 남자는 건물 아래에서 복권을 팔고 있던 노점상에게 떨어진 뒤 그 옆의 또 다른 노점상을 향해 튕겨 나갔다.
결국 뛰어내린 청년과 그 밑에 있던 복권 판매 노점상은 그 자리에서 숨지고 2번째 노점상은 중상을 입었다.

조선 시대 왕의 건강 관리

역사 속으로

규칙적이고 절제된 생활이 보약

왕이 잠자리에서 일어나는 시간은 7~8시 사이. 그리고 밤 12시 전에 잠자리에 들었다. 왕의 건강을 살피는 데에는 똥도 중요한 관리 항목이었다. 때문에 의원들은 왕이 똥을 누는 횟수와 시간까지 꼬박꼬박 기록했다. 왕은 보통 하루에 5끼를 먹었는데 죽과 온면 등의 가벼운 식사가 3번, 밥과 반찬을 모두 갖춘 정식 수라는 아침과 저녁에 2번 먹는 방식이었다. 또 왕이 수라를 들기 전에 모든 음식은 반드시 지밀 상궁이 먼저 먹어 보았다. 혹시라도 음식에 독이 들어 있지는 않은지, 상하지는 않았는지 검사했던 것이다.

한편 궁녀들은 돌아가면서 숙직을 섰는데 낮뿐만 아니라 잠을 자는 동안에도 왕의 건강을 살피고 시중을 들기 위해 24시간 대기했다. 조선 시대 왕의 건강 관리 비법은 특별한 보약을 먹는다거나 대단한 명의의 처방을 받은 데 있었던 것이 아니라 규칙적이고 절제된 생활에 있었다.

건강이 최고

스트레스 날려 버리기

엄마에게 야단맞았을 때, 친구와 싸웠을 때, 시험을 망쳤을 때 등 학교 생활을 하다 보면 스트레스를 받는 일이 생긴다. 스트레스를 받았을 때는 마음 속에 꽁꽁 담아 두지 말고 바로바로 풀어 주는 것이 좋다. 먼저 긴장을 풀고 숨을 깊게 들이쉬었다가 내뱉어 보자. 마음이 한결 가벼워질 것이다. 또 자신이 좋아하는 취미 생활을 하며 마음을 정리하거나 친구와 수다를 떨며 스트레스를 푸는 것도 좋다.

때로는 스트레스 받은 일을 무시하고 잊어버리기 위해 노력하는 것도 방법이 될 수 있다. 여행을 가거나 놀이 공원에 가서 신나게 놀며 스트레스를 날려 버리는 것은 어떨까? 항상 긍정적인 마음으로 자신에게 얘기를 걸어 보고 마음의 소리에 귀를 기울이자.

No.26

펴낸 곳 삼성출판사 주소 서울시 서초구 서초동 1516-2 전화 (02)3470-6916 등록 제 1-276호 홈 페이지 www.samsungbooks.com 삼성출판사
이 책에 실린 글과 그림을 무단으로 복사, 복제, 배포하는 것은 저작권자의 권리를 침해하는 것입니다. ⓒ Samseong Publishing Co., Ltd., 2009

오늘의 읽을거리

똥 이야기 01
길거리에서 똥눌 자유를 달라!

도전! IQ 200 02
사라진 100원은 어디에?

나도 마술사
하나로 연결돼라, 얍!

Hello, Ham 03
오늘의 포인트 _ basketball

깔깔 유머
화장실 귀신과 만득이

궁금한 과학 04
사냥에는 위장이 기본

길거리에서 똥 눌 자유를 달라!

상식뭉치

사람은 아기와 어른의 뼈 개수가 다르다. 갓 태어났을 때에는 무려 800개였던 작은 뼈들이 자라는 동안 서로 붙어 뼈의 개수가 줄어드는 것. 어른이 되면 뼈의 개수는 보통 206개가 된다. 일반적으로 남자는 18~21세, 여자는 16~18세가 되면 뼈의 성장이 끝난다.

300년 전, 프랑스 트루아 시민들의 이유 있는 시위

약 300년 전, 프랑스 트루아의 시민들은 집에서 볼일을 보지 않고 '보아' 라는 거리 하나를 정해서 화장실로 사용했다. 날마다 쌓이는 똥오줌으로 거리의 악취와 더러움은 이루 말할 수가 없었다. 프랑스 정부에서는 보다 못해 보아 거리에서 똥누는 것을 금지시켰다. 그러자 시민들이 길거리에서 똥 눌 자유를 달라고 주장하며 시청 앞에 몰려가 세차게 시위하는 바람에 결국 나라에서도 두 손을 들고 말았다. 승리한 시민들은 너도나도 보아 거리에서 똥을 누며 기쁨을 표시했다.

상상만 해도 냄새나는 일이지만 당시 유럽의 도시에서는 똥오줌을 길거리에 버리는 것은 물론, 대낮에 길가에 쭈그리고 앉아 똥을 누는 광경도 그다지 신기한 일이 아니었다.

아직까지도 숲이나 강에서 똥을 누는 일부 아시아와 아프리카인을 이해하지 못하는 지금의 유럽인들에게도 과거는 있었던 것이다.

똥눌 때 한자

겨레 **족**

깃발 아래 화살이 많이 있는 모양을 나타낸 글자로, 같은 종류끼리 모여 있다는 의미에서 '겨레'를 뜻한다.

도전! IQ 200
사라진 100원은 어디에?

3명의 친구가 친구 생일 파티에 초대되었다. 각자 1000원씩 거두어서 2500원을 주고 연필을 산 다음, 거슬러 받은 500원은 100원씩 나누어 가지고, 나머지 200원은 초콜릿을 사 먹었다. 나중에 세 친구가 쓴 돈을 계산해 보니 아무리 계산해도 100원이 모자랐다. 세 친구가 계산한 식은 다음과 같다. 대체 100원은 어디로 사라진 것일까?

900원(1인당 낸 돈)×3명+200원(초콜릿값)=2900원

정답 : 2700원(3명이 낸 돈)−2500원(연필값)=200원(초콜릿값). 세 친구가 100원씩 돌려받았으므로 낸 돈은 2700원이다. 이 안에 초콜릿값이 이미 포함되어 있어 다시 더할 필요가 없다. 즉, 초콜릿값이 따로 있는 것이 아니라 2700원 속에 200원 초콜릿값이 다시 더해진 것.

숨은그림찾기

도끼 / 빗 / 빗자루 / 편지 봉투

나도 마술사
하나로 ...

준비물 : 6cm 정도의 넓이로 가늘고 길게 자른 종이...

마술 비법 : 2개의 클립을 연결하기 위해서는 종이...다. 종이를 천천히 잡아당기면서 관찰하...2개의 클립이 합체되는 것을 볼 수 있다

보는신문

- What sport do you like?
  넌 어떤 운동을 좋아하니?
- I like basketball.
  나는 농구를 좋아해.

Point

basketball
[배스킷볼]
농구

태라, 얍!

집 2개

1. 준비해 둔 가늘고 긴 종이를 친구들에게 보여 주면서 2개의 클립을 연결시켜 주는 마술 종이라고 말한다.

2. 종이를 S자 모양으로 구부린 다음, 2곳을 클립으로 고정시키고 종이의 양 끝을 처음에는 천천히, 나중에는 힘차게 잡아당긴다.

3. 당기는 힘에 의해 튕겨져 나간 클립을 친구들에게 보여 주자. 2개의 클립은 하나로 연결되어 있을 것이다.

구부리느냐와 클립을 고정시키는 위치가 중요하...립으로 집은 종이가 다른 클립 속을 통과하는 순간,

깔깔 유머

화장실 귀신과 만득이

만득이는 방학이 되자 시골에 계신 할머니 댁에 놀러 갔다. 밤 늦도록 동생과 재미있게 놀다가 갑자기 똥이 마려워진 만득이는 어쩔 수 없이 할머니 댁 뒷마당에 있는 재래식 화장실로 달려갔다.
만득이가 똥을 한창 누고 있는데 갑자기 화장실 밑에서 귀신이 만득이를 부르는 것이 아닌가!
"만득아~!"
그 때 마침 만득이가 눈 똥이 떨어지면서 만득이를 부르던 귀신의 입 속으로 들어가게 되었다.
"만득~악! (꿀꺽~)"
만득이를 부르던 귀신이 한참이 지나도록 아무런 기척이 없자 귀신이 걱정스러워진 만득이는 아래를 내려다보았다.
그러자 귀신이 씨익 웃으며 말했다.
"나, 소화 다~됐어요~!"

궁금한 과학

사냥하는 방법도 다양해

사람이건 동물이건 먹어야 살아갈 수 있는 법. 그러다 보니 자연스럽게 나름대로의 사냥법을 개발해 왔다.

아귀의 입 위에는 기다란 대롱이 달려 있는데 이 대롱 끝에 작은 미끼가 있다. 이 미끼를 먹으려고 다른 물고기가 다가오면 재빨리 잡아먹는다. 일종의 낚시인 셈. 물총고기는 이름처럼 입으로 물총을 쏘아 곤충을 잡아먹는다. 또 온통 얼음으로 뒤덮인 북극에서 사는 북극곰은 털이 하얗기 때문에 위장이 필요 없을 것 같지만 물개를 사냥할 때는 유일하게 까만 코를 가리기 위해 얼음덩이를 밀면서 접근한다고 한다.

먹이를 잡기 위해 화려한 수중 쇼를 펼치는 물고기도 있다. 깊은 바닷속에 사는 바이퍼피시는 커다란 입안에서 1000개가 넘는 불빛을 낸다. 어두운 바닷속에서 입을 크게 벌리면 화려한 불빛에 홀려 작은 물고기들이 몰려든다. 이때 얼른 입을 닫고 물고기들을 삼키면 쇼가 끝나는 것이다.

즐겁게 글쓰기

어떤 일이든 지나치지 말자

어떤 일이든 즐겁게 생각하면 달리 보이게 마련이듯이 글 쓰는 것도 즐겁게 생각하면 쉽게 쓸 수 있다. 우선 주변에서 일어나는 일이나 사물에 대해 그냥 지나치지 말고 관심을 가지는 습관을 가져 보자. 이러한 습관은 좋은 글을 쓸 수 있는 밑거름이 된다. 구름이나 사람, 강아지, 나무 어느 것이든 상관없다.

그리고 관심 있는 대상을 1가지 정한 다음 일정 기간 동안 바라보면서 느낌이나 떠오르는 생각을 메모장에 적어 보자. 내용들이 어느 정도 모이면 그것에 대해 글을 써 보는 것이다. 월트 디즈니가 탄생시킨 세계적인 캐릭터, 미키마우스는 가난한 환경 속에서 살아가던 월트 디즈니가 평소에 관심을 가졌던 생쥐에서 비롯되었다. 그것이 무엇이든 관심을 가진다는 것은 이처럼 큰 결과를 만들어 내기도 하는 것이다.

No.27

펴낸 곳 삼성출판사 주소 서울시 서초구 서초동 1516-2 전화 (02)3470-6916 등록 제 1-276호 홈 페이지 www.samsungbooks.com 삼성출판사
이 책에 실린 글과 그림을 무단으로 복사, 복제, 배포하는 것은 저작권자의 권리를 침해하는 것입니다. ⓒ Samseong Publishing Co., Ltd., 2009

똥눌 때 보는 신문

오늘의 읽을거리

똥 이야기 01
베르사유 궁전에서 냄새났던 사연?

도전! IQ 200 02
양탄자 위의 황금 잔을 집어라!

심리 테스트
나는 얼마나 변덕스러운 사람일까?

Hello, Ham 03
오늘의 포인트 _lunch

생각하는 동화
1가지 유산

문화 답사 04

세계가 인정한 보물
강화 지석묘

상식뭉치

한국인 중에는 유난히 매운맛을 좋아하는 사람들이 많다. 그러나 엄밀히 말하자면 매운맛은 혀의 미각이 아닌 통각으로 느끼기 때문에 맛이 아니라 통증인 셈이다. 한편 사람마다 입맛이 다른 것은 혀의 구조가 조금씩 다르기 때문이라고 한다.

베르사유 궁전에서 냄새났던 사연?

화장실이 없어 정원에서 똥 누던 귀족들

프랑스의 세계적인 문화 유적 베르사유 궁전은 빼어난 아름다움과 함께 역사적 사건으로도 유명한 곳이다.

루이 14세의 명령으로 베르사유 궁전이 지어진 후, 궁전에는 약 5000명이 살았다. 놀라운 건 이렇게 많은 사람이 살았던 베르사유 궁전에 화장실이 없었다는 사실! 당시 궁전에서는 하루도 거르지 않고 밤마다 화려한 무도회가 열렸으니 사람들은 건물의 구석이나 정원의 숲에서 볼일을 볼 수밖에 없었다. 무도회에 초대된 귀족들은 휴대용 변기를 가지고 다니면서 해결하기도 했지만 오물을 버리는 곳은 역시 으슥한 정원 구석이었다. 따라서 궁전 곳곳은 오물로 가득 찰 수밖에 없었다.

루이 14세가 파리의 루브르 궁전을 버리고 베르사유 궁전을 새로 지어 옮긴 이유도 똥오줌으로 뒤덮인 루브르 궁전의 냄새가 너무 심해서 더 이상 살 수 없었기 때문이라고.

똥눌 때 한자

낮 **주**

해가 떠서 지기까지 해의 자리를 선으로 그린다는 것을 나타낸 모양으로, '낮'을 뜻한다.

도전! IQ 200
양탄자 위의 황금 잔을 집어라!

아랍의 한 왕이 파티를 열었다. 왕은 양탄자 한가운데에 황금으로 만든 잔을 놓고 초청한 사람들에게 문제를 냈다. 문제는 양탄자 위에 오르지 않고 황금 잔을 집어 보라는 것. 단, 손 이외에 다른 도구를 사용해서는 안 된다고 했다. 이 문제를 푸는 사람에게는 황금 잔을 선물로 주기로 했다. 사람들이 웅성거리는 사이, 이웃 나라 왕자가 나서서 간단히 그 황금 잔을 손에 넣었다. 과연 이 왕자는 어떤 방법으로 황금 잔을 집은 것일까?

정답: 양탄자 끝을 잡고 둘둘 말아서 가운데 있는 황금 잔을 집는다.

PUZZLE

가로 풀이
1 움직여 자리를 바꾸는 것.
2 수영하면서 놀거나, 수영 경기 등을 할 수 있는 곳. 풀장.
5 독이 있는 뱀.

세로 풀이
1 성과 합쳐져 그 사람을 부르거나 가리키는 말.
2 기계 따위를 손으로 움직여서 쓰게 되어 있는 방식.
3 영화관에서 만화 영화를 ○○했다.
4 간장이나 된장, 고추장 등을 담아 두는 독.
6 총이나 그물 따위로 산이나 들의 짐승을 잡는 일.

퍼즐 정답: (가로) 1-이동, 2-수영장, 5-독사 / (세로) 1-이름, 2-수동, 3-상영, 4-장독, 6-사냥

심리 테스트
나는 얼마나 변

아침에 일어나 보니 비가 내리고 있다. 이 비가 몇 시간쯤 지나면 그칠까?

A. 1시간　　B. 2~3시간
C. 4~5시간　　D. 6~7시간

I like lunch time.
나는 점심 시간이 좋아.

No, I don't. I like chicken.
아니, 싫어해. 난 닭을 좋아해.

POINT

lunch
[런치]
점심(식사)

스러운 사람일까?

- 감정이 풍부하다는 인상을 주기도 하지만 실제로는 웃다가도 갑자기 심각해지는 상당한 변덕쟁이다.

- 가끔씩 변덕을 부리는 타입. 주변에 여러 타입의 친구들이 있어서 모두에게 능숙하게 대응할 수 있다.

- 그다지 변덕이 심한 타입이 아니다. 누구에게나 편하게 대하는 편이라 친구들에게 매력적으로 보인다.

- 변덕쟁이와는 거리가 먼 타입. 어쩌다 약간의 변덕을 부리면 주위 사람들이 애교로 받아들인다.

생각하는 동화

1가지 유산

어느 부자가 하나뿐인 아들이 외국에 가 있는 동안 갑자기 병이 들자 유서를 만들었습니다. 그런데 놀랍게도 유서의 내용은 모든 재산을 집안의 노예에게 상속하고 하나뿐인 아들에게는 무엇이든 아들이 원하는 재산 1가지만을 물려준다는 것이었습니다.

부자가 죽자 노예가 아버지의 죽음을 알렸고 아들은 집으로 돌아와 장례를 치렀습니다. 아들은 아버지의 유언을 도무지 이해할 수 없었습니다.

아들은 고민 끝에 랍비를 찾아갔습니다. 아들의 이야기를 듣고 난 랍비는 미소를 지으며 말했습니다.

"아버지는 당신에게 모든 것을 물려주셨습니다. 노예의 재산은 주인의 것이니 아버지의 재산을 모두 물려받은 그 노예를 선택하면 되지요. 아버지는 자신이 죽으면 재산을 탐낸 노예가 재산을 가지고 도망치거나 당신을 해칠지도 모른다고 생각하셨을 겁니다. 그래서 재산을 안전하게 물려받을 수 있도록 지혜를 짜내신 거지요."

아들은 아버지의 뜻에 따라 자신의 재산으로 노예를 선택했고, 무사히 자신의 권리를 되찾을 수 있었습니다.

세계가 인정한 보물 강화 지석묘

문화 답사

선사 시대의 무덤 고인돌

우리나라에는 전국적으로 3만여 개가 넘는 고인돌이 있다. 그중에 강화도에 100여 개가 있으니 강화도는 그야말로 고인돌 천국인 셈이다. 고인돌이란 청동기 시대 사람들이 만든 무덤으로 지석묘라고도 한다. 땅에 책상처럼 세운 탁자식(북방식)과 큰 돌을 조그만 받침돌로 고이거나 판석만 놓은 바둑판식(남방식)으로 나누어진다.

강화군 하점면 부근리에 있는 탁자 모양의 북방식 고인돌은 남한 최대의 규모를 자랑한다. 현재까지 조사된 바에 의하면 북방식 고인돌 중 가장 남쪽에 위치한 것으로 알려져 있다. 실제로 강화 고인돌 앞에 서면 그 거대한 규모에 입을 다물지 못한다. 크기는 뚜껑돌 아래로 어른이 자유롭게 드나들 수 있을 정도이며 당시 그 지역에서 막강한 권력과 재산을 지녔던 사람의 무덤으로 생각된다.

강화읍에서 고인돌까지 가는 버스를 타면 약 10분 정도 걸린다.

왕따 탈출

"미안해"라고 말해 보자

친구들과 함께 놀다 보면 하루에도 몇 번씩 다투는 일이 생긴다. 다툼은 늘 작은 일에서 시작되게 마련이다. 아무리 친한 친구 사이라도 서로의 마음을 전부 알 수는 없다. 그래서 정말 친한 사이인데도 서로 화를 내기도 하고, 다투기도 하는 것이다.

어느 날, 친구와 다퉜는데 화해를 못한 채 헤어지고는 몇 일이 지나도록 사이가 서먹하다면 내내 마음이 무거울 것이다. 이럴 때에는 먼저 환하게 웃으면서 "미안해, 내가 이해심이 조금 부족했어"라고 먼저 말해 보자. 직접 말로 하기 쑥스럽다면 편지를 쓰는 것도 좋다. 이렇게 화해를 하고 나면 마음이 가벼워지고 친구의 소중함을 다시 한 번 깨닫게 된다.

서로 솔직하게 사과하는 모습을 통해 더욱 가깝고도 소중한 친구 사이가 될 수 있는 것이다.

No.28

펴낸 곳 삼성출판사 주소 서울시 서초구 서초동 1516-2 전화 (02)3470-6916 등록 제 1-276호 홈 페이지 www.samsungbooks.com 삼성출판사
이 책에 실린 글과 그림을 무단으로 복사, 복제, 배포하는 것은 저작권자의 권리를 침해하는 것입니다. © Samseong Publishing Co., Ltd., 2009

똥 눌 때 보는 신문

오늘의 읽을거리

똥 이야기 01

왕이 앉으면 변기도 왕좌

Game 02-03
Treasure Hunt! _ 주사위 게임을 하면서 영어로 묻고 대답해 보자

신나는 스포츠 04

비가 와도 실내에서 즐길 수 있는 농구

상식뭉치

머리카락은 뇌를 보호하기 위해 존재한다. 머리뼈가 단단하게 감싸고 있지만 머리카락이 있어 더욱 안전하게 뇌를 보호할 수 있는 것. 머리카락은 머리를 세게 부딪쳤을 때 충격을 흡수하며 여름에는 강한 햇빛을 막아 주고 겨울에는 따뜻하게 해준다.

왕이 앉으면 변기도 왕좌

변기에 앉아서 결혼 발표한 루이 14세

베르사유 궁전에 화장실이 없다는 건 이미 알고 있는 사실. 그렇다고 왕도 정원에서 쪼그리고 앉아 볼일을 본 것은 아니다. 왕은 개인용 변기에서 볼일을 보았는데 한가운데 구멍을 뚫어 놓고 쟁반 같은 용기를 넣은 의자식 변기였다. 변기의 쟁반에 오물이 차면 하인들은 그것을 빼내어 밖에 버렸다. 루이 11세는 이 변기에 특별한 약초를 넣어 똥 냄새가 많이 나지 않게 했다고 한다.

왕이 사용하는 이 변기는 왕좌와 같은 취급을 받는 영광을 누렸다. 왕은 때때로 변기에 앉은 채로 신하들을 만나 나랏일을 처리했으며 심지어 루이 14세는 이 변기에 앉아 결혼 발표를 했다고. 때문에 왕의 변기는 왕의 위엄을 나타내기 위해 자개를 이용해 꽃과 새 문양으로 화려하게 장식했다. 루이 14세 시대의 베르사유 궁전 재산 목록에는 274개의 이런 의자식 변기가 포함돼 있었다고 한다.

2

 GAME

준비물 주사위, 게임 말
게임 방법 2~4명이 함께 할 수 있다.

1. 게임 말을 각자 정하고, START에 올려 놓는다.

2. 가위바위보를 해서 이긴 사람이 먼저 주사위를 던진다.

3. 주사위에 나온 수만큼 게임 말을 앞으로 옮긴다.

4. 도착한 위치에 있는 지시를 따르거나, 물음에 알맞은 답을 한다.

5. 알맞은 답을 말하면 그 자리에 게임 말을 놓고, 답이 틀리면 이전의 위치로 돌아간다.

6. 보물 상자에 먼저 도착하는 사람이 이긴다.

정답
- lion : It's a lion.
- fox : Yes, it does.
- horse : It has four legs.
- crocodile : It's green.
- deer : Yes, it is.
- spider : It lives in the web.
- tiger : No, it is a tiger.
- elephant : Yes, it is.
- monkey : It has a banana.

Is it a Fox? 이것은 여우일까?

Where does the spider live? 거미는 어디에 살까?

Go back 3! 뒤로 3칸!

Is it a deer? 이것은 사슴일까?

What color is it? 악어는 무슨 색깔일까?

tent

crab

spade

비가 와도 실내에서 즐길 수 있는 농구

신나는 스포츠

키 크는 운동으로 인기 만점

농구는 1891년, J.A. 네이스미스에 의해 만들어져 세계 각국으로 퍼져 나갔다. 1891년에 열린 최초의 농구 경기는 인원수 제한 없이 축구공을 이용했으며, 골대는 복숭아 바구니를 사용했다. 이렇듯 처음에 복숭아 바구니(basket)를 골대로 사용했다고 해서 '바스켓볼' 이라는 이름이 붙여졌다고 한다.

초창기의 농구는 골대로 사용했던 바구니의 밑이 막혀 있어서 공이 들어갈 때마다 다시 꺼내야 하는 무척 귀찮은 경기였다.

농구는 손으로만 공을 다룰 것, 공을 가지고 걷지 않을 것, 몸을 접촉하지 말 것이라는 3가지 기본 원칙을 지켜야 한다. 또한 단결력과 책임감을 필요로 하는 경기로, 운동을 하면서 친구들과 더욱 친해질 수 있을 뿐 아니라 키 크는 운동으로도 인기가 높다. 그러나 신체 접촉이 많아서 자칫하면 다칠 수 있으므로 충분히 준비 운동을 한 후 경기에 임하도록 하자.

환경 이야기

환경을 파괴하는 소음 공해

반드시 쓰레기나 폐수를 버리는 것만 환경을 파괴하는 것은 아니다. 대도시의 자동차 엔진 소리나 길이 조금 막힌다고 빵빵 대는 경적 소리 등의 소음도 환경을 파괴하는 공해이다. 소음 공해는 지구 생태계에 큰 피해를 준다.

식물은 소음이 계속되면 스트레스로 인해 성장이 느려지고 심하면 죽기까지 한다. 또 닭은 알을 낳지 못하고 젖소는 젖을 만들지 못하며 쥐는 새끼를 낳지 못한다. 그렇다고 사람은 안전한가 하면 당연히 그렇지 않다. 소음이 심하면 혈압이 올라가고 호흡이 거칠어진다. 또 아주 시끄러운 장소에 오래 있으면 심장에 이상이 생기거나 백혈구의 움직임이 느려져 병에 걸리기 쉽다.

No.29

펴낸 곳 삼성출판사　주소 서울시 서초구 서초동 1516-2　전화 (02)3470-6916　등록 제 1-276호　홈 페이지 www.samsungbooks.com
이 책에 실린 글과 그림을 무단으로 복사, 복제, 배포하는 것은 저작권자의 권리를 침해하는 것입니다. © Samseong Publishing Co., Ltd., 2009 삼성출판사

똥 눌 때 보는 신문

오늘의 읽을거리

똥 이야기 01
향수를 발전시킨 똥 냄새

도전! IQ 200 02
거울에 비친 시계는 어떤 것일까?

나도 마술사
광채 나는 10원짜리 동전

Hello, Ham 03
오늘의 포인트 _ dance

오싹 괴담
제 아이예요

애완동물 키우기 04

조용하고 깔끔한 고양이 기르기

상식뭉치

피는 붉은색인데 몸에 보이는 핏줄은 왜 푸른색일까? 피부를 통해 보이는 핏줄은 정맥으로, 갓 만들어진 동맥 피와는 달리 선명한 붉은색이 아니다. 이산화탄소와 노폐물 등이 섞여 검붉은 색을 띠는데 이 피가 살색 피부와 겹쳐져 푸른색으로 보이는 것이다.

향수를 발전시킨 똥 냄새

루이 14세의 똥 냄새가 향수를 발전시켜

유난히 냄새나는 이야기와 인연이 많은 루이 14세. 잦은 관장과 설사약 복용으로 유명한 루이 14세는 자주 변기를 찾다 보니 항상 몸에서 똥 냄새를 풍기고 다녔다. 회의할 때 신하들이 향수에 적신 손수건으로 코를 막아야 했을 정도니 왕의 체면이 말이 아니었던 셈. 그래서 냄새를 숨기기 위해 항상 향수를 가지고 다니며 쉴새없이 뿌렸다고 한다.

루이 14세가 하루 동안 의자식 변기에 앉은 횟수는 평균 15번 이상이며 종종 때를 놓쳐 바지에 싸 버리기도 했다고 한다. 따라서 루이 14세는 똥 냄새를 풍길 수밖에 없었고 왕은 똥 냄새를 가리기 위해, 신하들은 똥 냄새를 맡지 않기 위해 계속해서 더 좋은 향수가 필요했다.

결과적으로 이 때부터 프랑스의 향수 산업은 최고의 호황기를 누리며 발전, 오늘날의 유명한 프랑스 향수가 탄생되기에 이르렀다.

똥눌 때 한자

밤 야

해가 져서 밤이 오면 모든 생물이 쉰다는 것을 나타낸 모양으로 '밤'을 뜻하는 한자이다.

도전! IQ 200

거울에 비친 시계는 어느 것일까?

다음과 같이 3개의 시계 그림이 있다. 그런데 이 그림은 모두 거울에 비친 모습이다. 과연 3개의 그림 중 어느 것이 거울에 비친 진짜 시계일까?

정답 : ①-이해가 안 되면 시계를 직접 거울에 비쳐 보자.

숨은 그림 찾기

거북이 / 가오리 / 마이크 / 잠자리채 / 크레파스

나도 마술사

광채 나는

준비물 : 진간장, 접시, 10원짜리 동전

마술 비법 : 10원짜리 동전이 새까맣게 되는 것은 진간장에 들어 있는 아세트산과 아미노

 We danced.
우리는 춤을 추었다.

 It was a lot of fun.
무척 재미있었다.

Point

dance
[댄스]
춤추다

피피가 나에게 "춤추자"고 말했다.

We danced.

It was a lot of fun.

원짜리 동전

1. 간장을 찍어 먹으며 친구들에게 보통 간장이라고 소개한다. 의심하는 친구가 있으면 먹어 보게 한다.

2. 접시에 간장을 붓고 10원짜리 동전을 담근 다음 마술 주문을 외운다.

3. 잠시 후에 꺼내서 휴지로 닦으면 10원짜리 동전에서 반짝반짝 빛이 날 것이다.

*소와 동전이 반응하여 산화동이 생기기 때문이다.
*이 잘 녹기 때문에 동전이 반짝거리게 되는 것.

오싹 괴담

제 아이예요

가난하지만 행복한 부부가 살았다. 단 1가지 걱정이 있다면 결혼한 지 5년이 지나도록 아이가 없다는 것이었다.
그렇게 2년이 흐르고 나서 아내는 마침내 간절히 바라던 아이를 갖게 되었다. 부인이 분만실에 들어가고 난 뒤 대기실에서 초조한 마음으로 기다리고 있던 남편은 허름한 옷의 어떤 부부가 자신을 쳐다보고 있는 것을 느꼈다. 기분이 이상했지만 아이가 태어나자 곧 그 일을 잊어버렸다.
시간이 흘러 아이의 백일을 앞둔 어느 날 밤, 병원에서 봤던 부부가 찾아와 자기들의 아이니 돌려 달라고 애원했다. 아이의 아빠는 버럭 화를 내며 문을 닫아 버렸다.
그렇게 6년이란 세월이 흘렀다. 그러던 어느 날, 아이는 유치원 가는 길에 교통사고로 그만 죽고 말았다. 아이를 묻고 온 날 밤 옛날에 찾아왔던 그 부부가 뒤늦게나마 아이를 돌려줘서 고맙다는 말을 남기고 뒤돌아섰다. 그 부부 뒤에는 죽은 그들의 아이가 웃으면서 따라가고 있었다.

조용하고 깔끔한 고양이 기르기

애완동물 키우기

고양이는 자존심이 강한 동물

고양이를 기를 때 주의할 점은 주인 행세를 하려 하면 안 된다는 것. 강아지에게 똥을 치워 주고 밥을 주는 사람은 '주인'이지만 혼자서도 잘 지내는 독립적인 성격의 고양이에게 사람은 '친구'이다. 고양이는 사람과 자신을 동등하게 생각한다. 때문에 마음이 이끌려서 사람을 따를 수는 있지만 억지로 복종시킬 수는 없다. 고양이의 가장 큰 매력은 바로 이런 도도함에 있다.
고양이에게는 반드시 고양이 사료를 먹여야 한다. 강아지용 사료를 먹일 경우 고양이에게 꼭 필요한 요소인 타우린이 들어 있지 않아 영양실조로 죽을 수도 있다.
고양이는 똥누는 훈련을 따로 시키지 않아도 화장실만 만들어 주면 되는데, 이 때 고양이용 모래를 사용하는 것이 좋다. 고양이용 모래는 특수 처리가 되어 있어 냄새를 흡수하며 오줌이나 똥이 바로 굳어져 덩어리 상태가 되기 때문에 치우기도 매우 쉽다.

닮고 싶은 인물

장애를 극복한 오토다케 히로타다

오토다케 히로타다가 초등학교 4학년 때의 일이었다. 학교 앞 작은 동산을 등산하기에 앞서 선생님은 학급 회의를 열었다. 그를 데리고 가는 문제 때문이었다. 물론 선생님은 함께 가자는 친구들의 반응을 기대했던 것이다. 결국 오토다케는 친구들의 도움 속에 정상에 오를 수 있었다.
오토다케는 비록 팔다리가 없는 장애아로 태어났지만 부모님과 선생님, 친구들의 편견 없는 애정으로 일반인과 똑같은 자립심을 키울 수 있었다. 그는 무엇이든 열심히 했고 중고교 시절에는 농구 선수, 학생회 임원 등 학교의 스타로 활동했다. 누구도 흉내낼 수 없는 열정과 도전 정신, 세상을 긍정적으로 바라보는 마음 자세가 그를 지금의 자리에 있게 했던 것이다. 그는 '어떻게 태어났느냐' 보다 '어떻게 사느냐' 가 더 중요하다는 것을 온몸으로 일깨워 준다.

No.30

펴낸 곳 삼성출판사 주소 서울시 서초구 서초동 1516-2 전화 (02)3470-6915 등록 제 1-276호 홈 페이지 www.samsungbooks.com 삼성출판사
이 책에 실린 글과 그림을 무단으로 복사, 복제, 배포하는 것은 저작권자의 권리를 침해하는 것입니다. ⓒ Samseong Publishing Co., Ltd., 2009

똥눌 때 보는 신문

오늘의 읽을거리

똥 이야기 01

로마에서는 로마의 화장실 법을 따르라!

도전! IQ 200 02
동굴 안에 남아 있는 동물은?

심리 테스트
붕어빵으로 알아보는 나의 성격

Hello, Ham 03
오늘의 포인트 _ late

깜짝 기네스
세계에서 가장 큰 개와 작은 개

알기 쉬운 경제 04

나라마다 한 곳밖에 없는 중앙 은행

상식뭉치

잠을 자는 동안에는 우리 몸의 기관들도 잠을 잔다. 물론 아예 활동을 하지 않는 것이 아니라 최소한의 활동을 하며 피로를 푸는 것이다. 대뇌는 보통 75분 정도 쉬면 피로가 풀리지만 다른 기관들은 8시간 정도 잠을 자고 나야 피로가 풀린다고 한다.

로마에서는 로마의 화장실 법을 따르라!

사용하면 요금, 사용하지 않으면 벌금

고대 로마 제국은 뛰어난 도시 설계 및 도로의 시설과 함께 역사상 가장 완벽한 화장실 문화를 갖추고 있었던 것으로 유명하다. 집집마다 수세식 화장실이 설치되어 있었던 것은 물론이고, 로마 시내에만 해도 공중 화장실이 144여 곳이 넘었다.

그러나 지나친 사치 때문에 심각한 재정난에 빠지게 되자 베스파시아누스 황제는 부족한 세금을 보충하기 위해 로마에 있는 공중 화장실을 이용하는 모든 사람에게 사용 요금을 받기로 했다. 그러나 어이없게도 화장실을 이용하지 않는 사람 또한 벌금을 내야 했다. 요금을 내든, 벌금을 내든 어쨌든지 국가에 돈을 내야했던 것이다.

로마의 모든 시민으로부터 화장실 이용 요금을 거두어들인 베스파시아누스 황제는 다시 풍족한 재정 속에서 나라를 다스릴 수 있었다고 한다.

똥눌 때 한자

앞 **전**

배를 매어 놓은 밧줄을 칼로 끊으면 배가 앞으로 떠내려간다는 데서 '앞'의 뜻을 가지게 되었다.

도전! IQ 200
동굴 안에 남아 있는 동물은?

개 3마리, 고양이 3마리, 쥐 3마리가 산에서 놀고 있었다. 그런데 갑자기 화산이 폭발하는 바람에 개, 고양이, 쥐가 모두 같은 동굴 속으로 달아났다. 잠시 후 지진이 일어나 동굴마저 무너지기 시작하자 동물들은 다시 동굴 밖으로 뛰쳐나왔다. 먼저 개 3마리가 나왔고, 이어 고양이 3마리가 나왔다. 그렇다면 동굴 안에는 어떤 동물이 몇 마리 남아 있을까?

정답 : 없다. 쥐는 고양이가 먼저 잡아먹었기 때문이다.

🐭 PUZZLE

가로 풀이
1 개와 비슷하나 주둥이가 더 길고 뾰족한 동물. 간사한 사람에 빗대어 쓰기도 한다.
3 한 주일의 끝. 토요일부터 일요일까지.
5 무덤의 잡풀을 깨끗이 베어 내는 일.
7 돈으로 나타내는 물건의 값.

세로 풀이
2 우리가 살고 있는 곳을 포함한 끝없이 넓은 공간. ○○ 여행, ○○ 왕복선.
4 말벌과의 곤충으로 몸빛은 흑갈색이고 몸에 긴 털이 나 있다.
6 볏짚이나 밀짚 등으로 지붕을 이어 만든 집.

퍼즐 정답 : (가로) 1-여우, 3-주말, 5-벌초, 7-가격 (세로) 2-우주, 4-말벌, 6-초가

심리 테스트
붕어빵으로

따끈따끈한 붕어빵을 방금 샀다. 나는 어느 부위부터 먹기 시작할까?

A. 머리

B. 배

C. 꼬리

D. 등지느러미

보는 신문

 I got up at eight o'clock.
나는 8시에 일어났다.

 But I was late for school.
하지만 나는 학교에 지각했다.

Point

late
[레이트]
늦은, 늦게

보는 나의 성격

❀ 대개 낙천적인 사람이다. 그러나 빨리 좋아했다가 빨리 싫증내는 타입이기도 하다.

❀ 적극적인 성격의 소유자이다. 운동 등 활동적인 것을 좋아하고 친구들과도 잘 사귄다.

❀ 신중하며 사소한 것에도 신경을 쓰는 사람이다. 그러나 의외로 남의 기분에는 무신경한 타입이다.

❀ 좀 신경질적이고 어리광이 많은 사람이다. 또 혼자 있기를 좋아하는 타입이기도 하다.

깜짝 기네스

세계에서 가장 큰 개와 작은 개

세계에서 가장 큰 개는 키가 107cm인 그레이트데인 종의 깁슨이다. 깁슨이 다리를 쭉 뻗으면 213cm로 성인 남자보다 크다. 그러나 깁슨은 큰 덩치와는 달리 매우 온순하다고. 깁슨과 반대로 세계에서 가장 작은 개는 치와와 종인 부부. 부부는 키가 10cm로, 크기가 작아 국그릇에 들어갈 정도라고 한다. 처음 태어났을 때는 성인 남자 엄지손가락 만해서 작은 안약병을 이용해 먹이를 줬다고 한다. 세계에서 가장 큰 개인 깁슨과 가장 작은 개인 부부가 '2007년 기네스 기록의 날'을 축하하기 위해 한자리에서 만났다. 깁슨의 얼굴보다도 작은 부부, 부부보다 100배는 더 무거운 깁슨. 아마도 세상에서 가장 즐거운 만남이 되지 않았을까.

나라마다 한 곳밖에 없는 중앙 은행

알기 쉬운 경제

우리 나라 중앙 은행은 한국 은행

다른 은행에서는 예금 통장을 만들 수 있는데 한국 은행에서는 왜 만들 수 없는 것일까? 주변 사람들에게 물어봐도 한국 은행에 예금했다는 사람이나 통장을 만들었다는 사람은 없을 것이다. 왜냐하면 한국 은행은 은행을 상대로 돈을 맡거나 빌려 주는 '은행의 은행'이기 때문이다. 즉 일반 은행의 고객이 개인이라면 한국 은행의 고객은 은행인 셈이다.

한국 은행이 하는 일은 정말 다양하다. 우선 은행들로부터 예금을 받고 돈이 부족한 일반 은행들에게 돈을 빌려 주는 일을 한다. 또 돈을 찍어 내는 일과 돈의 값어치를 적당히 유지하는 역할, 세금을 맡아 처리하고, 정부를 대신해서 나라 재산인 외국 돈을 관리해 주기도 한다.

이 밖에도 아주 급할 때에는 정부에 돈을 빌려 주는 등 아주 중요한 역할을 한다. 이 때문에 한국 은행을 '중앙 은행' 이라고도 부르는데 어느 나라에나 한 곳밖에 없다.

별자리 이야기

황소자리 이야기(4.21~5.21)

신들의 왕이자 바람둥이로 유명한 제우스. 어느 날 페니키아의 공주 에우로페의 아름다움에 반한 그는 그녀에게 접근하기 위해 아름다운 흰 소로 변신했다. 에우로페는 제우스라는 것을 모른 채 소의 아름다움에 반하여 흰 소의 등에 올라타게 되었다.

기회를 놓칠세라 제우스는 에우로페를 태우고 바람처럼 달려 크레타 섬으로 도망 갔다. 흰 소가 제우스였다는 것을 안 에우로페는 모든 것을 자신의 운명으로 받아들이고 제우스와의 사이에 3형제를 낳았다.

황소자리는 제우스가 에우로페와의 사랑을 기억하기 위해 자신이 변신했던 소의 모습을 하늘의 별자리로 새긴 것이다.

황소자리에 태어난 사람은 주변과의 조화를 중시해 어디에 가서나 사람들과 잘 어울리는 조화로운 성격을 가지고 있다.

No.31

펴낸 곳 삼성출판사　주소 서울시 서초구 서초동 1516-2　전화 (02)3470-6916　등록 제 1-276호　홈 페이지 www.samsungbooks.com
이 책에 실린 글과 그림을 무단으로 복사, 복제, 배포하는 것은 저작권자의 권리를 침해하는 것입니다. ⓒ Samseong Publishing Co., Ltd., 2009　삼성출판사

똥 눌 때 보는 신문

오늘의 읽을거리

똥 이야기　01

비데는 십자군 기사들의 발명품

도전! IQ 200　02
똑같은 그림을 찾아라!

나도 마술사
콜라를 폭발시키는 마법의 가루

Hello, Ham　03
오늘의 포인트 _ bicycle

세상에 이런 일이
악어와 잠을 잔 사나이

요리조리 쿡　04

뽀글뽀글 매콤 라볶이

상식뭉치

아침마다 눈에서 떼어 내야 하는 지저분하고 귀찮은 눈곱. 하지만 알고 보면 눈곱은 눈에 들어온 먼지와 세균을 눈물이 씻어 모아 놓은 덩어리다. 콧물이 코로 들어오는 먼지와 세균을 코딱지로 만들어 코를 보호하는 것처럼 눈곱은 눈을 보호해 준다.

비데는 십자군 기사들의 발명품

애완용 조랑말에서 뒤를 닦는 장치로 변신

요즘은 화장실에 비데가 설치된 곳이 적지 않다. 비데는 변기에서 적당한 온도의 물이 나와 손을 사용하지 않고도 뒤를 씻어 줄 뿐 아니라 물기까지 말려 주는 장치다. 일반인이 사용하기도 하지만 몸을 움직이기 불편한 환자들과 똥을 눌 때마다 엄청난 고통을 겪는 치질 환자들에게는 꼭 필요한 장치이기도 하다.

그러면 누가 비데를 발명했을까? 뜻밖에도 십자군 원정에서 예루살렘으로 돌아오던 십자군 기사들이었다. 비데는 15세기경 프랑스의 귀족 사회에서 기르던 애완용 조랑말을 가리키는 단어였다.

그러나 16세기부터는 유럽의 귀족들이 말을 타듯이 걸터앉아 더운 물로 뒤를 닦았던 도자기 제품을 가리키는 단어가 되었다. 이것이 자동으로 물이 나와 뒤를 닦아 주는 오늘날의 비데로 발전한 것이다.

똥눌 때 한자

뒤 후

어린아이처럼 작은 걸음으로 걸으면 뒤처지게 된다는 데서 '뒤' 또는 '뒤처지다' 라는 뜻을 나타내게 되었다.

도전! IQ 200
똑같은 그림을 찾아라!

아래 그림을 꼼꼼히 보면 두 그림은 같고 나머지 그림은 다르다. 같은 그림을 찾아보자.

숨은그림찾기

물컵 / 골프채 / 모자 / 책

나도 마술사
콜라를 폭발

준비물 : 캔 콜라, 베이킹파우더, 숟가락

캔 콜라를 들고 평범한 콜라라고 말하며 한 모금 마신다. 의심하는 친구가 있으면 마셔 보게 한다.

마법의 가... 으면 콜... 퀸다고 ... 파우더 1... 넣는다.

마술 비법 : 콜라와 같은 탄산 음료에 들어 있는 ... 나면 순간적으로 많은 양의 이산화탄소...

보는 신문

 I went to the park today.
나는 오늘 공원에 갔다.

 I can ride a bicycle well.
나는 자전거를 잘 탈 수 있다.

Point

bicycle
[바이시클]
자전거

I went to the park today.

공원은 크고 조용했다.

나는 공원에서 자전거를 탔다.

I can ride a bicycle well.

마법의 가루

속에 넣
~으로 바
 베이킹
~ 콜라에

거품이 보글보글 일기 시작하면 이제 곧 콜라가 폭발하니 마음의 준비를 하라고 말한다. 순간, 콜라는 폭발한다.

※ 베이킹파우더에 들어 있는 탄산수소나트륨을 만~ 폭발하는 것처럼 보이는 것이다.

세상에 이런 일이
악어와 잠을 잔 사나이

호주의 노스 케네디 강가에서 일어난 일이다. 한 남자가 친구들과 함께 야영지에 놀러 갔다. 이 남자는 다음날 아침 텐트에서 잠을 깬 순간, 자신이 밤새 커다란 악어와 함께 잤다는 것을 알게 되었다. 불행한 것은 커다란 악어도 잠에서 깨어났을 때 자신이 맛있는 먹이와 함께 자고 있었다는 사실을 깨달았다는 것이다.

남자의 가슴 위에서 잠이 깬 악어는 소리를 지르며 도움을 청하는 남자를 물 속으로 끌고 들어가 아침 식사를 하려 했다.

그러나 다행히 남자는 근처에 있던 친구들의 도움으로 악어 밥 신세를 겨우 면할 수 있었다.

4 똥눌때보는신문

라볶이

재료[2인분] : 삶은 라면 1개, 떡볶이 떡 150g, 가로세로 2cm로 썬 어묵 80g · 양배추 잎 1장 · 당근 40g, 저민 양파 1/4개, 식용유 · 참기름 약간, 볶음 양념(고추장 · 설탕 1큰술, 토마토케첩 · 다진 양파 3큰술, 다시마 국물 1/4컵)

요리조리 쿡

뽀글뽀글 매콤 라볶이

1. 참기름을 넣어 삶은 떡볶이 떡과 라면을 각각 버무린다.
2. 프라이팬에 식용유를 두르고 떡과 라면을 각각 볶는다. 어묵과 야채도 볶는다.
3. 프라이팬에 정해진 분량의 재료를 넣어 만들어 둔 볶음 양념을 부어 서서히 끓인다.
4. 볶아 둔 라면, 떡볶이 떡, 어묵, 야채 위에 ③의 졸아든 양념을 붓고 끝으로 참기름을 둘러 담아 낸다.

Tip : 당근은 비타민 A와 식물성 섬유 펙틴이 풍부해 시력을 보호해 주며, 질병에 대한 저항력을 높여 준다.

똥구리

글로벌 에티켓
환경을 먼저 생각하는 독일인

우리 나라에서는 추운 겨울날, 원격 시동 장치로 자동차를 미리 따뜻하게 만들어 놓는 것을 흔히 볼 수 있다. 그러나 독일에서 이러한 행동을 했다가는 큰코다친다.

눈 쌓인 아침, 한 한국 유학생이 자동차의 시동을 걸어 놓은 채 눈을 치우다가 지나가던 옆집 할머니에게 마구 야단을 맞았다고 한다. 독일에서는 자동차가 잠시 서 있는 경우라도 2분 이상 기다릴 경우에는 반드시 시동을 꺼야 한다. 그러니 아무리 추운 겨울이라도 시동을 걸었으면 1분 이내에 출발해야 하는 것이다. 조금 불편하더라도 환경을 먼저 생각하는 독일 사람들의 가치관을 엿 볼 수 있다.

그러므로 독일에서 환경 보호에 어긋나는 행동을 하면 경찰에 신고를 당하는 경우도 있으니 주의하도록 하자.

No.32

펴낸 곳 삼성출판사 주소 서울시 서초구 서초동 1516-2 전화 (02)3470-6915 등록 제 1-276호 홈 페이지 www.samsungbooks.com
이 책에 실린 글과 그림을 무단으로 복사, 복제, 배포하는 것은 저작권자의 권리를 침해하는 것입니다. ⓒ Samseong Publishing Co., Ltd., 2009 삼성출판사

똥눌 때 보는 신문

오늘의 읽을거리

똥 이야기 01
400년 동안 오줌 싼 아이

도전! IQ 200 02
더해도 곱해도 같은 숫자 3개는?

심리 테스트
나는 어떤 사람에게 약할까?

Hello, Ham 03
오늘의 포인트 _ interesting

깔깔 유머

호랑이와 곶감

역사 속으로 04

송충이를 꿀꺽 삼켜 버린 정조의 효심

상식뭉치

더럽게만 생각되는 고름. 과연 더럽기만 한 것일까? 외부에서 침입한 세균과 싸우는 백혈구 중 림프샘에서 만들어진 것을 림프구라고 한다. 그 림프구가 세균과 싸우다 죽으면 상처 주변에 남게 되는데 이것이 고름이다. 고름은 우리를 위해 희생한 세포인 것이다.

400년 동안 오줌싼 아이

기념일에는 오줌 대신 포도주를 누는 오줌싸개

벨기에 브뤼셀에 가면 400년 가까이 오줌만 싸고 있는 아이가 있다. 참으로 대단한 오줌싸개인 이 아이는 물론 사람이 아니다. 그것은 '꼬마 쥘리앙'으로도 불리는 사내아이 동상. 일종의 분수인 이 동상은 발가벗은 채 시원하게 오줌을 누는 귀여운 모습 덕분에 관광지로도 유명하다. 동상이 1619년에 세워졌으니 아이의 나이도 400세가 다 되어 가는 셈이다.

이 동상은 옛날 벨기에에 침입한 프랑스 병사가 마을에 불을 지르자 한 소년이 오줌을 누어 그 불을 끈 것을 기념해서 세웠다고 한다. 국빈들이 브뤼셀을 방문할 때에는 꼬마 쥘리앙의 옷을 만들어 와 입히는 것이 관례처럼 되어 있다. 이 특별한 오줌싸개는 해마다 동상이 세워진 기념일이면 물 대신 포도주를 싸는데 사람들은 포도주를 받아 즐겁게 마시며 건배를 나눈다.

똥눌 때 한자

달 **월**

반달의 모양을 나타낸 것으로, '달' 혹은 '1개월' 의 뜻으로 쓰인다.

도전! IQ 200
더해도 곱해도 같은 숫자 3개는?

수업 시간에 선생님이 아이들에게 문제를 하나 냈다. 문제를 맞히면 재미있는 옛날이야기를 해 주기로 했다. "쉬운 문제이니 잘 맞혀 보아라. 더하거나 곱해도 같은 수가 나오는 숫자 셋은 무엇일까?" 아이들은 고개를 갸우뚱했다. 이 숫자 셋은 무엇일까?

정답 : 1, 2, 3. 더하거나 곱해도 값은 6이다.

PUZZLE

가로 풀이
2 실은 바늘과 단짝이다. 그렇다면 활의 단짝은?
4 한 나라를 상징하는 깃발. 우리 나라는 태극기.
5 비가 내리면 ○○을 쓰고 다니죠.
6 국, 찌개 등의 음식에서 건더기를 제외한 물.

세로 풀이
1 가을에 피는 대표적인 꽃.
3 기름기나 힘줄, 뼈 등을 발라낸 순 살로만 된 고기.
5 우편 업무를 맡아보는 곳.
7 답을 구하여 묻는 일. ○○표.

퍼즐 정답 : (가로) 2-화살, 4-국기, 5-우산기, 6-국물 (세로) 1-코스모스, 3-살코기, 5-우체국, 7-의문

심리 테스트
나는 어떤 ...

여러 색깔의 초가 있다. 불을 끄려고 바람을 불었는데 마지막까지 남아 있는 초가 있다면 어떤 색의 초일까?

A. 노란색 B. 파란색

C. 분홍색 D. 빨간색

보는신문

 It was rainy today.
오늘은 비가 왔다.

 It is always interesting.
그것은 언제나 재미있다.

Point

interesting
[인터레스팅]
재미있는

It was rainy today.

나는 집에서 컴퓨터 게임을 했다.

나의 취미는 컴퓨터 게임을 하는 것이다.

It is always interesting.

에게 약할까?

❄ 노란색 초를 선택한 사람은 자기 주장이 강한 사람 앞에서 약해지는 성격이다.

❄ 파란색 초를 선택한 사람은 똑똑한 우등생 앞에서 약해지는 성격이다.

❄ 분홍색 초를 선택한 사람은 자신보다 어리고 연약한 사람 앞에서 약해지는 성격이다.

❄ 빨간색 초를 선택한 사람은 자신보다 예쁘거나 잘생긴 사람 앞에서 약해지는 성격이다.

깔깔 유머

호랑이와 곶감

옛날 옛적, 깊고 깊은 산 속에 '곶감'을 무서워하는 호랑이가 살고 있었다. 그 호랑이는 '곶감'이 너무 무서운 나머지 사람들이 사는 마을에는 얼씬도 하지 않았다. 그런데 먹을 것이 없어 며칠을 굶은 호랑이는 너무나 배가 고팠다. 그래서 어쩔 수 없이 해질 무렵 어슬렁어슬렁 마을로 내려오게 되었다. 호랑이는 마을에 내려오자마자 주막으로 갔다. 저녁 무렵이라 한창 바쁜 시간이었다. 기다리고 있던 한 손님이 주인 아저씨에게 짜증 섞인 목소리로 말했다.
"아저씨, 밥 언제 나와요?" 그러자 주인 아저씨가 이렇게 대답하는 것이 아닌가!
"예, 예~! 곶갑니다.(곧 갑니다.)"
'곶감'이라는 말을 들은 호랑이는 깜짝 놀라 산 속으로 부리나케 달아났다.

송충이를 꿀꺽 삼켜 버린 정조의 효심

역사 속으로

하늘도 정조의 효심에 감동해

조선 제22대 왕인 정조는 어느 날, 아버지 사도 세자의 능에 송충이가 많아 솔잎을 갉아 먹는 피해가 심각하다는 보고를 들었다. 효심이 지극했던 정조는 크게 노해서 신하들에게 송충이를 잡아 오라고 명령했다. 신하들은 분부대로 송충이를 잡아 왔다. 항아리의 뚜껑을 열어 보니 통통하게 살이 오른 송충이 여러 마리가 꿈틀대고 있었다. 정조는 그중 1마리를 손바닥 위에 올려놓고 능의 솔잎을 갉아 먹은 것에 대해 호통을 쳤다. 정조는 아버지의 능을 해치는 송충이를 그냥 둘 수는 없는 일이라며 송충이를 꿀꺽 삼켜 버렸다. 송충이를 죽일 것이라 생각했던 신하들은 정조의 행동을 보고 깜짝 놀라지 않을 수 없었다. 하지만 이내 정조의 지극한 효심에 머리를 조아렸다. 그날 이후, 사도 세자의 능에 까마귀들이 떼로 몰려와 송충이를 모두 잡아먹었다고 한다. 하늘도 정조의 효심에 감동한 것이다.

건강이 최고

여드름 뿌리 뽑기

얼굴에 하나둘씩 여드름이 나기 시작하면 자꾸 신경이 쓰인다. 여드름은 무엇보다 생기기 전에 관리하는 것이 좋다.
그러나 이미 여드름이 생긴 후라면 하루에 2번 이상 비누로 세수해서 청결함을 유지하는 것이 중요하다. 또 기름기가 적고 수분이 풍부한 화장품을 사용하고 잠은 충분히 자도록 한다. 기름기 많은 음식과 기름에 튀긴 음식, 단 음식도 피해야 한다. 대신 여드름 치료에 좋은 과일과 채소를 많이 먹도록 하자. 더러워진 손으로 얼굴을 만지는 것은 여드름을 악화시키므로 절대 하지 말아야 할 행동이다.
평소에 얼굴을 잘 관리하고 병원에서 제대로 여드름 치료를 받는다면 깨끗하고 고운 피부를 가질 수 있을 것이다.

No.33

펴낸 곳 삼성출판사 주소 서울시 서초구 시초동 1516-2 전화 (02)3470-6916 등록 제 1-2/6호 홈 페이지 www.samsungbooks.com
이 책에 실린 글과 그림을 무단으로 복사, 복제, 배포하는 것은 저작권자의 권리를 침해하는 것입니다. © Samseong Publishing Co., Ltd., 2009   삼성출판사

똥눌 때 보는 신문

오늘의 읽을거리

똥 이야기 01

똥으로 알아보는 나의 건강

도전! IQ 200 02
형과 동생의 나이는?

나도 마술사
거품을 잠재우는 마법의 자

Hello, Ham 03
오늘의 포인트 _ difficult

오싹 괴담
누구 손이지?

궁금한 과학 04

공 속에 숨어 있는 과학

상식뭉치

입술은 피부의 다른 부분과 달리 백인종이나 흑인종, 황인종 구분 없이 모두 붉은색이다. 그럼 왜 입술 부분의 피부 세포만 특별히 붉은 것일까? 그 이유는 입술 주위의 피부가 얇고 투명해서 붉은 핏줄이 그대로 비쳐 보이기 때문에 인종에 상관없이 붉은색을 띠는 것이다.

똥으로 알아보는 나의 건강

똥의 색과 상태로 간단한 건강 검진 가능

똥이 황금색이면 몸이 비교적 건강한 상태이다. 실제로 똥의 모양과 색깔은 건강 상태를 어느 정도 보여 준다. 특별히 까만 음식을 먹지 않았는데도 까만 똥을 눈다면 식도나 위, 십이지장에 출혈이 있는지 의심해 보아야 한다. 그리고 붉은색 똥은 대장이나 직장 그리고 항문에 출혈이 있는 경우이거나 위 혹은 십이지장에 출혈이 너무 많을 때 대변에 혈액이 섞이면서 나타난다.

또한 똥은 물 속에 가라앉는 것이 정상인데 만약 똥이 물 위에 뜨면서 기름 방울이 있고, 흰 점토 같은 색을 띠면 지방변이다. 갑자기 똥의 굵기가 가늘어지면서 변비가 생기면 대장암과 직장암을 의심해 봐야 한다. 이처럼 날마다 누는 똥을 살펴보는 것만으로도 자신의 건강 상태를 알 수 있다. 똥은 우리가 전혀 눈치채지 못한 나쁜 병이 몸에 생겼음을 알려 주는 신호인 것이다.

똥눌 때 한자

불 화

활활 타는 모닥불의 모양을 본뜬 것으로, 부수로 쓰일 때는 '然', '焰' 2가지 모양이 된다.

도전! IQ 200

형과 동생의 나이는?

형제가 사이 좋게 과자를 먹고 있었다. 그 때 지나가던 아주머니가 형제에게 몇 살이냐고 물었다. 그러자 장난꾸러기 형이 말했다. "제 나이에서 한 살을 동생에게 주면 동생과 나이가 같아져요. 하지만 동생의 나이에서 저에게 한 살을 주면 제 나이는 동생의 2배가 되지요." 아주머니는 고개를 갸우뚱했다. 형제의 나이는 각각 몇 살일까?

정답 : 형님 7살, 동생님 5살.

숨은그림찾기

종이비행기 / 부채 / 머리빗 / 숫자 3

나도 마술사

거품을 잠재

준비물 : 음료수 캔, 자

마술 비법 : 캔을 흔들면 이산화탄소가 거품이 되어 화탄소 방울들이 터져 버리기 때문에

보는신문

- I took a test today.
  나는 오늘 시험을 봤다.
- But it was too difficult.
  하지만 시험이 너무 어려웠다.

Point

difficult
[디퍼컬트]
어려운

I took a test today.

나는 어젯밤에 열심히 공부했다.

But it was too difficult.

나는 문제를 많이 틀렸다.

마법의 자

1. 친구 앞에서 음료수 캔을 마구 흔든 다음 따개를 따는 시늉을 한다. 친구는 거품이 솟구칠 줄 알고 겁을 먹을 것이다.

2. 자를 들고 마법의 자가 거품을 잠재워 줄 거라고 말한 뒤 캔을 5번 탁탁탁 두드린다.

3. 따개를 따면 거품이 조금 올라올 뿐 생각처럼 솟구치지 않을 것이다.

로 밑에 모여 있게 된다. 이 때 캔을 탁탁 치면 이산 거품이 분수처럼 솟구치지 않는 것이다.

오싹 괴담

누구 손이지?

오늘도 어김없이 지숙이는 늦게까지 교실에 남아 공부를 하고 있었다. 1등 자리를 지키기 위해서는 열심히 공부하는 길밖에 없었다. 그런데 12시 무렵, 갑자기 교실 문이 드르륵 열리더니 얼마 전 사고로 죽은 같은 반 친구가 불쑥 고개를 내밀고 서늘한 목소리로 말하는 것이었다.
"한 명밖에 없네……?"
순간 지숙이는 소름이 끼쳐서 아무 말도 할 수 없었다.
다음날, 귀신은 흰색을 못 본다는 얘기가 생각난 지숙이는 만약을 대비해 온몸에 흰 붕대를 감고 공부를 했다.
밤 12시가 되자 또다시 드르륵 하고 문이 열렸다. 지숙이는 숨을 죽이고 앉아 있었다. 죽은 친구는 고개를 불쑥 내밀고 교실을 쓰윽 둘러보더니 정말 안 보이는지 이상하다는 듯 고개를 갸웃거렸다. 죽은 친구는 몸을 돌려 교실 밖으로 나가려다가 갑자기 발길을 휙 돌리더니 지숙이 손을 확 잡아채며 말했다.
"이건 누구 손이지?"
볼펜을 잡은 손이 움직여 붕대가 풀려 있었던 것이다.

공 속에 숨어 있는 과학

궁금한 과학

쓰임새에 따라 공의 표면도 각기 달라

빨간 실로 꿰매진 야구공, 보송보송 보푸라기가 인 테니스 공, 곰보빵처럼 생긴 작은 골프공을 들여다보면 한결같이 표면이 매끄럽지 않다. 왜 그럴까?

공은 잘 튀고, 잘 뜨고, 멀리 날아가야 한다. 그런데 빠른 속도로 날아가는 공의 표면이 매끄러우면 공의 앞과 뒤에 공기의 소용돌이가 생긴다. 공의 앞쪽과 뒤쪽 사이의 기압 차이가 크기 때문. 그러면 공에 작용하는 공기의 저항이 커지는데 공이 빠르면 빠를수록 공기의 저항은 커진다. 하지만 공의 표면이 거칠면 소용돌이가 줄어들어 공기의 저항이 작아진다. 거친 공의 표면이 공기의 흐름을 바꿔 놓아서 공기의 저항이 줄어드는 효과를 가져오는 것이다.

테니스 공의 보풀, 야구공의 솔기는 심심해서 만든 것이 아니라 스포츠 경기를 보다 재미있게 하기 위한 과학이 그 속에 숨어 있었다는 사실!

즐겁게 글쓰기

상상력에 날개를 달자

《해리 포터》시리즈로 세계적인 작가가 된 조앤 롤링은 어려서부터 상상을 자주 했다고 한다. 여행을 보다 편리하게 해주는 비행기 역시 새를 보면서 '인간에게 날개가 있다면?' 하고 상상했던 라이트 형제에 의해 탄생되었다. 이처럼 끊임없는 상상력은 성공의 비결이 되기도 한다.

또한 상상력은 새로운 생각을 갖게 해주고 일상 생활을 즐겁게 해준다. 1가지 상상은 또 다른 상상을 가져오며 생각의 깊이를 더해준다.

기회가 닿을 때마다 상상의 나래를 펼쳐 보자. 불가능한 공상이라도 상관없다. 책을 읽으며, 영화를 보며, 여행을 하면서 떠오른 상상을 그때그때 메모지에 적어 놓는 것도 좋은 방법이다. 이렇게 모인 메모들은 나중에 글을 쓰는 데 많은 도움이 될 것이다.

No.34

퍼낸 곳 삼성출판사 주소 서울시 서초구 서초동 1516-2 전화 (02)3470-6916 등록 제 1-276호 홈 페이지 www.samsungbooks.com 삼성출판사
이 책에 실린 글과 그림을 무단으로 복사, 복제, 배포하는 것은 저작권자의 권리를 침해하는 것입니다. ⓒ Samseong Publishing Co., Ltd., 2009

똥눌때보는신문

오늘의 읽을거리

똥 이야기 01
한눈에 보는 화장실의 역사

도전! IQ 200 02
4개의 직선으로 점 연결하기

심리 테스트
나는 씀씀이가 얼마나 헤플까?

Hello, Ham 03
오늘의 포인트 _ exciting

생각하는 동화
누가 얼굴을 씻을까?

문화 답사 04
삼천 궁녀가 꽃잎처럼 떨어진 낙화암

상식뭉치

피는 어디에서 만들어질까? 심장이라고 생각하기 쉽지만 의외로 뼈에서 만들어진다. 정확하게는 뼛속에 들어 있는 골수에서 만들어지는 것. 때문에 핏속의 백혈구에 이상이 생긴 백혈병을 치료할 때 건강한 사람의 골수를 이식받는 것이다.

한눈에 보는 화장실의 역사

1950년대
1960~70년대
1990년대 이후

냄새나는 공간에서 휴식 공간으로

화장실보다 뒷간이라는 이름이 어울리던 시절, 화장실에서 매무시를 고치고 손을 씻는 일은 상상도 할 수 없었다. 세면대와 거울 대신 지독한 냄새만 있을 뿐이었다.
1950년대에는 널빤지 2개에 몸을 의지한 채 똥구덩에 똥이 떨어지는 소리를 들으면서 볼일을 봤다. 화장지는 시멘트 포장지나 지푸라기를 사용했다. 1960~70년대가 되자 화장실에 남녀 구분이 표시되고 똥은 똥지게로 퍼서 리어카나 분뇨차 등으로 날랐다. 당시에는 신문지, 달력 등이 화장지 대신 쓰였다. 1990년대에 이르러 수세식 화장실에 화장지 자동 판매기까지 놓여지면서 비로소 매무시를 고치고 손을 씻을 수 있는 공간이 되었다. 오늘날, 화장실은 단순히 볼일을 보는 장소만이 아니라 넓은 의미의 Rest Room으로 불린다. 즉 편히 쉴 수 있는 깨끗한 휴식 공간이 된 것이다.

2

똥눌 때 한자

물 수

끊임없이 흐르는 시내의 물줄기를 본 뜬 글자로, '물'이나 '평평함'을 뜻할 때 쓴다.

도전! IQ 200

4개의 직선으로 점 연결하기

연필을 떼지 않고 한번에 4개의 직선을 그어 모든 점을 이어 보자. 단, 같은 곳을 2번 가면 안 된다.

정답 : 호랑이 그림과 연관이 없어야 풀 수 있는 문제이다. 이 곰을 변형된 방식으로 풀어야 한다.

PUZZLE

가로 풀이
1 다른 사람의 좋은 일을 함께 기뻐한다는 뜻. ○○ 파티를 열다.
2 어떤 음식만 가려 먹는 나쁜 습관.
5 곡식 등을 찧거나 빻는 기구. 디딜○○.
6 예술 작품을 이해하여 즐기는 것. 음악 ○○.

세로 풀이
1 복되기를 빎. 많은 사람들의 ○○을 받다.
3 일정 기간 동안 먹을 음식의 종류와 순서를 계획한 표.
4 동서남북의 네 방위를 통틀어 이르는 말. ○○이 고요하다.
7 음식을 차려 놓은 작은 상. ○○을 차리다.

퍼즐 정답 : (가로) 1-축하, 2-편식, 5-방아, 6-감상 (세로) 1-축복, 3-식단, 4-사방, 7-밥상

심리 테스트

나는 씀씀이가

친구 집에 놀러 갔더니 접시에 여러 가지 (빵이 있다). 나는 어떤 빵부터 먹을까?

A. 가장 큰 빵   B. 가장

보는 신문

 It was very exciting.
무척 재미있었다.

 We had a good time.
우리는 즐거운 시간을 보냈다.

Point

exciting
[익사이팅]
재미있는

디비가 영화를 보러 가자고 했다.

우리는 '벌레들'이란 영화를 보았다.

It was very exciting.

We had a good time.

얼마나 헤플까?

빵을 먹음직스럽게 담아 내놓았다. 나

빵 C. 손에 잡히는 대로

A 갖고 싶은 것이 있으면 비싼 것이라도 계획을 세워서 꼭 사고야 마는 성격이다.

B 조심성 있고 신중해서 작은 것 하나를 살 때에도 곰곰이 생각하고 비교해서 결정하는 성격이다.

C 먹는 것과 입는 것을 살 때에는 돈을 아끼지 않고 있으면 바로 써 버리는 성격이다.

생각하는 동화

누가 얼굴을 씻을까?

랍비가 제자들에게 물었습니다.
"두 아이가 굴뚝 청소를 했는데 한 아이는 깨끗한 얼굴로 나오고 다른 한 아이는 까맣게 검댕을 얼굴에 묻히고 나왔네. 둘 중의 누가 얼굴을 씻을 것 같은가?"
제자들은 당연히 얼굴에 검댕을 묻힌 아이라고 대답했습니다. 그러나 랍비는 고개를 가로 저었습니다. 검댕 묻은 아이는 깨끗한 얼굴의 아이를 보고 자신도 깨끗할 거라고 생각할 테고, 반대로 얼굴이 깨끗한 아이는 검댕 묻은 아이의 얼굴을 보고 자신도 더러울 것이라 생각할 테니 얼굴이 깨끗한 아이가 얼굴을 씻을 것이라고 했습니다. 제자들은 그제야 알겠다는 듯이 고개를 크게 끄덕였습니다. 랍비는 다시 한 번 누가 얼굴을 씻을 것인지 물었습니다. 그러자 제자들은 얼굴이 깨끗한 아이라고 대답했습니다. 그러나 랍비는 이번에도 고개를 가로 저었습니다.
"두 아이가 함께 굴뚝을 청소했는데 둘 중 한 아이만 검댕을 묻힐 수는 없는 것이네."

삼천 궁녀가 꽃잎처럼 떨어진 낙화암

문화 답사

멸망한 백제의 슬픔을 간직한 바위

백마강으로 몸을 던진 여인들의 모습이 바람에 꽃이 날리는 것 같다고 하여 이름 지어진 낙화암. 낙화암은 멸망한 백제의 슬픈 전설을 간직한 바위이다.

신라와 당나라 연합군의 공격으로 백제가 멸망하기 직전, 백제의 궁녀들은 낙화암에서 백마강으로 몸을 던졌다. 그래서인지 고요히 흐르는 백마강을 내려다보면 망국의 허전함과 쓸쓸함이 느껴진다. 바위 꼭대기에는 궁녀의 넋을 기리는 백화정이라는 정자가 세워져 있다.

낙화암에서 가파른 오솔길을 따라 내려가면 강가에 고란초와 약수로 유명한 절이 있다. 이 절은 법당 뒤 암벽에 붙어 자라는 고란초의 이름을 따서 고란사라고 부른다. 법당 뒤 모퉁이에 있는 고란 약수는 백제 의자왕이 즐겨 마셨다고 한다. 남부 터미널에서 시외버스를 타고 부여까지 간 후 걸어서 30분 정도면 부소산성에 도착할 수 있다.

똥구리

왕따 탈출

날마다 반성하는 습관을 기르자

우리들은 날마다 조금씩 잘못을 저지른다. 사람은 원래 완벽할 수 없으니 당연한 일이다. 학교에서 친구를 짓궂은 장난으로 괴롭히지는 않았나, 수업 시간에 떠들어서 선생님을 힘들게 하지는 않았나, 청소 시간에 내가 맡은 일을 게을리 하지는 않았나 등 잠들기 전이나 일기를 쓸 때 오늘 하루를 반성해 보자. 반성은 밖에서 뛰어 놀고 들어와 몸을 씻는 것이나, 다쳐서 상처 난 곳을 치료하는 것과 같다. 날마다 하루를 뒤돌아보는 시간을 갖는 습관을 기르면 똑같은 실수를 되풀이하지 않게 될 것이다.

No.35

펴낸 곳 삼성출판사 수소 서울시 서초구 서초동 1516-2 전화 (02)3470-6916 등록 제 1-276호 홈 페이지 www.samsungbooks.com
이 책에 실린 글과 그림을 무단으로 복사, 복제, 배포하는 것은 저작권자의 권리를 침해하는 것입니다. ⓒ Samseong Publishing Co., Ltd., 2009 삼성출판사

똥눌때보는신문

오늘의 읽을거리

똥 이야기 01
똥 때문에 일어난 중일 전쟁

도전! IQ 200 02
이상한 관계

심리 테스트
나의 첫인상은?

Sing a Song 03
Ten Little Indians

생각하는 동화
양치기 소년

신나는 스포츠 04
좁은 장소에서도 즐길 수 있는 배드민턴

상식뭉치

'새대가리' 라는 말이 있다. 새의 머리처럼 작아서 지능이 떨어질 것이라는 의미로, 우둔한 사람을 빗대어 쓰는 말이다. 그러나 뇌의 크기와 지능은 아무 상관이 없다. 뇌는 많이 쓸수록 발달하며 다양한 경험과 생각이 지능을 높여 준다.

똥 때문에 일어난 중일 전쟁

실종된 일본군 병사, 알고 보니 똥누러 가

1930년대 후반에 일어난 중일 전쟁. 이 전쟁으로 중국에 커다란 상처를 준 일본은 오늘날까지도 여전히 중국과 껄끄러운 관계를 풀지 못하고 있다. 이 심각했던 전쟁의 원인은 다름 아닌 똥 때문이었다.
1938년 7월 7일 밤, 북경에 머물던 일본군 부대에서 병사 한 명이 사라졌다. 일본군은 중국군이 병사를 납치해 갔다며 한밤중에 중국 군대를 뒤지려 했고, 이를 거부하는 중국군과 싸우게 되었다.
그러나 알고 보니 사라졌던 병사는 똥을 누러 다녀온 것이었다. 호시탐탐 중국으로 쳐들어갈 구실을 찾고 있던 일본은 이 사실을 숨겼다. 일본의 속셈을 눈치챈 중국이 강력하게 항의했지만 결국 이 사건은 전쟁으로 이어졌다. 만약 그 때, 일본군 병사가 똥을 누러 가지 않았다면 중일 전쟁은 일어나지 않았을까?

2

똥눌 때 한자

나무 **목**

나무의 줄기와 뿌리를 본떠 만든 모양으로, '나무'를 뜻한다.

도전! IQ 200

이상한 관계

어떤 사람이 리어카를 끌고 있었다. 그 뒤에서 한 소년이 리어카를 열심히 밀었다. 지나가던 할아버지가 리어카를 끄는 사람에게 뒤에서 리어카를 미는 소년이 당신 아들이냐고 물으니 그렇다고 대답했다. 할아버지는 다시 소년에게 앞에서 리어카를 끌고 가는 분이 네 아버지냐고 물으니 아니라고 대답했다. 그렇다면 과연 리어카를 끄는 사람과 뒤에서 미는 소년은 어떤 관계일까?

정답: 엄마와 아들

숨은그림찾기

장화 / 사과 / 자 / 종이배 / 초승달

심리 테스트

나의

방학을 맞아 가족들과 여행을 가게 되[었]다. 여행 장소에 도착해서 차에서 내릴 [때] 나의 손에 들려 있는 것은 무엇일까?

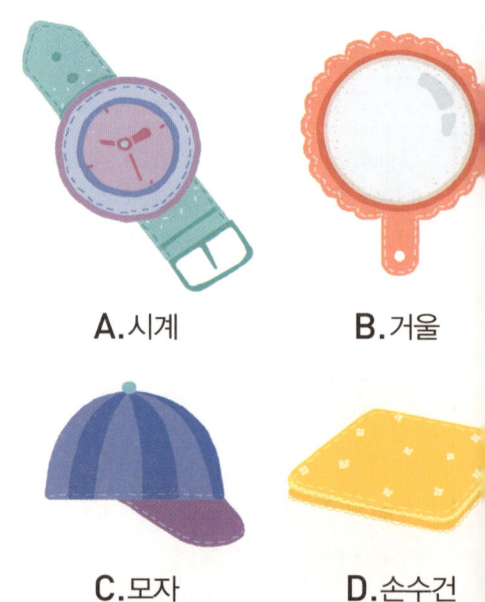

A. 시계　　B. 거울

C. 모자　　D. 손수건

보는 신문

Sing a Song

Ten Little Indians

One little, two little,
Three little indians,
Four little, five little,
Six little indians,
Seven little, eight little,
Nine little indians,
Ten little indian boys.

one lit-tle, two lit-tle, three lit-tle indi-ans, four lit-tle, five lit-tle, six lit-tle indi-ans,
seven lit-tle, eight lit-tle, nine lit-tle indi-ans, ten lit-tle indi-an boys.

상은?

A 내성적이고 평범한 성격이다. 답답한 면도 있어서 농담을 못 알아들어 친구들을 답답하게 만들기도 한다.

B 튀는 개성을 자랑하는 감각파! 기발한 아이디어로 친구들을 깜짝 놀라게하는 재주꾼이다.

C 씩씩하고 활기찬 성격이다. 시원스럽고 대담한 성격으로 리더 타입이기도 하지만 고집이 센 것이 흠이다.

D 오래 사귀어 봐야 그 진가를 알 수 있는 성격이다. 소심해서 다른 사람의 말에 상처를 잘 입기도 한다.

생각하는 동화

양치기 소년

양을 돌보던 소년이 있었습니다. 따분한 소년은 어느 날 마을을 향해 크게 외쳤습니다.
"늑대다! 늑대가 나타났어요!"
사람들은 허둥지둥 산으로 달려왔습니다. 그 모습에 소년은 깔깔대며 웃었습니다. 장난이었다는 말에 사람들은 화를 내며 돌아갔습니다. 다음날, 다시 장난이 치고 싶어진 소년은 더 큰소리로 외쳤습니다.
"늑대다! 늑대가 나타났다고요!"
마을 사람들은 다시 우당탕탕 소란을 피우며 산으로 몰려왔습니다. 그러나 양치기 소년이 또다시 장난친 것임을 안 마을 사람들은 크게 화를 내며 돌아갔습니다. 그래도 소년은 재미있기만 했습니다.
다음날, 이번에는 정말로 늑대가 나타났습니다. 소년은 깜짝 놀라 마을로 달려갔습니다.
"늑대가 나타났어요! 도와 주세요!"
하지만 사람들은 아무도 소년의 말을 믿지 않았습니다. 결국 양들은 모두 늑대에게 잡아먹히고 말았답니다.

좁은 장소에서도 즐길 수 있는 배드민턴

신나는 스포츠

푸나라는 게임에서 유래

배드민턴은 1820년대 인도의 봄베이 지방에서 많이 했던 푸나(Poona)라는 게임에서 시작되었다.

이것이 1860년대 영국 군인들에 의해 영국의 배드민턴이라는 지방으로 전해졌고, 그 지방의 이름이 그대로 경기의 이름이 되었다. 배드민턴은 곧 세계 여러 나라로 빠르게 전해졌다.

흔히 배드민턴을 골목길에서 아이들이 하는 가벼운 놀이 정도로 생각하는 경우가 많다. 그러나 배드민턴은 달리기, 뛰어오르기, 몸 회전하기 등 여러 동작으로 이루어진 전신 운동이다. 누구나 쉽게 할 수 있으면서 몸도 튼튼히 할 수 있는 경기인 셈이다.

배드민턴은 실내와 실외 어디에서나 가능하며 좁은 장소에서도 여러 사람들과 함께 즐길 수 있다. 또한 비용이 많이 들지 않아 가족이나 친구들과 가볍게 하기에 적당한 운동이다.

환경 이야기

작은 생물들을 보호하자

자칫 인간의 눈에 하찮게 보일 수 있는 동식물들을 보호해야 하는 이유는 무엇보다 모든 생명이 고귀하기 때문이다. 게다가 그 작은 생명들 하나하나가 지구의 환경을 지키는 데 큰 도움을 주고 있다.

바지락이라는 작은 조개 1마리가 하루에 정화시키는 오염 하수는 10L에 이른다. 또 크고 작은 풀과 나무들은 홍수의 피해를 줄여 준다. 논에 풀어 놓은 오리들은 잡초와 벌레를 잡아먹고 똥오줌을 누어 좋은 거름을 제공해 준다. 오리들의 이러한 역할은 무공해 쌀을 생산하는 데 한몫한다.

심지어 지렁이조차도 낙엽이나 흙, 음식물 찌꺼기 등을 먹고 누는 똥으로 땅과 식물에 필요한 영양분을 제공함으로써 지구의 환경이 건강해지는 데 큰 몫을 담당하고 있다.

No.36

펴낸 곳 삼성출판사 주소 서울시 서초구 서초동 1516-2 전화 (02)3470-6916 등록 제 1-276호 홈 페이지 www.samsungbooks.com 삼성출판사
이 책에 실린 글과 그림을 무단으로 복사, 복제, 배포하는 것은 저작권자의 권리를 침해하는 것입니다. ⓒ Samseong Publishing Co., Ltd., 2009

오늘의 읽을거리

똥 이야기 01

우유만 마시면 배 속에서 천둥 번개가?

도전! IQ 200 02
막대 짧게 만들기

나도 마술사
떨어지지 않는 나무젓가락
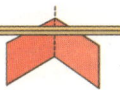

Hello, Ham 03
오늘의 포인트 _ can

깜짝 기네스
세계에서 가장 작은 왕국

애완동물 키우기 04

고양이와 대화하기

상식뭉치

우리 몸에는 딱 한군데만 빼고 혈관이 흐르고 있다. 모든 세포는 혈관이 날라다 주는 산소를 필요로 하기 때문에 반드시 혈관이 지나간다. 그러나 눈의 검은자위 부분을 감싸고 있는 각막은 눈물을 이용해 공기 속의 산소를 직접 흡수하므로 혈관이 필요없다.

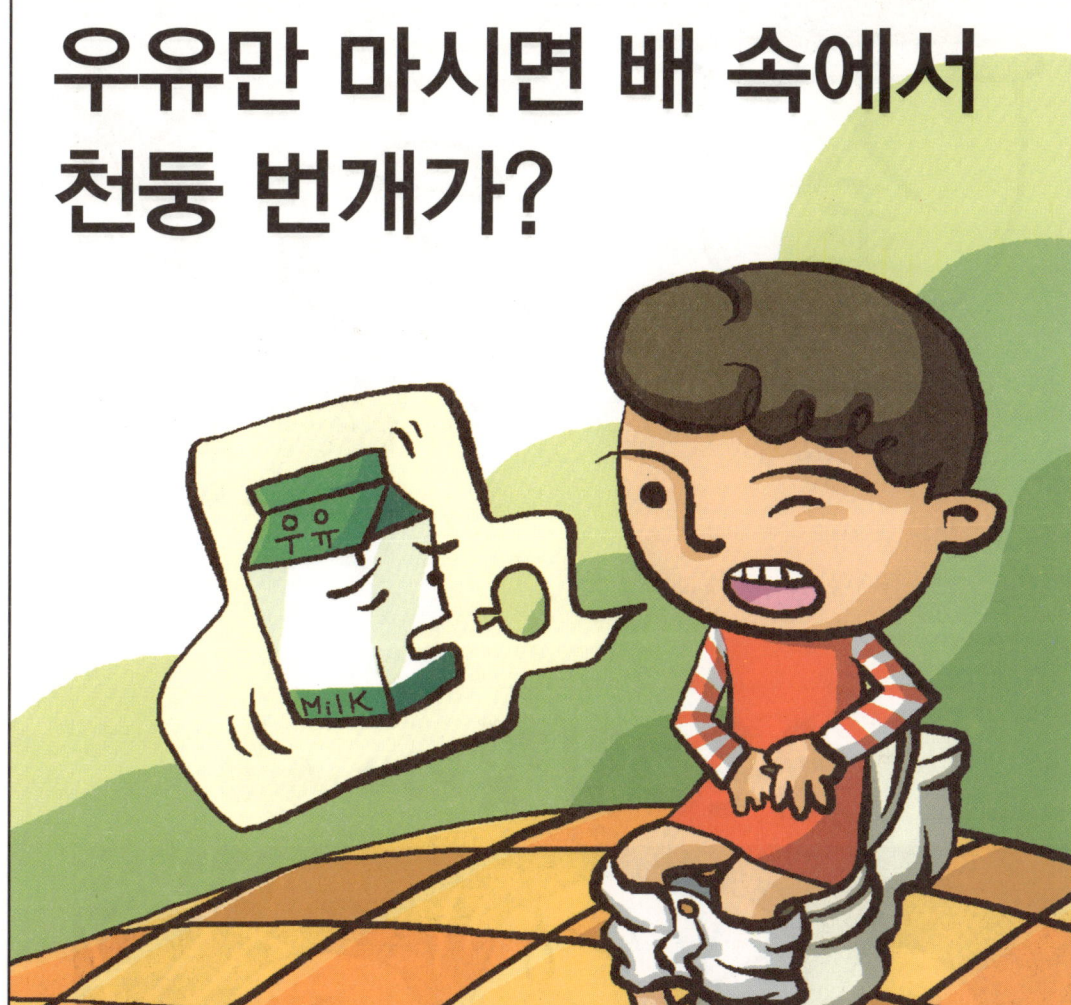

우유만 마시면 배 속에서 천둥 번개가?

우유 마시는 습관 들이면 배탈 걱정 없어

아침부터 화장실에서 '우르릉 쾅쾅' 천둥 번개 치는 소리를 내며 요란하게 배탈을 치르는 사람들. 원인이 다름 아닌 우유 1잔 때문이라면?
한국인의 75%는 우유에 들어 있는 유당을 충분히 소화시키지 못해 설사를 일으키기 쉽다고 한다. 우유를 소화시키는 데 필요한 유당 분해 효소는 아기 때 많이 있다가 커 가면서 우유를 마시지 않게 되면 점점 줄어든다고 한다.

유당 분해 효소가 적은 사람이 우유를 마시면 유당을 소화시킬 능력이 부족해 장 속에 있던 다른 음식물도 소화되지 못하고 설사를 일으키게 된다. 이런 사람은 우유를 마시지 않는 것이 좋다.
그러나 어렸을 때부터 꾸준히 우유를 마시는 습관을 들이면 유당 분해 효소가 줄어들지 않아 배탈 걱정할 필요가 없다.

똥눌 때 한자

쇠 **금**

집을 덮고 있는 흙 지붕 위의 반짝이는 광물을 뜻하는 글자로, 성씨로 쓸 때는 '김'으로 읽는다.

도전! IQ 200
막대 짧게 만들기

2m쯤 되어 보이는 긴 막대기가 운동장에 놓여 있었다. 제일 맏형인 토끼가 동생들에게 막대기에 관한 문제를 맞히면 맛있는 당근을 준다고 했다. 문제는 막대기에 손을 대지 않고 길이를 짧게 만들어 보라는 것. 어떤 방법을 이용해야 당근을 먹을 수 있을까?

정답 : 더 긴 막대기를 옆에다 놓으면 짧아진다.

숨은그림찾기

깃발 / 비치볼 / 국자 / 뱀

나도 마술사
떨어지지 않

준비물 : 가로 16cm, 세로 8cm로 자른 두꺼운 종

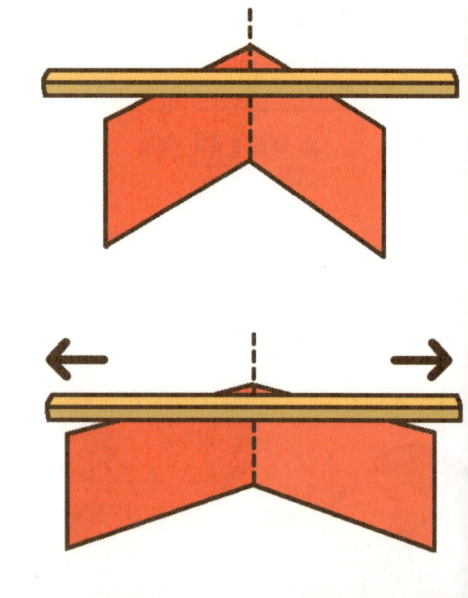

마술 비법 : 종이를 벌려 나갈 때 종이와 나무젓가
이윽고 마찰력이 커지면 멈추게 된다.
다. 이런식의 교대 작용이 반복되면서

- I can roller-skate. Can you?
  나는 롤러 스케이트 탈수 있어. 너는?
- No, I can't
  탈 줄 몰라.

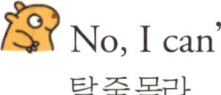

can
[켄]
~할 수 있다

나는 수영 잘 하는데, 너는 수영할 수 있니?

응, 할 수 있어.

I can roller-skate. Can you?

No, I can't

나무젓가락

*젓가락 1개

⭐ 종이를 반으로 접은 다음 책상 위에 세우고 그 위에 나무젓가락을 가로질러 올려 놓는다.

⭐ 종이 양 끝을 살짝 잡고 천천히 양쪽으로 잡아당긴다.

⭐ 종이가 완전히 일직선이 될 때까지 잡아당기면 나무젓가락도 조금씩 움직여 무게 중심을 잡고 종이 위에 일직선으로 얹혀져 있다.

는 지점 중 마찰이 작은 쪽이 먼저 미끄러지다가 적으로 마찰력이 작아진 다른 쪽이 움직이게 된 젓가락이 일직선으로 얹혀지는 것이다.

깜짝 기네스

세계에서 가장 작은 왕국

오세아니아 대륙의 한 귀퉁이에 세계에서 가장 작은 헛리버(Hutt River) 왕국이 있다. 작지만 국토와 국민, 국왕, 왕비는 물론 왕의 얼굴이 인쇄되어 있는 화폐와 우표까지, 있을 건 다 있다. 국제적 공인은 받지 못했어도 헛리버 왕국에 들어가려면 비자를 발급받아야 한다.
이 나라의 왕 레오나르 케슬러는 호주 정부의 영토 정책이 마음에 들지 않아 새로운 왕국을 세우게 됐다고 한다.
헛리버 왕국의 인구는 50명.
그러나 '세계에서 가장 작은 왕국' 이라는 이름에 걸맞지 않게 영토 면적은 약 7500만 ㎡이나 된다고 한다. 이 면적은 홍콩과 거의 비슷한 크기이다. 시민권 신청서만 작성하면 누구나 헛리버의 국민이 될 수 있다.

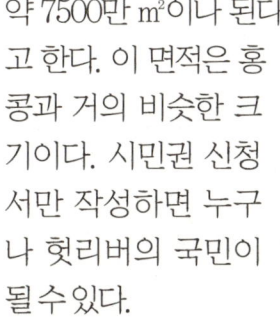

애완동물 키우기

고양이와 대화하기

몇 가지 표현은 강아지와 달라

고양이가 다가와 몸을 비비적거리는 경우가 있다. 이것은 반갑다는 표현. 고양이는 상대에게 털을 비벼서 냄새가 배면 같은 편이라고 생각한다.

다가온 고양이를 쓰다듬어 주면 '고르륵' 소리를 내며 기분 좋다고 말한다. 더 기분이 좋아지면 까끌까끌한 혀로 핥아 주는데 이는 사랑한다는 고양이의 표현이다. 때때로 문 앞에서 '야옹' 하는 고양이를 보면 문을 열어 주자.

한편 반가우면 꼬리를 흔드는 강아지와 달리 고양이가 꼬리를 바짝 세워서 살랑살랑 흔드는 것은 공격 신호이다. 또 고양이가 귀를 뒤로 바짝 붙이는 것은 화가 났다는 말. 더 화가 나면 털을 곤추세우고 몸을 크게 부풀리면서 '카악!' 소리를 낸다. 이 때는 피하는 것이 좋다.

간혹 참새를 물고 오더라도 놀랄 것 없다. 사냥을 못 하는 사람을 위해 먹이를 잡아다 주려는 애정 표현일 뿐이니까.

닮고 싶은 인물

도전하는 산악인, 허영호

1982년, 세계 5위봉인 히말라야 마카루를 등정한 이후로 20여 년째 줄기차게 해외 원정 등반과 극지를 탐험해 온 허영호 대장. 그에게는 히말라야 마나슬루봉 무산소 단독 등정, 세계 최초 3극지점 및 7대륙 최고봉 등정 등 '최초'라는 말이 유난히 많이 따라붙는다.

그러나 그 역시 많은 실패와 좌절을 겪은 것은 물론, 죽을 고비를 4번이나 넘겨야 했다. 히말라야에서 죽음의 문턱까지 갔다가 구사일생으로 살아났는가 하면 밤에 내려오다 발을 헛디뎌 추락하기도 했다. 그러나 그는 이에 굴하지 않고 경비행기 세계 일주라는 새로운 목표에 다가가기 위해 노력하고 있다. 평생 도전 의식을 가지고 살아온 허영호 대장의 노력은 앞으로도 계속될 것이다.

No.37

펴낸 곳 삼성출판사 주소 서울시 서초구 서초동 1516-2 전화 (02)3470-6916 등록 제 1-276호 홈 페이지 www.samsungbooks.com 삼성출판사
이 책에 실린 글과 그림을 무단으로 복사, 복제, 배포하는 것은 저작권자의 권리를 침해하는 것입니다. ⓒ Samseong Publishing Co., Ltd., 2009

똥눌 때 보는 신문

오늘의 읽을거리

똥 이야기 01
똥 함대 나가신다, 길을 비켜라!

도전! IQ 200 02
어느 꽃병에 꽂힌 꽃병일까?

심리 테스트
나는 얼마나 멋쟁이일까?

Hello, Ham 03
오늘의 포인트 _like

세상에 이런 일이
구사일생 뒤의 황당한 죽음

알기 쉬운 경제 04
불국사와 석굴암의 보험금

똥 함대 나가신다, 길을 비켜라!

똥오줌을 퍼서 바다로 나르던 배, 갈서선

오래전, 일본의 에도 성에서는 성안에 쌓인 똥오줌을 배에 실어 바다에 버렸다. 실어 나르던 배의 이름은 관리자인 갈서의 이름을 따 '갈서선' 혹은 오줌 그릇이란 뜻의 '지류고보지' 라 했다.

매일 아침 에도 성에는 성내의 쓰레기와 똥오줌을 퍼 가기 위해 2대의 배가 들어왔다. 이 배가 접근하면 근처의 배들은 무조건 뱃길을 내주어야 했다. 행여 부딪치기라도 하면 고귀하고 높은 분의 똥오줌을 싣고 가는 배를 몰라본다며 온갖 위세를 부렸기 때문이다.

오늘날에도 일본에서는 이 갈서선에 해당하는 배가 운행되고 있다. 도쿄의 화장실에서 나오는 똥오줌을 배로 실어 바다로 나르고 있는 것. 물론 바다에 그냥 내버리는 것이 아니라 무거운 물질을 섞어 바다 깊숙이 가라앉힌다. 만약 그대로 버린다면 똥오줌이 해안으로 다시 밀려오는 상상하기조차 싫은 일이 일어나게 될 것이다.

상식뭉치

보통 창피하거나 화가 많이 나면 얼굴이 빨개진다. 우리 몸은 부끄러움을 느끼면 내 의지와는 관계없이 내장, 혈관 등의 기능을 자동적으로 조절하는 자율 신경에 의해 심장이 빨리 뛴다. 심장에서 흘러나온 피가 얼굴에 있는 핏줄로 모이기 때문에 얼굴색이 붉어지는 것.

2

똥눌 때 한자

흙 **토**

땅의 흙을 퍼 올린 모양을 본뜬 글자로, '흙' 혹은 '땅'이란 뜻을 가지고 있다.

도전! IQ 200

어느 꽃병에 꽂힌 꽃병일까?

보기

보기의 그림은 꽃병에 꽂힌 꽃을 위에서 본 그림이다. 꽃병의 꽃을 정면에서 바라보면 어느 것이 보기에 해당하는 꽃병일까?

①  ②  ③

정답 : ①

PUZZLE

가로 풀이
2 사람의 목에서 나오는 소리. 목소리.
3 한 곳에서 다른 곳까지의 거리나 공간.
4 무서움. 여름에 ○○ 영화를 보면 오싹해지죠.
6 우리 나라 이름. 대한 민국의 줄임말.

세로 풀이
1 밖의 소리가 들어오지 못하도록 막음.
3 4개의 각이 있는 모양. ○○형.
5 투수가 던지는 공을 받는 선수.
7 오랫동안 푹 고아서 진하게 된 국.

퍼즐 정답 : (가로) 2-음성, 3-사이, 4-공포, 6-한국 (세로) 1-방음, 3-사각, 5-포수, 7-곰국

심리 테스트

나는 얼마

전신이 다 보이는 큰 거울을 생일 선물로 받았다. 이 거울을 어디에 두면 좋을까?

A. 현관 B. 내 방
C. 옷장 D. 목욕탕

- Do you like pizza?
  피자 좋아하니?
- I don't like pizza.
  나는 피자 싫어해.

Point

like
[라이크]
~을 좋아하다

쟁이일까?

- 멋 부리는 것을 나쁘다고 생각하는 사람. 하지만 때로는 멋을 부릴 줄도 알아야 한다.

- 다른 사람을 너무 신경 쓴 나머지 항상 남에게 맞춰서 멋을 부리는 편. 개성대로 옷을 입을 필요가 있다.

- 멋 부리기를 좋아하는 사람. 그게 매력이기도 하지만 단점이 될 수도 있다. 적당히 할 필요가 있다.

- 다른 사람의 의견은 신경 쓰지 않고 자신의 멋 내기가 최고인 줄 아는 사람. 조금은 유행도 생각하자.

세상에 이런 일이

구사일생 뒤의 황당한 죽음

아일랜드의 시골에서 공장을 운영하던 조지 쉬워츠는 공장에서 일어난 대규모 폭발 사고에도 불구하고 가벼운 찰과상만 입고 살아났다. 공장이 폭발할 때 무너지지 않은 벽 옆에 서 있었기 때문이었다. 그야말로 기적 같은 일이었다.

병원에서 간단한 치료를 받고 퇴원한 조지 쉬워츠는 서류를 챙기기 위해 폐허가 되다시피 한 공장으로 갔다. 그런데 그 순간, 남아 있던 한쪽 벽이 갑자기 무너지는 바람에 어이없게도 조지 쉬워츠는 죽고 말았다.

불국사와 석굴암의 보험금

알기 쉬운 경제

돈으로 따질 수 없는 문화재 가치

2008년 온 국민의 가슴을 아프게 했던 국보 1호 숭례문 방화 사건. 이 화재로 숭례문이 받은 보험금은 1억 원이 채 안 된다고 한다.
만일 불국사와 석굴암이 불에 타 재만 남게 된다면? 결코 그런 일이 있어서는 안 되겠지만 만일을 대비해 화재 보험에 가입되어 있다. 불국사는 유명 사찰로는 최초로 불상과 탱화 그리고 불국사와 석굴암의 모든 건물에 대해 화재 보험 계약을 맺었다고 한다. 우리나라를 대표하는 문화재이자 유네스코가 선정한 세계 문화유산인 두 문화재가 받을 수 있는 보험금은 208억 9000만 원. 불국사가 150억 원, 석굴암이 58억 9000만 원의 보험금을 받게 된다. 이때 받는 보험금은 똑같은 건물을 다시 지을 경우에 드는 경비만을 계산한 것이다. 따라서 건물이나 불상이 지니고 있는 역사적, 문화재적 가치는 결코 돈으로 보상되지 않는 셈이다.

별자리 이야기

쌍둥이자리 이야기(5.22~6.21)

쌍둥이자리는 쌍둥이 형제 카스토르와 폴룩스의 형제애에 감동한 제우스가 이들을 기념해서 만든 별자리이다.
카스토르와 폴룩스는 스파르타의 레다 왕비와 제우스 사이에 태어난 쌍둥이로 유난히 사이가 좋았다. 두 형제는 많은 전쟁에서 용감하게 싸웠지만 동생 폴룩스와 달리 형 카스토르는 불사신이 아니었기 때문에 전투에서 부상을 당해 죽고 말았다. 형의 죽음을 슬퍼한 동생 폴룩스는 불사신인 자신의 생명을 형에게 주게 해 달라고 제우스에게 빌었다.
이들의 형제애에 감동한 제우스는 동생이 지닌 불사의 생명을 둘로 나누어 하루의 반은 지상에서, 나머지 반은 지하 세계에서 살도록 했다고 한다.
쌍둥이자리에 태어난 사람은 지혜와 재치가 있으며 주변에 기쁨을 준다.

No.38

펴낸 곳 삼성출판사 주소 서울시 서초구 서초동 1516-2 전화 (02)3470-6916 등록 제 1-276호 홈 페이지 www.samsungbooks.com 삼성출판사
이 책에 실린 글과 그림을 무단으로 복사, 복제, 배포하는 것은 저작권자의 권리를 침해하는 것입니다. ⓒ Samseong Publishing Co., Ltd., 2009

똥눌때보는신문

오늘의 읽을거리

똥 이야기 01

마침내 수세식 변기, 탄생!

도전! IQ 200 02
1마리씩 따로 넣기

나도 마술사
내 마음대로 움직이는 건포도

Hello, Ham 03
오늘의 포인트 _hobby

깔깔 유머
만득이네 수세식 화장실

요리조리 쿡 04

새콤달콤 요구르트 샐러드

마침내 수세식 변기 탄생!

수세식 변기 Water Closet이 화장실 이름으로

상식뭉치

흔히 맛을 느낄 때만 필요하다고 생각하는 혀. 그러나 사람은 혀가 없이는 살아가기 힘들다. 혀의 근육을 이용해야 침과 음식물 등을 삼킬 수 있고 또 혀의 다양한 움직임을 이용해야 말을 할 수 있기 때문. 작지만 혀의 가치는 더없이 크다.

여성과 남성을 상징하는 그림 혹은 toilet, Rest Room 등으로 다양하게 표기하는 화장실. 그러나 얼마 전까지만 해도 거의 모든 화장실에는 W.C.라는 영문 약자가 적혀 있었다. 왜 화장실을 W.C.라고 했을까?
1596년, 영국의 존 해링턴은 엘리자베스 여왕의 총애를 얻기 위해 손잡이를 당기면 물 탱크에서 물이 변기로 쏟아져 내리는 장치를 발명해 냈다. 이것이 현대적인 수세식 변기인 Water Closet이었다. water는 '물'이

고, closet은 '작은 방' 이란 뜻.
이후 오늘날과 같은 형태의 수세식 변기가 등장한 것은 1860년대 영국의 토머스 크래퍼에 의해서였다. 그는 물을 저장해 사용하는 수세식 화장실 체계를 개발했는데, 당시에는 물을 함부로 쓰면 벌금을 물어야 했기 때문에 어려움이 많았다. 하지만 크래퍼는 이 문제를 물 잠금 장치로 해결했다. 1920년 무렵 상하수도 보급과 함께 수세식 화장실은 도시를 중심으로 대중화되었다.

2

똥눌 때 한자

날 일

태양의 모습을 본떠 원에 점을 찍은 것으로, 처음에는 '해' 라는 뜻으로 쓰이다가 '낮', '하루' 로 쓰이고 있다.

도전! IQ 200

1마리씩 따로 넣기

거북이와 토끼가 달리기 경주를 끝내고 각자 쉴 수 있는 곳을 찾고 있는 중이다. 거북이와 토끼가 1칸에 1마리씩 들어가도록 사각형을 2개만 그려 넣어 보자.

숨은그림찾기

지팡이 / 다리미 / 동전 지갑 / 화분

나도 마술사

내 마음대로

준비물 : 사이다 1잔, 건포도

마술 비법 : 건포도의 표면에 기포가 생겨 떠오르는가 터지면서 다시 건포도를 가라앉히게 라앉았다 한다.

 What is your hobby?
취미가 뭐야?

 I like listening to music.
음악 듣는 걸 좋아해.

Point

hobby
[허비]
취미

What is your hobby?

I like listening to music.

어떤 음악을 좋아하니?

나는 클래식 음악을 정말 좋아해.

이는 건포도

친구들에게 주문을 외우면 건포도가 내 마음대로 움직일 거라고 말한다.

건포도를 사이다에 빠뜨린 다음 건포도가 완전히 가라앉기 전에 "떠올라라!" 하고 주문을 건다. 그러면 건포도가 다시 떠오를 것이다.

건포도가 완전히 떠오르면 이제 "가라앉아라!" 하고 말한다. 그럼 다시 건포도가 가라앉을 것이다.

하지만 기포는 건포도를 수면까지 끌고 올라왔다 와서 사이다 속 기포가 바닥날 때까지 떠올랐다 가

깔깔 유머

만득이네 수세식 화장실

오늘, 재래식이었던 만득이네 집 화장실을 드디어 수세식으로 고쳤다.
너무 기쁜 마음에 만득이는 똥이 마렵지 않았지만 휴지와 만화책을 들고 화장실로 갔다. 만득이가 억지로 볼일을 보고 있을 때 귀에 익은 목소리가 들려 왔다.
"만득아~, 만득아~!"
만득이는 이리저리 화장실 안을 두리번거려 보았지만 아무도 없었다. 잘못 들은 것이라고 생각한 만득이는 다시 만화책을 읽기 시작했다. 그러자 또 어디에선가 만득이를 부르는 소리가 들려 왔다.
"만득아~, 만득아~!"
만득이는 두려움에 떨며 볼일을 보다 말고 일어나 물을 내려 버렸다. 그러자 변기 안에서 소리가 들려 왔다.
"만득아~, 꼬로로록~."

요구르트 샐러드

재료[2인분] : 귤 1/2개, 바나나 1/2개, 밤 2톨, 키위 1개, 치커리 10g, 물에 불린 건포도 약간, 드레싱(플레인 요구르트 1/4컵, 다진 체리 1큰술, 레몬즙 약간)

요리조리 쿡

새콤달콤 요구르트 샐러드

1. 귤은 알알이 떼고, 바나나와 키위는 껍질을 벗긴 다음  가로 세로 1.5cm 크기로 썬다.

2. 밤은 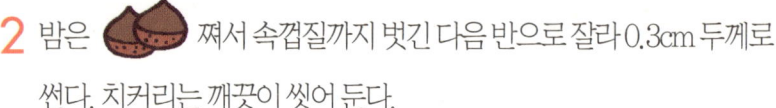 쪄서 속껍질까지 벗긴 다음 반으로 잘라 0.3cm 두께로 썬다. 치커리는 깨끗이 씻어 둔다.

3. 플레인 요구르트와 다진 체리, 레몬즙을 분량대로 넣고 고루 섞어 드레싱을 만든다.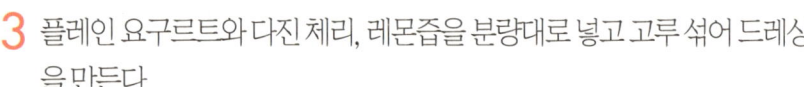

4. 그릇에 준비한 과일과 건포도를 담고 ③의 드레싱을  뿌린다.

Tip : 플레인 요구르트는 농축 우유에 2~3종의 유산균을 첨가하여 발효시킨 것으로 영양은 기본적으로 우유와 같다. 그러나 유산균의 활동으로 우유에 있는 단백질보다 소화, 흡수가 잘 되며 변비나 설사에도 효과적이다.

글로벌 에티켓

스웨덴에서 여성의 위치

스웨덴에서 집안일이나 자녀를 키우는 일이 여성들의 몫이라고 말하면 심각한 여성 차별로 받아들여질 수 있으니 주의해야 한다.

스웨덴은 노르웨이, 핀란드, 덴마크, 네덜란드 등과 함께 대표적인 여성 중심의 국가로 남녀의 동등성을 중요하게 생각하는 나라이기 때문이다. 스웨덴은 취업 인구, 국회 의원, 장관 등 모든 부분에서 반수를 차지하고 있을 만큼 여성의 사회 활동이 매우 활발한 나라다.

또한 국왕의 자리도 왕자와 공주에 상관없이 첫째 자녀가 이어 가도록 되어 있다고 한다.

No.39

펴낸 곳 삼성출판사 주소 서울시 서초구 서초동 1516-2 전화 (02)3470-6916 등록 제 1-276호 홈 페이지 www.samsungbooks.com 삼성출판사
이 책에 실린 글과 그림을 무단으로 복사, 복제, 배포하는 것은 저작권자의 권리를 침해하는 것입니다. ⓒ Samseong Publishing Co., Ltd., 2009

똥눌 때 보는 신문

오늘의 읽을거리

똥 이야기 01

오고가는 냄새 속에 싹트는 이웃 사랑

도전! IQ 200 02
초식 동물이 아닌 동물은?

심리 테스트
내게는 어떤 직업이 어울릴까?

Hello, Ham 03
오늘의 포인트 _ how much

오싹 괴담
왜 그렇게 울었니?

역사 속으로 04
조선 명종 때 붙여졌다는 아차산의 유래

상식뭉치

귀지는 귓구멍 둘레의 피지선에서 나오는 끈끈한 기름 성분이 귀에 있는 먼지와 각질을 모아 만들어 내는 것이다. 이 귀지는 귀에 들어온 벌레나 세균이 조금만 먹어도 죽을 만큼 강력하다고 한다. 귀지는 귀를 지키는 충실한 지킴이인 셈.

오고가는 냄새 속에 싹트는 이웃 사랑

매일 아침 공동 화장실에서 이웃의 정 나눠

바로 지금, 재래식 화장실에서 볼일을 보고 있다고 상상해 보자. 화장실 안에서 풍겨 나오는 똥 냄새를 생각하면 숨을 참을 수 있는 시간 안에 볼일을 끝내고 뛰쳐나오고 싶을 것이다. 그런데 화장실 안에서 정다운 대화를 나누며 이웃 간의 정을 나누는 나라가 있다. 바로 우리의 이웃 나라인 중국이다. 중국의 전통 화장실은 문이 없거나 칸막이가 있다 하더라도 높이가 허리까지밖에 오지 않아 쭈그리고 앉으면 옆사람의 얼굴이 보였다. 밖에서도 누가 있는지 훤히 들여다보여 노크할 필요도 없었다.

옛날 중국에서는 따로 집안에 화장실을 둔 곳이 많지 않아 마을의 공동 화장실을 많이 사용했다. 마을 사람들은 매일 아침 공동 화장실에서 만나 똥을 누며 집안일이나 마을 일을 이야기하면서 이웃과의 정을 나누었다고 한다. 일종의 반상회 장소였던 셈.

똥눌 때 한자

살 주

사람이 정해진 한 장소에서 사는 것을 나타낸 모양으로, '살다', '머물다'의 뜻이 있다.

도전! IQ 200

초식 동물이 아닌 동물은?

4마리의 동물이 있다. 이 중 3마리는 초식 동물이고 나머지 1마리는 육식 동물이다. 초식 동물이 아닌 동물은?

정답 : 여우는 육식 동물이다. 소·기린·사슴은 모두 풀을 먹는 초식 동물이다.

PUZZLE

가로 풀이
1 어떤 문제나 궁금한 것을 다른 사람에게 묻는 것.
2 주로 문을 바르는 데 쓰이는 얇은 종이.
5 설날, 추석 등 오랜 풍속과 계절에 따라 온 나라 사람들이 즐겁게 보내는 날.

세로 풀이
1 정해진 규칙이나 차례 등을 잘 지키는 상태.
2 공기나 빛이 안으로 들어올 수 있게 벽에 낸 작은 문.
3 다른 사람을 위험으로부터 보호하는 사람. ○○원.
4 마을이나 산천, 지역 등의 이름.
6 돈이나 시간을 꼭 필요한 데에만 아껴서 쓰는 것.

퍼즐 정답 : (가로) 1-질문, 2-문종이, 5-명절날 (세로) 1-질서, 2-창문, 3-경호, 4-지명, 6-절약

심리 테스트

내게는 어떤

밤하늘의 별들 가운데 원하는 곳으로 수 있는 기회가 주어진다면 나는 어느 로 가려고 할까?

A. 달   B. 화성
C. 토성   D. 모르는 별

보는신문

 How much for one?
1개에 얼마예요?

 It's six hundred won.
600원이야.

Point

how much
[하우 머치]
얼마입니까

이 어울릴까?

- 현실적으로 생각하는 사람. 공무원이나 교사 같은 안정된 직업, 또는 일반 기업에서 일하는 것이 어울린다.

- 모험적인 사람. 스포츠와 관련된 일 또는 이벤트 기획, 프로듀서 등과 같이 활동적이고 진취적인 직업이 잘 어울린다.

- 호기심이 많은 사람. 사건을 추적해 나가는 기자나 연구에 몰두하는 학자 등이 어울린다.

- 창조적이고 적극적인 사람. 예술가, 디자이너, 작가 같은 자유로운 직업이 어울린다.

오싹 괴담

왜 그렇게 울었니?

한 여자가 네 살된 딸을 데리고 백화점에 갔다. 백화점에 들어서자마자 아이는 주위를 둘러보며 울기 시작했다. 아무리 야단을 치고 달래 보아도 아이는 계속 나가자고 조르며 울기만 했다. 결국 엄마는 물건 사는 것을 포기하고 백화점을 나왔다.
집에 가기 위해 아이와 함께 택시를 막 잡아탄 순간, 백화점이 엄청난 소리를 내며 4개의 기둥만 남긴 채 무너져 내렸다. 너무나 놀라운 광경에 불현듯 섬뜩해진 엄마는 아이에게 물었다.
"아까 왜 그렇게 울었니?"
그러자 아이가 그제야 울음을 그치며 말했다.
"백화점에 있는 사람들 뒤에서 검은 옷을 입은 사람들이 목을 조르고 있었단 말이야!"

조선 명종 때 붙여졌다는 아차산의 유래

역사 속으로

"아차" 했으나 한 발 늦어

조선 명종 때, 장안에 족집게라고 소문 난 장님 점쟁이 홍계관이 살았다. 그의 이름은 명종의 귀에까지 들어갔다.
명종은 그 홍계관이란 자를 궁으로 불러 들여 준비한 궤짝을 보이며 그 안에 무엇이 들어 있는지 맞혀 보라고 했다. 홍계관은 말없이 한참 동안 궤짝을 쳐다보다가 쥐 3마리가 들어 있다고 했다.
그러나 궤짝을 열어 보자 2마리의 쥐가 웅크리고 있었다. 명종은 사람들을 속여 나라를 어수선하게 한다는 죄목을 들어 홍계관을 사형에 처하라 했다.
홍계관이 사형장으로 끌려간 뒤 명종이 혹시나 하는 마음에 그 쥐의 배를 갈라 보게 하니 그 안에 새끼가 들어 있는 것이 아닌가. 왕은 형을 중지시키기 위해 내시를 보냈으나 집행관은 멈추라고 외치는 소리를 재촉하는 것으로 잘못 알아듣고 즉시 사형을 집행했다. "아차, 한 발 늦었구나." 내시는 땅바닥에 주저앉았다.
이때부터 홍계관이 죽은 그 산을 아차산이라 부르게 되었다고 한다.

건강이 최고

무엇보다 나빠지기 전에 보호해야

한번 나빠진 시력은 좋아지기 어렵다. 나빠지기 전에 미리미리 보호하는 것이 최선책. 그러나 시력이 이미 나빠져 있는 상황이라면 눈에 맞는 안경을 쓰고 눈에 좋은 식품을 먹도록 하자.
눈에 좋은 식품으로는 비타민A가 풍부한 당근, 시금치 등 녹황색 채소와 칼륨이 들어 있는 사과, 꿀 등이 있다. 또한 칼슘이 풍부한 치즈, 달걀, 생선 등도 좋다.
또 오랜 시간 책 읽는 것을 피하고 누워서 책을 보지 않도록 한다. 책을 볼 때는 눈과 책의 간격이 항상 30cm가 되도록 유지하고 또한 눈을 찌푸려 텔레비전이나 책을 보지 않는다. 컴퓨터 앞에 1시간 앉아 있었다면 15분 동안은 반드시 눈을 쉬게 해주어야 한다는 것도 명심하자.

No.40

펴낸 곳 삼성출판사 주소 서울시 서초구 서초동 1516-2 전화 (02)3470-6916 등록 제 1-276호 홈 페이지 www.samsungbooks.com 삼성출판사
이 책에 실린 글과 그림을 무단으로 복사, 복제, 배포하는 것은 저작권자의 권리를 침해하는 것입니다. ⓒ Samseong Publishing Co., Ltd., 2009

오늘의 읽을거리

똥 이야기 01

수세식 화장실은 깨끗하지 않다?

도전! IQ 200 02
삼각형의 개수는 모두 몇 개일까?

나도 마술사

시원한 냉풍기

Hello, Ham 03
오늘의 포인트 _ play

깜짝 기네스

세계에서 가장 긴 수염

궁금한 과학 04

녹음기를 통해 듣는 목소리가 낯선 이유

수세식 화장실은 깨끗하지 않다?

수세식 화장실은 수질 오염의 주범

수세식 화장실의 장점은 무엇보다도 깨끗하고 냄새가 나지 않는다는 것이다. 그러나 수세식 화장실에서 내려 보내는 많은 양의 똥오줌물은 환경을 심각하게 오염시키고 있다.

우리가 변기의 물과 함께 내려 보낸 똥오줌은 정화조에 들어가 많은 물과 뒤섞여 강으로 흘러 들어간다. 깨끗하게 정화된 물이 흘러가는 것이 아니라 똥물이 들어가는 것.

게다가 대장균 덩어리인 똥이 물에 섞이면 이를 없애는 박테리아가 죽어 물 속에서 나쁜 병원균이 생긴다. 이 병원균 때문에 아이들이 콜레라 등의 무서운 병을 앓기도 한다. 또 수세식 변기의 물을 한 번 내릴 때마다 똥오줌물을 깨끗이 정화시키는 데 똥오줌의 50배가 넘는 양의 물이 필요하다.

수세식 화장실이 깨끗한 것은 화장실 안일 뿐 화장실 밖의 문제는 심각하기만 하다.

상식뭉치

고대 로마에서는 관리와 군인의 월급이 소금이었다. 고대에는 소금이 무척 귀했기 때문에 돈으로 쓰이기까지 했던 것이다. 그래서 월급을 뜻하는 영어의 샐러리(salary)란 단어도 라틴어인 살라리우스(salarius : 소금돈)에서 유래되었다고 한다.

똥눌 때 한자

바 **소**

도끼가 나무에 비스듬히 찍힌 것을 나타낸 모양으로, 동작의 '목표' 또는 '곳'을 뜻한다.

도전! IQ 200
삼각형의 개수는 모두 몇 개일까?

5각형 속에 별 모양을 만들어 넣었다. 크고 작은 삼각형을 다 세면 모두 몇 개일까?

 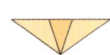  

1개짜리 10개 / 2개짜리 15개 / 3개짜리 5개 / 4개짜리 5개

정답 : 35개

숨은 그림 찾기

아이스크림 / 꽃병 / 지팡이 / 부채 / 야구방망이

나도 마술사

시원

준비물 : 젖은 수건, 선풍기

냉풍기로 변신 완성!

마술 비법 : 물은 증발할 때 주위에서 많은 열을 빼 을 빼앗아 가기 때문에 바람이 차가워

보는신문

 Let's play together.
같이 놀자.

Okay. Sounds like fun.
좋아. 재미있겠다.

play
[플레이]
놀이를 하다

Let's play together.

좋아, 뭘 하고 놀까?

쿵쿵따 놀이는 어때?

Okay. Sounds like fun.

풍기

1. 날씨가 정말 더운 날은 선풍기를 틀어도 더운 바람이 나온다. 이런 날 친구들에게 선풍기에서 에어컨처럼 시원한 바람이 불게 해주겠다고 말한다.

2. 찬물에 적신 수건을 들고 주문을 외우듯이 중얼거리고는 선풍기 위에 잘 걸쳐 놓은 다음 선풍기를 튼다.

3. 미지근한 바람이 나오던 선풍기 바람이 시원한 바람으로 바뀔 것이다.

수건에 있는 물이 증발하면서 선풍기 바람의 열

깜짝 기네스

세계에서 가장 긴 수염

스웨덴의 항구 도시 말뫼 시에 사는 비르예르 펠라스 할아버지는 2007년 인도 사람이 4m라는 기록으로 기네스북에 새롭게 오르기 전 '세계에서 가장 긴 콧수염'을 가진 사람이었다. 비르예르 펠라스 할아버지의 양쪽 콧수염 길이는 무려 3m 17cm나 된다. 한쪽 수염의 길이가 보통 어른의 키와 맞먹을 정도. 비르예르 펠라스 할아버지는 남들과 뭔가 달라 보이고 싶다는 생각에 콧수염을 기르기 시작했다는 것이다. 평소에는 콧수염을 돌돌 말아서 입술 양옆으로 동그랗게 핀을 꽂아 고정시키고 다니기 때문에 식사를 할 때도 전혀 불편하지 않다고 한다.
그러나 재미있는 건 '세계 최고의 콧수염'을 가진 비르예르 펠라스 할아버지의 머리가 대머리라는 사실.

녹음기를 통해 듣는 목소리가 낯선 이유

궁금한 과학

공기만 지나온 것이 진짜 목소리

캠코더나 녹음기 등에 녹음된 자신의 목소리를 처음 듣는 사람들은 대부분 깜짝 놀란다. 평소 말할 때 들리던 자신의 목소리와 전혀 다르기 때문에 낯설고 이상하게 느껴지는 것.

녹음된 목소리와 말할 때 들리는 목소리가 다른 이유는 목소리가 들리는 경로가 다르기 때문이다. 말할 때 들리는 목소리는 소리가 목구멍으로 나오면서 몸을 통과해 귀로 가는 소리와 공기를 통과해 귀로 가는 소리가 섞여진 소리다.

그러나 녹음된 목소리는 공기를 통과한 소리만이 귀로 들리는 것이다. 말하는 자신을 제외한 다른 사람들은 항상 공기만 통과한 목소리를 들어 왔기 때문에 그 목소리가 낯설지 않을 것이다.

공기를 통한 소리와 몸을 통한 소리가 섞인 목소리를 듣는 것은 오직 자기 자신뿐이다. 그러니 녹음된 목소리가 순수한 자신의 목소리라고 할 수 있다.

즐겁게 글쓰기

메모하는 습관을 기르자

글을 잘 쓸 수 있는 특별한 방법이 있는 것은 아니지만 작은 노력을 기울이다 보면 많은 도움이 된다. 그 중 하나가 평소에 메모해 두는 습관이다.

사람들의 머릿속은 언제나 많은 생각들로 가득하다. 다만 대부분의 기억들은 잊혀져 버리기 때문에 필요한 때 이용할 수 없다. 그렇기 때문에 메모하는 습관이 필요하다. 길을 가다 경험한 일도 좋고 학교에서 일어난 재미난 일도 좋다. 자신이 경험한 일 가운데 기억하고 싶은 일이 있을 때마다 메모장에 간단한 느낌을 적어 두는 것이다. 메모는 자신의 생각을 정리할 수 있는 방법 가운데 가장 간단한 방법이다.

메모장은 부피가 큰 것보다는 그때그때 메모할 수 있도록 목에 걸고 다닐 수 있는 것이 좋다.

No.41

펴낸 곳 삼성출판사　주소 서울시 서초구 서초동 1516-2　전화 (02)3470-6916　등록 제 1-276호　홈 페이지 www.samsungbooks.com　삼성출판사
이 책에 실린 글과 그림을 무단으로 복사, 복제, 배포하는 것은 저작권자의 권리를 침해하는 것입니다.　© Samseong Publishing Co., Ltd., 2009

똥눌 때 보는 신문

오늘의 읽을거리

똥 이야기　01
코끼리똥도 돈 되네~!

도전! IQ 200　02
깨진 계란은 몇 개일까?

심리 테스트
나는 얼마나 사교적인 사람일까?

Hello, Ham　03
오늘의 포인트 _ matter

생각하는 동화
무엇이 불만인가요?

문화 답사　04
팔만 대장경을 지켜 온 해인사 장경판전

상식뭉치

벼룩은 자기 키의 150배가 넘는 높이를 뛰어오를 수 있다. 150배 이상이라고 해도 사람의 기준으로 보면 기껏해야 18㎝에 불과하다. 그러나 사람과 벼룩의 크기를 비교해 볼 때 사람이 벼룩만큼 뛰어오르려면 100층짜리 빌딩을 뛰어넘어야 한다는 사실!

코끼리똥도 돈 되네~!

코끼리똥도 치우고 종이 만들어 돈도 벌고

태국의 한 코끼리 보호 센터에서는 40마리의 코끼리가 하루 1500~2000kg의 똥을 누는 바람에 골머리를 앓아 왔다. 그런데 이 엄청난 양의 코끼리똥을 해결하기 위해 똥으로 천연 가스를 만들어 내려다가 우연히 종이를 발명하게 되었다. 평소 어마어마한 양의 풀과 나뭇잎, 과일 등을 먹어 치우는 코끼리똥 속에 들어 있는 많은 양의 섬유질 덕택이었다. 종이를 만드는 과정은 먼저 코끼리똥에서 섬유질만 남을 때까지 씻은 다음, 염소를 넣고 3~6시간 동안 끓인 후 두드려 종이의 원료인 펄프를 만든다. 이 펄프를 큰 그릇에 넣어 액체와 함께 섞은 뒤 대나무와 천으로 만든 틀로 떠내어 말리면 종이 탄생!

똥으로 만든 이 종이는 놀랍게도 전혀 냄새가 나지 않고 깨끗해 선물 포장지나 조화, 작은 상자의 재료 등으로 쓰인다고. 돈도 벌고 똥도 치우니 바로 도랑 치고 가재 잡는 셈이다.

똥눌 때 한자

있을 유

고깃덩어리를 손에 들고 있는 모양을 나타낸 글자로, '있다' 또는 '가지다' 라는 뜻이다.

도전! IQ 200

깨진 계란은 몇 개일까?

계란 장수가 자전거를 타고 신나게 달리고 있었다. 그런데 한참 달리는 도중, 조그만 돌멩이에 걸리는 바람에 그만 자전거와 함께 넘어지고 말았다. 그런데 이상하게도 계란은 하나도 깨지지 않았다. 대체 어떻게 된 일일까?

정답 : 다 팔고 난 뒤 집에 돌아가는 도중에 일어난 일이었다.

PUZZLE

가로 풀이
1 하루의 맨 처음 시각에 떠나는 차.
3 공기 중의 수증기가 찬 물체에 부딪힐 때 엉겨 생긴 물방울. 아침 ○○.
5 증기 혹은 전기 기관을 이용하여 운행하는 열차.
7 잡으려는 것을 피하여 다른 곳으로 가는 것.

세로 풀이
2 서로 같지 않고 다름. 친한 친구라고 해도 성격 ○○로 다툴 수 있죠.
4 일을 바르게 처리해 나갈 방법을 생각해 내는 재능.
6 사람이 다니는 길은 인도. 차가 다니는 길은 ○○.

퍼즐 정답 : (가로) 1-첫차, 3-이슬, 5-기차, 7-도망 (세로) 2-차이, 4-솜씨, 6-차도

심리 테스트

나는 얼마나 시

우리 집 앞에 수상한 사람이 계속 기웃거리고 있다면 나는 어떤 태도를 취할까?

A. 그 사람에게 무슨 일이냐고 묻는다.
B. 동네 사람에게 알린다.
C. 모른 척한다.
D. 112에 신고한다.

🐹 What's the matter?
무슨 일 있었어?

🐹 Can I do anything to help?
내가 도와줄 일 없니?

matter
[매터]
일, 문제

별일 아니야.

인 사람일까?

- 무척 적극적인 성격. 모르는 사람에게도 쉽게 말을 걸 수 있는 사교적인 사람이다.

- 지나치게 남의 기분을 의식하는 성격. 자신의 생각보다는 남의 생각에 매우 신경을 쓰는 사람이다.

- 자기 기분이 내키는 대로 하는 기분파. 다른 사람에게는 전혀 신경을 쓰지 않는 사람이다.

- 소심하고 예민한 사람. 남을 배려하는 마음이 지나쳐 자기가 하고 싶은 일을 못 하는 경우가 많다.

생각하는 동화

무엇이 불만인가요?

키가 큰 사람과 키가 작은 사람이 함께 식당에서 식사를 하게 되었습니다. 두 사람은 똑같이 스테이크를 주문했습니다. 잠시 후, 식당 종업원이 큰 스테이크와 작은 스테이크를 한 접시에 같이 담아 가지고 왔습니다. 키 큰 사람이 먼저 고르라고 권하자 작은 사람이 사양하며 키 큰 사람에게 먼저 고르라고 말했습니다. 몇 번인가 이런 승강이를 한 끝에, 키가 작은 사람이 먼저 스테이크를 고르게 되었습니다. 그는 큰 스테이크를 자기 접시에 덜어서 맛있게 먹기 시작했습니다. 키 큰 사람은 어쩔 수 없이 작은 스테이크를 먹었습니다. 점심 식사가 다 끝나자, 키 큰 사람이 속마음을 털어 놓았습니다.
"솔직히 말해서 내가 먼저 스테이크를 골랐다면 작은 것을 선택했을 겁니다."
그러자 키가 작은 사람이 말했습니다.
"그렇다면 당신이 원하던 대로 된 셈이군요. 그런데 무엇이 불만인가요?"

팔만 대장경을 지켜 온 해인사 장경판전

문화 답사

완벽한 습도와 온도 조절 기능

합천 해인사에 있는 장경판전은 팔만 대장경을 보존하는 세계 유일의 대장경판 보관용 건물로, 현재 해인사에 있는 건물 중 가장 오래된 건물이다.

팔만 대장경은 고려 고종 19년, 몽골군의 침입을 막기 위해 부처의 말씀을 새긴 것으로 우리 민족이 남긴 위대한 문화 유산이다. 8만 1258개의 목판에 새겨진 글자 하나하나가 매우 정교해 마치 한 사람이 조각한 것 같은 통일감을 준다. 더욱 놀라운 것은 글자 수가 무려 5200백만 자로 추정되는데도 틀린 글자가 없다는 사실. 경판이 500여 년이 지난 지금까지도 거의 손상을 입지 않은 이유는 조상들의 과학적 사고와 뛰어난 기술이 어우러진 장경판전 덕분이다. 환기, 습도, 온도 조절 기능이 완벽해 벌레 1마리도 기어다니지 않는다고. 불교의 힘을 모아 국난을 극복하려 했던 선조들을 기억하며 이곳을 둘러보자. 남부 터미널에서 합천 가는 버스가 있다.

왕따 탈출

친구 사이는 믿음이 중요해

거듭된 거짓말로 마을 사람들의 신뢰를 잃어버리는 바람에 진짜 늑대가 나타났을 때는 누구의 도움도 받을 수 없었던 양치기 소년의 이야기를 잘 알고 있을 것이다. 양치는 소년처럼 한번 거짓말쟁이로 생각되면 다음부터는 아무리 진실을 이야기해도 믿어 주지 않게 된다.

또 일부러 그런 것이 아니더라도 약속을 하고 잊어버리는 것 역시 결과적으로는 거짓말을 하는 것과 다를 바 없다. 약속을 지키는 것은 친구 사이의 믿음을 지키는 것이다. 약속을 했다면 무슨 일이 있어도 지키도록 노력해야 한다. 또 처음부터 지키지 못할 약속은 하지 않는 것이 좋다.

건망증이 심해 약속을 하고도 금방 잊어버린다면 항상 메모하는 습관을 기르도록 하자. 학교에 가기 전에 한 번씩 펼쳐 본다면 약속을 잊을 염려는 없을 것이다.

No.42

펴낸 곳 삼성출판사 주소 서울시 서초구 서초동 1516-2 전화 (02)3470-6916 등록 제 1-276호 홈 페이지 www.samsungbooks.com
이 책에 실린 글과 그림을 무단으로 복사, 복제, 배포하는 것은 저작권자의 권리를 침해하는 것입니다. ⓒ Samseong Publishing Co., Ltd., 2009   삼성출판사

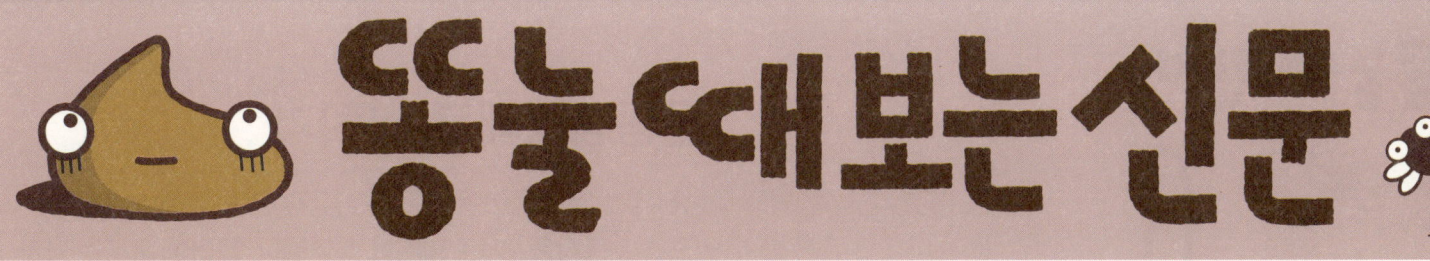 

똥눌 때 보는 신문

오늘의 읽을거리

똥 이야기 01
한방에서 치료약으로 쓰이는 누에똥

도전! IQ 200 02
운동장 2배로 넓히기

심리 테스트
나는 얼마나 심술쟁이일까?

Sing a Song 03
Head and shoulders

생각하는 동화
태양과 바람의 내기

신나는 스포츠 04

한국의 전통 무예 태권도

상식뭉치

세상에서 가장 강력한 독을 지닌 동물은 남미에 사는 독화살개구리다. 이 개구리는 피부에서 나오는 0.00001g의 독만으로도 사람을 죽일 수 있다고. 남미의 인디언들은 이 개구리를 불에 구워서 거기에서 나오는 독을 화살촉에 발라 무기로 사용한다.

한방에서 치료약으로 쓰이는 누에똥

당뇨병에는 누에똥이 좋아

누에나방은 어디 한 군데 버릴 데가 없는 곤충이다. 고치로는 비단실을 뽑고 고치 안의 번데기는 소금 넣고 푹 삶으면 맛 좋은 영양 간식이 된다. 게다가 똥까지 쓸모가 있다고. 우리나라는 예부터 한방에서 누에의 똥을 치료약으로 사용해 왔다. 한방 의학 서적인《동의보감》이나《본초강목》,《중약대사전》등을 살펴보면 누에똥을 이용해 병을 치료한다는 기록을 찾을 수 있다. 누에똥을 이용한 치료법은 특히《본초강목》에 많이 나오는데, 부스럼으로 머리가 가려울 때나 당뇨병이 있을 때, 혹은 가슴이 답답하고 아프며 땀이 나고 팔다리가 차가울 때, 몸이 마비되어 감각이 없을 때 누에똥을 약으로 먹었다. 당뇨병에는 누에똥을 가루로 만들어 차가운 물에 6g씩 타서 먹으면 효과를 볼 수 있다고 한다. 누에똥은 그 밖에 가축의 사료, 고급 비누, 식용유의 원료 등으로 다양하게 쓰인다.

똥눌 때 한자

없을 무

나무가 울창한 숲이 불에 타는 모양을 나타낸 글자로, '없다'는 뜻이다.

도전! IQ 200

운동장 2배로 넓히기

똥구리가 다니는 학교 운동장에는 네 귀퉁이에 나무가 심어져 있다. 교장 선생님은 아이들이 마음껏 뛰어 놀 수 있도록 운동장을 2배로 넓히고 싶어했다. 그러나 나무는 옮겨 심고 싶지 않아서 건축 설계사를 찾아가 의논했다. 건축 설계사는 4개의 나무는 그대로 두고 운동장만 정확히 2배로 넓히겠노라 장담했다. 그는 나무를 옮기지 않고 어떤 방법으로 운동장을 2배로 넓히겠다는 걸까?

숨은그림찾기

물컵 / 불가사리 / 펼친 책 / 털모자

심리 테스트

나는 얼마나

마라톤 대회에서 1등으로 달리던 한 선수가 고통스런 표정을 지으며 달리다 결국 완주하지 못했다. 이유가 무엇이었을까?

A. 페이스 분배를 못해 결국 쓰러졌다.
B. 도중에 다리를 삐었다.
C. 코스를 잘못 들어섰다.
D. 도중에 화장실에 가고 싶었다.

Sing a Song

Head and Shoulders

Head and shoulders,
knees and toes,
knees and toes,
Head and shoulders,
knees and toes,
knees and toes,
Eyes and ears and
mouth and nose,
Head and shoulders,
knees and toes,
knees and toes!

Head and shoul-ders, knees and toes, knees and toes,

Head and shoul-ders, knees and toes, knees and toes, - Eyes and ears and

mouth- and - nose, Head and shoul-ders, knees and toes, knees and toes!

생각하는 동화

태양과 바람의 내기

태양과 바람이 서로 자기 힘이 더 세다고 다투었습니다. 그러나 한참을 다투어도 누구 힘이 더 센지 도저히 가릴 수가 없었습니다. 때마침 지나가는 나그네를 본 태양과 바람은 나그네의 외투를 벗기는 쪽이 이기는 것으로 하자고 내기를 했습니다. 먼저 바람이 힘껏 입김을 불었습니다. "휘이익, 쌩~!"
그러나 나그네는 추위에 떨며 외투의 단추를 잠갔습니다. 바람이 세게 입김을 불수록 나그네는 옷자락을 더 꼭 쥐었습니다. 바람은 그만 힘이 다 빠져 버렸습니다. 이번에는 태양이 나섰습니다. 태양은 말없이 나그네를 내리쬐었습니다. 얼마 후 나그네는 외투를 벗고 나무 그늘에 앉아 땀을 식혔습니다. "봤지? 내 힘이 얼마나 센지……." 으스대며 말하는 태양 앞에서 바람은 할말이 없었답니다.

술쟁이일까?

🌸 다른 사람들에게 싫은 소리를 하거나 심술을 부리지 못하는 성격. 남을 배려하는 마음이 큰 편이다.

🌸 좋아하는 사람에게는 한없이 잘해주지만 싫어하는 사람이 하는 일에는 괜히 트집을 잡고 심술을 부린다.

🌸 심술은 없지만 남이 잘 되는 건 못 보는 성격. 누군가 실패하기를 은근히 바라고 안 되는 일에 내심 기뻐한다.

🌸 한마디로 심술쟁이. 사람들을 삐뚤어진 시선으로 바라보고, 자기밖에 모르는 이기적인 성격이다.

한국의 전통 무예 태권도

신나는 스포츠

태권도를 하는 목적은 자기 수련

태권도는 한국의 전통 무예로 그 유래가 약 2000여 년 전인 삼국 시대로 거슬러 올라간다. 고구려의 무용총 고분 벽화나 신라 석굴암의 금강 역사상에서도 태권도의 몸 동작을 볼 수 있다. 태권도는 우리 고유의 전통 무예일 뿐 아니라 세계적으로 인정받은 스포츠로, 2004년 올림픽 정식 종목으로 채택되었다.

태권도는 사방 8m 경기장에서 2명의 선수가 보호구를 착용하고 손과 발을 이용해 경기를 벌여 승패를 겨루는 운동이다.

태권도의 기술은 신체의 각 부분을 좌우 균형 있게 사용하도록 짜여져 있어 몸의 유연성을 고르게 발달시켜 준다. 또한 공격보다 방어를 먼저 배우도록 강조하는데 이는 태권도를 배우는 목적이 남을 공격하거나 제압하는 데 있는 것이 아니라 자기 자신의 수련에 있음을 말해주는 것이다. 즉 태권도는 평화와 공정성의 자세를 자연스럽게 익힐 수 있는 스포츠다.

환경 이야기

쓰레기를 줄이자

음식물 쓰레기를 비롯한 각종 쓰레기들은 지구의 환경을 위협하는 무서운 존재들이다. 쓰레기를 줄이려면 어떻게 해야 할까? 우선 음식을 먹을 때는 먹을 수 있는 만큼만 덜어 남기지 말고 먹어야 한다. 또 신문지나 알루미늄 캔, 페트병 등을 분리하여 정해진 장소에 버려야 하는 것은 물론이다.

쓰레기를 줄이기 위해서는 아껴 쓰고, 재활용해서 쓰는 절약이 무엇보다 필요하다. 아직 쓸 만한 데도 친구가 새로 산 물건이 부러워 새로 산다거나 꼭 필요하지 않은데도 예뻐서, 남들도 다 가지고 있어서, 유행이어서 사는 것은 지구를 병들게 하는 지름길임을 잊지 말자.

No.43

펴낸 곳 삼성출판사 주소 서울시 서초구 서초동 1516-2 전화 (02)3470-6916 등록 제 1-276호 홈 페이지 www.samsungbooks.com 삼성출판사
이 책에 실린 글과 그림을 무단으로 복사, 복제, 배포하는 것은 저작권자의 권리를 침해하는 것입니다. ⓒ Samseong Publishing Co., Ltd., 2009

똥 눌 때 보는 신문

오늘의 읽을거리

똥 이야기 01
두루마리 화장지는 누가 발명했을까?

도전! IQ 200 02
연필을 떼지 않고 한 번에 그리기

나도 마술사
솟아오르는 물

Hello, Ham 03
오늘의 포인트 _ smell

세상에 이런 일이
형무소로 도망친 좀도둑

애완동물 키우기 04
앙증맞은 귀염둥이 햄스터

두루마리 화장지는 누가 발명했을까?

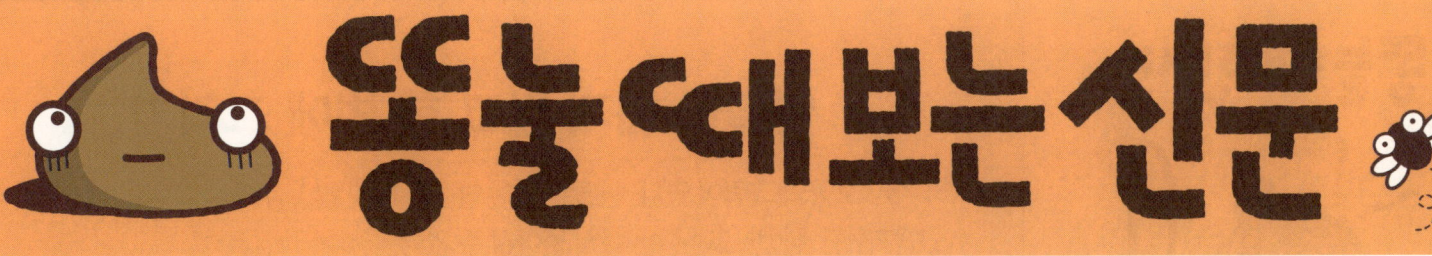

같은 발명품도 시기와 장소에 따라 결과가 달라져

화장실에 없어서는 안 될 필수품 1가지만 대라면 단연코 두루마리 화장지를 들 것이다. 둘둘 말려 있어 보관하기 쉽고, 잡아당겨 풀어 쓰기 좋은 두루마리 화장지는 누가 발명했을까?
1857년, 미국의 조셉 가예티는 낱장을 꾸러미로 묶은 화장지를 처음으로 상점에 내놓았지만 실패했다. 당시 미국인들은 화장실에 신문, 잡지 등을 쌓아 두고 사용했기 때문에 굳이 돈을 주고 화장지를 살 필요가 없었던 것이다. 1879년, 월터 알콕은 처음으로 오늘날과 비슷한 화장지를 영국에 소개했지만 성공하지 못했다. 그러나 같은 시기 미국에서 스코트 형제가 선보인 작은 두루마리 화장지는 대성공을 거두었다. 당시 미국은 많은 가정과 호텔 등에서 수세식 변기를 사용하고 있었기 때문이었다.
아무리 좋은 발명이라도 그것을 필요로 하는 적절한 시기에 태어나야 비로소 가치를 드러내는 것이다.

상식뭉치

여름밤, 모기에 피를 빨리고 나면 도무지 가려워서 잠을 잘 수가 없다. 이렇게 사람의 피를 빠는 것은 암모기라고 한다. 숫모기는 대롱 모양의 주둥이로 식물액과 단물 등을 먹는 반면, 암모기는 알을 낳기 위해 피가 필요하기 때문에 뾰족한 주둥이로 사람의 피를 빨아 영양을 보충한다.

똥눌 때 한자

아비 **부**

돌도끼를 들고 열심히 일하는 가장의 모습을 나타낸 글자로, '아버지'의 뜻을 갖고 있다.

도전! IQ 200
연필을 떼지 않고 한 번에 그리기

여러 가지 모양의 그림이 있다. 어떻게 해야 연필을 떼지 않고 주어진 그림을 한 번에 그릴 수 있을까? 단, 한 번 왔던 길은 다시 돌아갈 수 없다.

숨은 그림 찾기

야구공 / 안경 / 사과 / 붓

나도 마술사

솟아

준비물 : 물 주전자, 컵, 동전 여러 개, 컵을 놓을 장

마술 비법 : 물의 분자들은 서로 뭉치려고 하는 성
하는 힘을 표면 장력이라고 한다. 물이

보는신문

🐹 Wow, so many flowers.
와~, 꽃이 정말 많다.

🐹 How good it smells.
어쩌면 냄새가 이렇게 좋지?

smell
[스멜]
냄새, 향기

Wow, so many flowers.

How good it smells.

이 꽃 이름이 뭔지 아니?

응, 알아. 그, 그건 백합이야.

는 물

1. 친구들 가운데 1명을 불러내 물이 컵의 꼭대기와 수평을 이룰 때까지 계속 붓게 한다.

2. 컵을 가리키면서 컵의 물이 솟아오르는 마술을 보여 주겠다고 말한다.

3. 물 속으로 동전 하나를 살며시 떨어뜨려 본다. 동전을 조심조심 몇 개 더 떨어뜨린다.

4. 물은 컵 꼭대기 위로 불룩 솟아오를 뿐 넘치지 않을 것이다.

강하다. 이렇게 분자들이 서로 달라붙어 있으려고 지 않는 것은 바로 표면 장력 때문이다.

세상에 이런 일이

형무소로 도망친 좀도둑

벨기에의 앤트워프에서 일어난 일이다.
좀도둑이 도둑질을 하던 중 주인에게 들키고 말았다. 주인이 경찰에 신고하는 동안 도둑은 재빨리 뒷문으로 빠져 나갔다. 하지만 출동한 경찰에게 곧 발각되었다. 앞에는 3m가 넘는 담이 버티고 있고 뒤에는 경찰이 쫓아오고 있는 진퇴양난의 순간이었다. 좀도둑은 경찰과의 실랑이 끝에 발목을 붙잡는 경찰을 뿌리치고 무려 3m가 넘는 담을 기적적으로 넘어갔다. 그런데 세상에 이럴 수가! 신이 나서 옷을 털고 일어나 보니 시립 형무소 안이었다고.

앙증맞은 귀염둥이 햄스터

애완동물 키우기

기르기 쉽고 비용도 적게 들어

햄스터는 작고 동글동글한 몸에 다리가 짧아 배를 땅에 붙이고 쪼르르 달려가는 모습이 여간 귀엽지 않다. 환경에 대한 적응력이 뛰어나 비교적 기르기 쉬울 뿐만 아니라 청소를 자주해주면 냄새가 거의 없고 울음소리도 크지 않다. 게다가 성격이 온순해 길들이기도 쉽다. 햄스터의 수명은 보통 2~3년으로 무척 짧은 편.

먹이는 햄스터용 사료나 해바라기씨, 땅콩, 호두 등을 먹이며 가끔 과일이나 채소를 주는 것도 좋다. 그러나 파와 양파는 절대 금물이다. 적혈구를 파괴하는 성분이 있어 빈혈에 걸리기 쉽기 때문이다. 또 기름에 튀긴 음식이나 커피, 초콜릿 등 중독성이 있는 음식도 피한다.

햄스터는 한 곳에서만 볼일을 보는 습관이 있어 화장실 훈련은 의외로 쉽다. 햄스터가 자주 똥을 누는 곳에 작은 접시나 종이로 화장실을 만들어 톱밥이나 고양이용 모래를 깔아 두면 된다.

닮고 싶은 인물

다시 일어난 슈퍼맨, 크리스토퍼 리브

우람한 몸매에 잘생긴 얼굴, 몸에 딱 붙는 파란색 의상을 입고 빨간 망토를 날리며 하늘을 나는 슈퍼맨. 비록 영화 속의 주인공이었지만 슈퍼맨의 인기는 대단했다.

그 슈퍼맨을 연기했던 배우 크리스토퍼 리브가 승마를 하던 중 말에서 떨어져 온몸이 마비되는 장애인이 되고 말았다. 하루아침에 삶이 바뀌었지만 그는 장애의 몸을 딛고 재기에 성공했다.

크리스토퍼 리브는 TV 드라마에서 자동차 사고로 전신 마비 장애인이 된 건축 설계사 역할을 열연해 사람들로부터 아낌없는 칭찬을 받았다.

그는 비록 많은 것을 포기해야 했지만 창조적인 길을 찾아낼 수 있어 행운이라고 말했다. 크리스토퍼 리브는 1996년에 장애 재단을 세워 척수 마비 장애인들을 위해 열심히 활동하다가 2004년에 세상을 떠났다.

No.44

똥눌 때 보는 신문

펴낸 곳 삼성출판사 주소 서울시 서초구 서초동 1516-2 전화 (02)3470-6916 등록 제 1-276호 홈 페이지 www.samsungbooks.com 삼성출판사
이 책에 실린 글과 그림을 무단으로 복사, 복제, 배포하는 것은 저작권자의 권리를 침해하는 것입니다. ⓒ Samseong Publishing Co., Ltd., 2009

오늘의 읽을거리

똥 이야기 01
소의 똥오줌도 신성시하는 힌두교도들

도전! IQ 200 02
스파이가 사진을 찍은 이유는?

심리 테스트
과일로 알아보는 나의 성격

Hello, Ham 03
오늘의 포인트 _ today

깔깔 유머
말 잘하는 앵무새

알기 쉬운 경제 04
심각한 음식물 쓰레기

소의 똥오줌도 신성시하는 힌두교도들

소똥에서 나온 벼 이삭을 치료제로 사용

상식뭉치

개, 고양이, 소, 코끼리, 사자, 호랑이, 말, 표범, 낙타 그리고 인간의 공통점은? 정답은 코를 곤다는 것! 인간만이 코를 곤다고 생각하기 쉽지만 집에서 개나 고양이를 기르고 있는 사람은 동물의 코고는 소리를 한 번쯤 들어 보았을 것이다. 심지어는 방귀도 뀐다!

인도의 대표적인 종교는 힌두교다. 힌두교도들이 소를 얼마나 성스러운 동물로 생각하는지는 잘 알려진 사실. 힌두교도는 소고기를 절대 먹지 않는 것은 물론이고 차도에 소가 뛰어들면 당연히 소가 지나갈 때까지 차 안에서 기다린다. 그러다 소가 그대로 차도에 주저앉기라도 하는 날이면 소가 다시 일어나 차도에서 나갈 때까지 1시간이고 2시간이고 참고 기다린다.

힌두교도들은 심지어 소똥마저도 신성시했다. 옛날, 힌두교의 승려들은 신성한 소에게 벼 이삭을 먹여 그 소가 똥을 누면 미처 소화되지 못한 벼 이삭을 찾아낸 다음, 잘 말려서 병자들에게 신성한 약으로 사용했다. 신성한 소의 몸을 통해 나왔으니 벼 이삭 역시 신성하다고 생각했던 것. 또 신성한 소의 오줌으로 몸을 씻으면 피부는 물론, 몸 안의 불결함까지 모두 없앨 수 있다고 믿었다.

2

똥눌 때 한자

어미 모 (母)

젖 먹이는 어머니의 모습을 나타낸 글자로, '어머니' 라는 뜻이다.

도전! IQ 200

스파이가 사진을 찍은 이유는?

제2차 세계 대전 때, 연합군의 탱크와 대포 등 큰 무기가 어떤 도시에 집결되어 있었다. 거기에 한 사람의 남자가 와서 무기들을 배경으로 기념사진을 찍었다. 평범해 보이는 그는 사실 연합군의 무기를 조사하기 위해 파견된 독일군의 스파이였다. 그가 위험을 무릅쓰고 사진을 찍은 이유는 무엇일까?

정답 : 무기의 실제 크기를 알기 쉽게 하기 위해서였다.

PUZZLE

가로 풀이
2 날마다 하는 일정한 일. 하루 ○○.
4 풀이 나 있는 넓은 들.
5 잘못한 것을 꾸짖지 않고 잘 봐주는 것.
6 철따라 살 곳을 바꾸는 새.

세로 풀이
1 태어난 날.
3 과일 나무를 전문적으로 재배하는 곳.
5 탄력이 강한 나선형으로 된 쇠줄.
7 새로 돋는 싹.

퍼즐 정답: (가로) 2-일과, 4-초원, 5-용서, 6-철새 (세로) 1-생일, 3-과수원, 5-용수철, 7-새싹

심리 테스트

과일로 알아

길을 걷다가 나무 1그루를 발견했다. 어떤 종류의 과일 나무였을까?

A. 파인애플   B. 포도
C. 귤   D. 배

- What is the date today?
  오늘이 며칠이니?
- What day of the week is it?
  오늘은 무슨 요일이지?

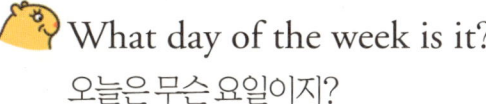

today
[투데이]
오늘, 현재

나의 성격

* 목표한 일이 어려움에 부딪치더라도 포기하지 않고 과감하게 밀고 나가는 적극적인 사람.

* 외로움을 많이 타며, 차가운 면을 지니고 있다는 얘기를 듣지만 마음 깊은 곳에는 따뜻한 면이 있는 사람.

* 온화한 성격으로 누구와도 친하게 지낸다. 좀 언짢은 일이 있어도 항상 얼굴에 미소가 떠나지 않는 사람.

* 신중하고 진지한 성격. 상대방의 의견을 존중하며 결코 지나치게 자기 주장을 펴지 않는 사람.

깔깔 유머

말 잘하는 앵무새

어느 도시에 말을 정말 잘하는 앵무새가 있었다. 이 앵무새는 표준말은 물론이고 경상도, 전라도, 충청도 사투리에 제주도 사투리까지 능숙하게 해내는 놀라운 앵무새였다. 특히 놀라운 것은 왼발을 올리면 자동적으로 전라도 사투리로 말하고 오른발을 올리면 경상도 사투리로 말하는 것이었다.

어느 날, 짱구는 소문이 사실인지 확인하기 위해 앵무새를 찾아가 왼발을 들어올려 보았다. 그랬더니 앵무새가 "싸게싸게 올리랑께!" 하며 전라도 사투리를 했다. 짱구는 다시 오른발을 들어올렸다. 그러자 앵무새가 "다리 제대로 올리라카이!" 하고 말했다.

"우아, 정말 놀라운 걸! 앵무새야, 두 발을 다 올리면 어떻게 되니?" 하고 짱구가 앵무새에게 물었다. 그러자 앵무새가 짱구를 바라보며 한심스럽다는 듯이 말했다.

"쯧쯧, 멍청하긴……, 당연히 자빠지지!"

4

심각한 음식물 쓰레기

알기 쉬운 경제

버려지는 음식물이 바로 외화

환경부가 한국 식품 개발 연구원에 의뢰해 조사한 바에 따르면 한 해에 버려진 음식물 쓰레기는 530만 톤에 이른다. 돈으로 따지면 15조 원이 넘는 어마어마한 금액이며 10여 년 전에 비해 2배 가까이 늘어난 수치다.

이 돈을 다시 꼼꼼하게 계산해 보면 우리 국민은 하루에 404억 원을 음식물 쓰레기로 내다 버리고 연간 1인당 31만 4700원, 한 가구당(3.6인 기준) 113만 3000원을 버리고 있는 셈. 이는 우리나라 한 해 자동차 수출액과 맞먹고 서울 상암동 월드컵 경기장을 70개나 지을 수 있는 엄청난 돈이기도 하다.

우리가 먹는 식량의 약 70%는 외국에서 수입하고 있다. 우리가 먹다 무심코 버리는 음식물 속에 외화가 함께 버려지고 있음을 기억하자. 음식물 쓰레기로 버려지는 돈을 10년만 알뜰히 모아도 자동차 한 대는 살 수 있다.

별자리 이야기

게자리 이야기(6.22~7.22)

미케네의 공주 알크메네라를 사랑하게 된 제우스는 전쟁터에 나간 남편의 모습으로 변신하여 알크메네와의 사이에 영웅 헤라클레스를 낳는다. 덕분에 제우스의 아내 헤라의 미움을 산 헤라클레스는 헤라가 꾸민 12가지 어려운 모험을 경험하게 된다. 이것이 유명한 헤라클레스의 모험.

그 중 하나가 9개의 머리를 가진 괴물 히드라와의 싸움이다. 머리를 하나 자르면 금세 2개가 더 생기는 히드라가 헤라클레스에게 밀리자 헤라는 게를 보내 히드라를 돕게 한다. 게는 용감하게 헤라클레스의 발을 물지만 결국 헤라클레스에게 밟혀 죽고 만다. 헤라는 용감한 게를 기려 하늘의 별자리로 만들었다.

게자리에 태어난 사람은 마음이 굳고 성실하며 가정적이다. 또 남의 일이나 물건도 자신의 것인 양 책임감을 가지고 행동한다.

No.45

펴낸 곳 삼성출판사 주소 서울시 서초구 서초동 1516-2 전화 (02)3470-6916 등록 제 1-276호 홈 페이지 www.samsungbooks.com 삼성출판사
이 책에 실린 글과 그림을 무단으로 복사, 복제, 배포하는 것은 저작권자의 권리를 침해하는 것입니다. © Samseong Publishing Co., Ltd., 2009

똥 눌 때 보는 신문

오늘의 읽을거리

똥 이야기 01
트림보다 방귀 냄새가 지독한 까닭은?

도전! IQ 200 02
일정한 규칙을 찾아라!

나도 마술사
거꾸로 물구나무서는 못

Hello, Ham 03
오늘의 포인트 _ color

오싹 괴담
저주를 내리는 달력

요리조리 쿡 04
색다른 맛! 사과 도넛

상식뭉치

미국의 저드슨이라는 사람은 남달리 뚱뚱해 외출할 때마다 허리를 구부려 구두 끈을 묶는 것이 고역이었다. 간단하게 구두 끈을 묶을 수 있는 방법이 없을까 생각하다가 지금의 지퍼를 발명하게 되었던 것. 불편함이 발명의 원동력이 된 셈이다.

방귀는 정말 지저분한 것일까?

사람이라면 누구나 방귀를 뀐다. 왕자와 공주, 교장 선생님, 대통령까지. 심지어는 동물들도 방귀를 뀐다.
흔히 방귀를 더럽고 지저분한 것이라 생각하지만 알고 보면 장 속의 공기가 몸 밖으로 빠져 나갈 때 나는 소리일 뿐. 음식을 빨리 먹거나 공기가 들어 있는 음식을 먹을 때 몸 속으로 들어간 공기가 장을 통해 항문으로 나오면 방귀가 되고 입으로 나오면 트림이 된다.

그럼 방귀는 왜 고약한 냄새가 나는 것일까? 트림은 음식이 소화되기 전에 위를 통해 다시 올라온 공기인 반면 방귀는 장으로 내려가 똥과 함께 있던 공기이다. 그러니 트림이 음식 냄새를 풍긴다면 방귀는 구린내를 풍기는 수밖에. 더구나 장 속에는 500가지가 넘는 세균들이 살고 있는데 음식의 단백질에 세균이 침입하여 생기는 스카톨과 인돌 때문에 고약한 방귀 냄새가 나는 것이다.

똥눌 때 한자

형 **형**

兄

무릎을 꿇고 앉아 하늘을 향해 입을 벌리고 축문을 읽는 사람을 나타낸 글자로, '형' 이라는 뜻이다.

도전! IQ 200

일정한 규칙을 찾아라!

다음 그림을 자세히 보면 어떤 일정한 규칙이 있다. 빈 칸에 어떤 그림이 들어가야 할까?

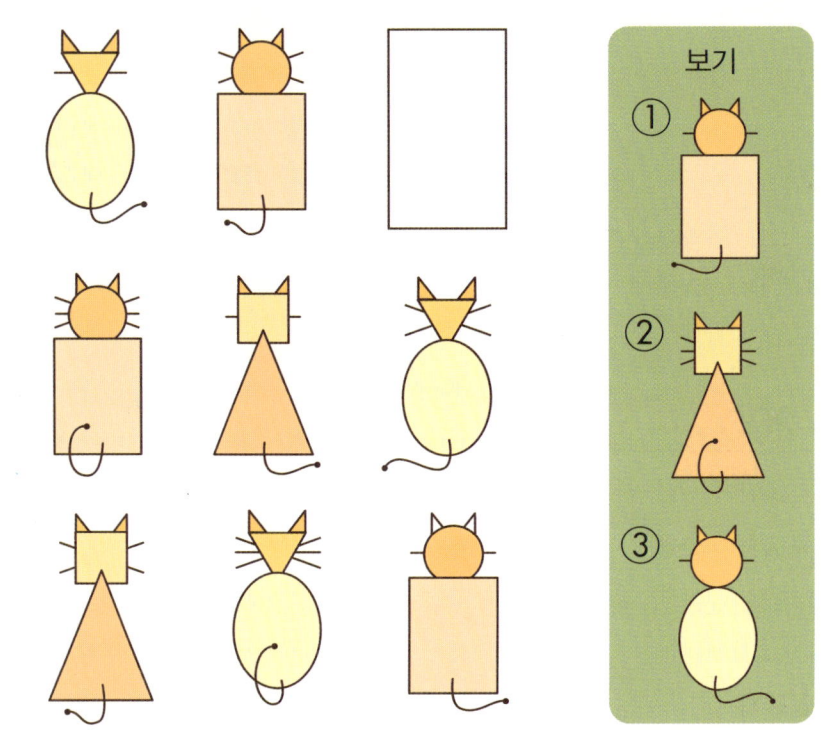

정답 : ②

숨은 그림 찾기

종이배 / 물고기 / 건물 / 컵

나도 마술사

거꾸로 물

준비물 : 음료수 병, 못, 와인병의 코르크 마개, 포크

마술 비법 : 포크가 밑으로 처져 무게 중심이 못 아래에는 못이 전체를 떠받치고 있는 것

보는 신문

- What color is it?
  이건 무슨 색이지?
- It is red.
  빨간색

Point

color
[컬러]
빛깔, 색

무서는 못

1. 코르크 마개 위쪽에 못을 꽂는다.

2. 이번에는 못을 꽂은 코르크 마개 가장자리 부분에 포크를 2개 좌우 대칭으로 꽂는다.

3. 병 꼭대기에 못과 포크를 꽂은 코르크 마개를 올려 놓고 주문을 외운다. 처음에는 못이 까딱거리겠지만 결국 균형을 잡고 서 있을 것이다.

내려가기 때문에 균형을 잡고 서 있는 것이다. 보실 못은 전체에 매달려 있는 것뿐이다.

오싹 괴담

저주를 내리는 달력

동호는 길에서 무료로 나눠주는 달력을 받아 왔다. 벽에 걸기 위해 겉에 쌓인 포장지를 뜯자 달력 겉장에 이상한 광고가 보였다.
〈이 달력을 가지고 계신 분들에게는 무료로 저주 내릴 기회를 드립니다. 단 기회는 6번.〉
그 밑에 써 있는 사용 방법은 아주 간단했다. 저주를 내리고 싶은 날짜에 저주 내릴 사람의 이름을 써 넣기만 하면 되는 것이었다. 동호는 흥미 반 재미 반으로 자신을 가장 괴롭히던 같은 반 친구 대호와 영학이의 이름을 오늘 날짜에 써 넣었다. 다음날 동호는 학교에서 대호와 영학이가 사고로 어젯밤에 죽었다는 소식을 들었다. 우연의 일치일 뿐이라고 애써 마음을 진정시키려 했지만 혹시나 하는 불안함 때문에 동호는 하루 종일 안절부절못했다. 수업이 끝나고 집으로 돌아온 동호는 달력부터 찾았다. 그러나 엄마가 이미 가족들 생일을 표시해 거실 벽에 걸어 둔 뒤였다.
"이럴 수가! 내 생일까지는 열흘밖에 안 남았는데……."

사과 도넛

재료[10개분] : 밀가루 1컵, 베이킹파우더 약간, 소금 약간, 가로세로 2cm로 썬 사과 1개, 물에 불린 건포도 약간, 달걀 1개, 버터 1큰술, 설탕 2큰술, 우유 3큰술, 식용유 적당량, 슈거 파우더 약간

요리조리 쿡

색다른 맛! 사과 도넛

1 밀가루에 베이킹파우더와 소금을 넣은 후 고루 섞어서 고운 체에 2~3번 내리고 달걀은 따로 풀어 둔다.

2 우묵한 그릇에 버터를 담고 설탕을 녹인 다음 체에 내린 밀가루와 달걀, 우유를 넣어 잘 섞는다.

3 ②에 깍둑 썬 사과와 물에 불린 건포도를 넣어 버무린 다음 170℃의 기름에 1순가락씩 넣어 바삭하게 튀겨 낸다.

4 키친타월 위에 기름기가 빠지도록 ③을 올려 두었다가 그릇에 담고 슈거 파우더를 살짝 뿌린다.

Tip : 사과에는 당분과 포도당이 들어 있어 소화 흡수가 잘되며, 장의 운동을 원활하게 해주는 펙틴이 풍부해 장을 튼튼하게 하는 효과가 있다.

글로벌 에티켓

오해가 생길 수 있는 보디 랭귀지

세계 공용어라고도 하는 제스처 즉 보디 랭귀지(body language)는 외국에서 유용할 때가 많다. 그러나 나라마다 약간의 차이가 있어서 자신의 생각과 달리 오해가 생길 수도 있으니 잘 알아 두도록 하자.

고개를 끄덕이는 것은 거의 모든 나라에서 긍정적인 대답을 의미하지만 불가리아와 그리스에서는 부정적인 대답이 되어 버린다니 특히 주의할 것. 또 그리스에서는 "안녕"하며 손바닥을 상대방에게 보이면 모욕적인 표현이 된다고 한다.

또 동양에서 여성들이 여성스러움, 수줍음의 표현으로 손으로 입을 가리는 행동이 서양에서는 '나는 지금 거짓말을 하고 있습니다.' 라는 의미라고.

No.46

펴낸 곳 삼성출판사　주소 서울시 서초구 서초동 1516-2　전화 (02)3470-6916　등록 제 1-276호　홈 페이지 www.samsungbooks.com　삼성출판사
이 책에 실린 글과 그림을 무단으로 복사, 복제, 배포하는 것은 저작권자의 권리를 침해하는 것입니다. ⓒ Samseong Publishing Co., Ltd., 2009

똥눌 때 보는 신문

오늘의 읽을거리

똥 이야기　01
영혼을 씻어 주는 암소의 똥

도전! IQ 200　02
임금님이 내려 주신 땅 나누기

심리 테스트
잠버릇으로 알아보는 나의 성격

Hello, Ham　03
오늘의 포인트 _shape

깜짝 기네스
세계 최고의 곡예사와 가위 손 미용사

역사 속으로　04
조선 시대 국왕의 일기 《일성록》

상식뭉치

남극이나 북극에서는 물이 위험한 무기가 될 수도 있다. 뽀족한 고드름이나 단단한 얼음만 무기가 아니라는 것. 남극이나 북극은 온도가 매우 낮기 때문에 물이 피부에 닿으면 순식간에 얼어 동상에 걸리거나 피부가 갈라지는 상처를 입을 수 있다.

영혼을 씻어 주는 암소의 똥

장례식에 암소의 똥오줌을 사용

어느 나라든지 엄숙하게 마련인 장례식. 그러나 그 나라의 문화와 관습을 이해하지 못한 채 보면 괴상하게 보이는 장례식도 있다.

인도의 봄베이에서는 힌두교도를 화장할 때 다 타고 난 장작의 재에 물을 뿌리고 암소의 똥을 넓게 펴서 한가운데 둔다. 그리고 주위에 암소의 오줌을 빙 둘러 가며 뿌린 다음 그 위에 질경이 잎사귀와 쌀 전병 그리고 꽃을 올려 놓는다.

아프리카 원주민들은 사람의 몸에 깃든다는 악한 정령인 아비쿠가 어린아이의 죽음을 불러온다고 믿는다. 이들은 어린아이가 죽으면 시체를 암소의 똥더미에 던지는데 이는 결코 죽은 사람을 함부로 다루는 것이 아니다. 악한 정령의 손길이 닿은 아이의 영혼을 신성한 암소의 똥으로 씻어 주기 위함인 것. 이런 의식들을 통해 그들은 죽은 사람의 영혼이 깨끗해진다고 믿었던 것이다.

똥눌 때 한자

아우 제

꽁지에 끈을 묶은 '주살'이라는 화살을 그린 모양으로, '차례'라는 뜻에서 '아우'의 뜻으로 확대되어 쓰이고 있다.

도전! IQ 200

임금님이 내려 주신 땅 나누기

충성스런 한 신하가 죽자 안타깝게 여긴 임금님이 그의 아들들에게 땅을 내려 주며 똑같은 모양으로 나눠 가지라고 말했다. 그림과 같이 생긴 땅이었는데, 5명의 아들은 밤을 세워 가며 이리저리 땅을 나누어 보다가 마침내 정확히 5조각으로 나누는 데 성공했다. 5명의 형제는 과연 어떤 방법으로 나누었을까?

PUZZLE

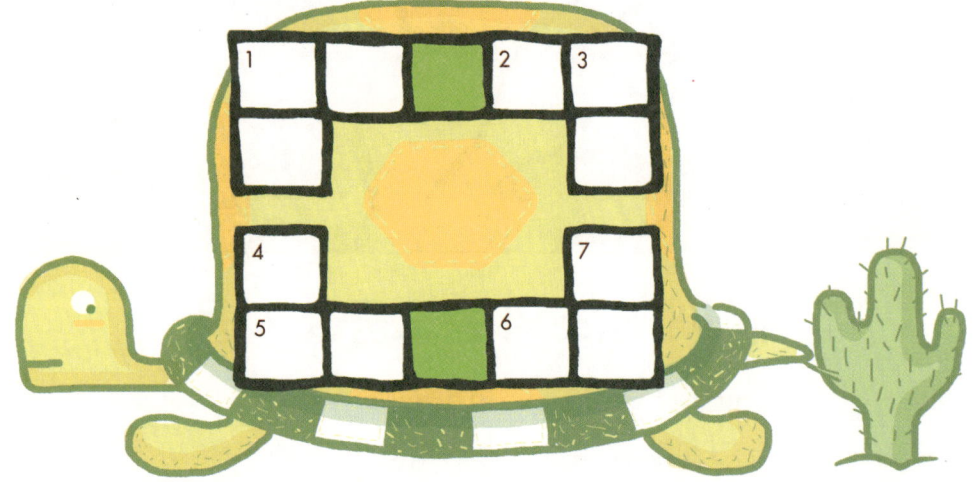

가로 풀이
1 눈에 넣는 약.
2 음료수를 빨아먹을 때 쓰는 가는 대롱.
5 물체가 탈 때 생기는 잿빛 또는 검은 기체.
6 여러 가지 내용을 모아서 편집해 정기적으로 나오는 책. 만화 ○○.

세로 풀이
1 시력이 나쁜 눈을 잘 보이게 하기 위해 쓰는 것.
3 질문에 대해 자기 생각을 말로 표현한 것.
4 산, 바다, 강 등의 모든 것. ○○ 보호.
7 밥의 높임말.

심리 테스트

잠버릇으로 알

아침에 눈을 떴을 때, 잠에서 깬 나의 모습은 어떤 모습에 가까운지 다음의 보기 중에서 골라 보자.

A. 등을 움츠리고 새우잠을 잔다.
B. 베개 밑에 손을 넣고 잔다.
C. 베개를 껴안고 잔다.
D. 엎드려서 잔다.

- What shape is it?
  무슨 모양이니?
- It is triangle.
  삼각형.

Point

shape
[쉐이프]
모양, 형상

는 나의 성격

❄ 작은 일에도 지나치게 신경을 쓰거나 걱정하는 사람으로 신경질이 많은 편이다.

❄ 장래 희망이 크고, 항상 새로운 일을 찾는 등 적극적으로 생활하려는 사람이다.

❄ 주의 깊고 무엇을 해도 신중하며, 주어진 일도 충실히 해 나가는 착실한 성격이다.

❄ 강한 것에 의지하고 싶은 마음이 꽤 큰 편. 실패를 겪고 나면 자신감을 잃어버릴 수도 있다.

깜짝 기네스

세계 최고의 곡예사와 가위 손 미용사

프랑스의 헨리 로체타인은 '줄 위에서 오래 있기' 최고 기록을 세운 사람이다. 그는 한 슈퍼마켓 옥상 25m 상공에 120m 길이의 줄을 설치해 놓고 1973년 3월 28일부터 9월 29일까지 185일 동안 그 위에 있었다. 의사들은 그가 줄 위에서 어떻게 잠을 잤는지에 대해 아직도 놀라워하고 있다.

1997년, 처음으로 여러 개의 가위를 사용하기 시작했다는 이스라엘 디모나에 사는 데니 아베젤. 그는 한 손에 가위 7개를 들고 그것들을 자유자재로 움직이면서 머리카락을 다듬는 가위 손 미용사다. 그는 가위 손이 그 누구도 흉내낼 수 없는 독특한 머리 모양을 만드는 데 최고라고 말한다.

역사 속으로

조선 시대 국왕의 일기 《일성록》

600만 자에 이르는 방대한 기록

'하루를 반성한 기록'이란 뜻의 《일성록》. 정조는 세손 시절부터 매일 일기를 쓰던 습관을 왕이 된 후에도 꾸준히 이어 가 673권이란 어마어마한 양의 일기를 남겼다. 정조는 규장각 신하들에게 자신의 일기를 책으로 내라고 지시하며 일기의 이름을 《일성록》이라 명했다. 이 《일성록》은 정조 5년까지는 왕의 개인 일기였지만 그 이후부터는 규장각 신하들도 매일 쓰게 했다. 그 속에는 그날그날 왕의 행동과 처리한 일들 그리고 그 시대 과학 문화의 발전이 고스란히 담겨 있다. 또한 굶주리는 백성을 구제하기 위해 베풀었던 조선의 정책과 평화적인 외교 관계를 추구했던 조선의 세계관도 담겨 있다. 모든 글에 일일이 제목을 붙이고 필요한 자료들을 첨부해 놓아 자세하면서 보기에도 편한 기록이다.
정조에서 순조에 이르는 150년 동안 쓰여진 왕의 일기가 무려 2327권이나 된다고 하니 어마어마한 양이 아닐 수 없다.

건강이 최고

좋아하는 감정은 자연스러운 것

좋아하는 사람이 생겼다는 것은 참 행복한 일이다. 사람이 사람을 좋아한다는 건 무척 자연스러운 감정이다. 그러나 떳떳하게 자신의 마음을 표현하기까지는 많은 용기가 필요하게 마련.
선뜻 말을 건네기가 어렵다면 자신이 좋아하고 있는 친구 입장에서 생각하고 배려해 주자. 직접 말로 하지 않더라도 그 친구는 당신의 착한 마음을 진심으로 느낄 수 있을 것이다.
지금 당장은 창피한 것 같아도 나중에 후회하는 마음이 들지 않도록 좋아하는 친구와 가까워지기 위해 노력해 보도록 하자.

No. 47

펴낸 곳 삼성출판사　주소 서울시 서초구 서초동 1516-2　전화 (02)3470-6916　등록 제 1-276호　홈 페이지 www.samsungbooks.com　삼성출판사
이 책에 실린 글과 그림을 무단으로 복사, 복제, 배포하는 것은 저작권자의 권리를 침해하는 것입니다. ⓒ Samseong Publishing Co., Ltd., 2009

똥눌 때 보는 신문

오늘의 읽을거리

똥 이야기 01
금파리의 결혼 선물

도전! IQ 200 02
같은 눈사람 찾기

나도 마술사
팔짱의 매듭이 스카프로

Hello, Ham 03
오늘의 포인트 _sing

세상에 이런 일이
안개 속 박치기

궁금한 과학 04
전파를 감지해 별을 관찰하는 전파 망원경

금파리의 결혼 선물

상식뭉치

우리 나라는 옛날에도 냉장고가 있었다. 18세기 무렵에 돌을 쌓아 만든 석빙고에는 겨울에 얼려 두었던 얼음을 여름까지 보관했다. 터널처럼 길며 지붕에 잔디를 심어 태양열을 막았다. 당시 얼음은 매우 귀한 것이어서 왕이 얼음 한 덩이를 내리면 가문의 영광이었다.

자기 똥을 포장해서 선물하는 약은 수컷도 있어

금파리는 짝짓기하는 동안 종종 암컷이 수컷을 잡아먹는다고 한다. 짝짓기가 끝나면 알을 낳아야 하는 암컷은 많은 영양분이 필요하기 때문이다. 이런 암컷을 위해 수컷들은 곤충을 잡아간다. 말하자면 결혼 선물인 셈. 그러나 사실은 잡아간 곤충을 암컷이 먹는 사이 빨리 짝짓기를 끝내고 도망가기 위한 미끼일 뿐이다.

조금 더 진화된 금파리 수컷은 짝짓기하는 시간을 늘리기 위해 투명한 고치에 곤충을 포장해서 가져간다. 그런데 간혹 포장만 커다랗고 안은 텅빈 고치를 가져와 암컷이 선물을 푸는 동안 짝짓기를 마치고 도망치는 얄미운 수컷도 있다. 그래서 금파리 암컷은 고치를 흔들어서 먹이가 들어 있는지 확인한 다음 짝짓기를 허락한다.

하지만 몇몇 약은 수컷들이 가져온 고치는 얼마나 꽁꽁 싸맸는지 짝짓기를 끝낼 때쯤에야 겨우 포장을 다 뜯어 낼 수 있다고 하는데 그 안에는 놀랍게도 수컷의 똥이 들어 있다고.

2

똥눌 때 한자

옛 고

조상으로부터 전해져 오는, 혹은 아주 오래된 것임을 나타내는 글자로, '옛'의 뜻을 가지고 있다.

도전! IQ 200
같은 눈사람 찾기

아래 그려져 있는 5개의 눈사람 중에서 2개의 그림은 같고 나머지 3개의 그림은 다르다. 주의 깊게 살펴보고 같은 그림 2개를 찾아보자.

정답 : ①과 ⑤

숨은 그림 찾기

중절모자 / 부채 / 구두 / 못

나도 마술사
팔짱의 매

준비물 : 큰 스카프

스카프를 책상 위에 놓고 팔짱을 낀 다음 팔의 매듭을 스카프로 옮기는 마술을 보여 주겠다고 말한다.

팔짱을 끼는 스카프로는 스카을 잡는다

마술 비법 : 이 마술은 수학에서 다루는 여러 분야 간단하게 설명하자면 팔의 매듭을 스카

보는 신문

 Let's sing a song.
노래 부르자.

 Do you know this song?
이 노래 알아?

sing
[싱]
노래하다

Let's sing a song.

무슨 노래 부를까?

Do you know this song?
…

응 알아~.

스카프로

르손으로
, 왼손으
2른쪽 끝

스카프 끝을 잡은 채 팔짱을 서서히 푼다. 어느새 팔의 매듭이 스카프로 옮겨져 있을 것이다.

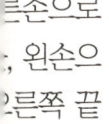
곡선 이동이라는 원리에서 생각해 낸 마술이다.
는 것이다.

세상에 이런 일이

안개 속 박치기

독일의 작은 도시 괴터슬로에서 있었던 일이다. 짙은 안개 속에서 운전하던 두 운전자가 교통사고를 당해 둘 다 중상을 입었다. 그런데 두 사람의 차가 흠집 하나 없이 너무도 말짱해 조사하던 교통 경찰들을 어리둥절하게 했다. 조사 결과, 중앙선조차 잘 보이지 않는 짙은 안개 속에서 운전을 하던 두 운전자는 도로를 살피느라 운전석 창 밖으로 머리를 내놓고 달렸다고 한다. 그러다 역시 맞은 편에서 머리를 내놓고 달려오던 상대방의 머리를 서로 박치기한 것이었다.

전파를 감지해 별을 관찰하는 전파 망원경

궁금한 과학

렌즈 대신 전파 감지 장치 연결

콜럼버스의 아메리카 대륙 발견에서부터 갈릴레이의 천체 관측에 이르기까지 미지의 세계를 찾고 관찰하는 데 이용되었던 망원경. 오늘날에는 더욱 성능 좋고 다양한 종류의 망원경들이 개발되어 과학의 발전에 이바지하고 있다. 그러나 종류가 다양하다고는 해도 모든 망원경은 2개의 렌즈를 사용한다는 공통점을 가지고 있다. 그런데 최근 전파 망원경이 개발되면서 망원경의 역사가 바뀌었다. 전파 망원경의 가장 큰 특징은 렌즈가 없다는 것이다. 빛을 감지하는 일반 망원경과 달리 전파 망원경은 우주에서 발생되는 전파 신호를 감지한다. 때문에 렌즈 대신 전파 감지 장치가 연결되어 있다.

전파 망원경은 우주의 천체들이 발생하는 전파를 감지하는 특성 덕분에 수억 광년 떨어진 천체까지 관찰할 수 있으며 천체의 움직임을 자유롭게 추적할 수 있는 장점을 가지고 있다.

즐겁게 글쓰기

솔직한 글을 쓰자

글을 쓸 때 우리가 흔히 잘못 생각하는 것은 글 속에 대단한 내용이 들어 있어야 한다고 생각하는 것이다.

이러한 생각은 부담을 갖게 해 글 쓰기를 어렵게 만든다. 그래서 좀더 나은 글을 쓰기 위해 억지로 꾸며 쓰기도 한다. 하지만 억지로 쓴 글은 가슴에 와 닿지도 않을 뿐만 아니라 어딘가 어색한 느낌을 준다.

좋은 글을 쓰고 싶다면 자신의 경험에서 우러나온 것을 솔직하게 쓰도록 하자.

솔직한 글은 조금 서툴더라도 자연스럽고 읽는 사람으로 하여금 공감할 수 있게 한다. 쓰는 사람 역시 억지로 꾸며서 쓰지 않아도 되기 때문에 글을 쓰기가 훨씬 쉽고 글 쓰는 재미도 느낄 수 있을 것이다.

No.48

펴낸 곳 삼성출판사 주소 서울시 서초구 서초동 1516-2 전화 (02)3470-6916 등록 제 1-276호 홈 페이지 www.samsungbooks.com
이 책에 실린 글과 그림을 무단으로 복사, 복제, 배포하는 것은 저작권자의 권리를 침해하는 것입니다. © Samseong Publishing Co., Ltd., 2009   삼성출판사

 똥눌 때 보는 신문

오늘의 읽을거리

똥 이야기 01

방귀가 무기인 폭탄먼지벌레

도전! IQ 200 02
원숭이가 왜 도둑일까?

심리 테스트
친구와 나의 우정은 어느 정도일까?

Hello, Ham 03
오늘의 포인트 _say

생각하는 동화
자신의 혀를 조심하라

문화 답사 04

세계 문화 유산으로 지정된 불국사와 석굴암

상식뭉치

생쥐는 휘파람 소리로 위험을 알리는 등 대화를 나눈다. 생쥐에게도 언어가 있는 것. 물론 사람이 생쥐의 휘파람 소리를 들었다는 기록은 없다. 왜냐 하면 사람의 귀는 너무 높거나 너무 낮은 소리는 들을 수 없는데 생쥐의 휘파람 소리는 너무 높기 때문이라고.

방귀가 무기인 폭탄먼지벌레

폭탄 터지는 소리와 함께 지독한 냄새 내뿜어

작은 벌레들도 나름대로 자신을 보호하는 방법을 가지고 있다. 그 가운데 정말 특이하게도 엄청난 방귀를 무기로 가진 벌레가 있어서 흥미롭다.
축축한 땅의 돌 밑에서 발견되며 위험을 느끼면 '쾅' 하는 폭발음과 함께 똥구멍에서 강력한 방귀를 뿜어내고 도망가는 이 벌레의 이름은 폭탄먼지벌레! 이름과 행동이 정말 잘 어울린다.

폭탄먼지벌레는 공격을 받으면 안에서 화학 물질을 가열하여 순식간에 폭탄 방귀를 뀌는데 실제 이 방귀를 맞으면 피부에 화상을 입어 물집이 생길 정도라고 한다.
공격하던 적이 커다란 소리에 놀라 도망칠 만큼 엄청난 소리를 자랑하는 폭탄먼지벌레의 방귀는 냄새까지 지독해서 웬만한 동물은 모두 줄행랑을 치게 된다고. 이만 하면 작은 벌레라고 무시할 수 없을 것이다.

2

똥눌 때 한자

이제 **금**

많은 시간이 흘러 오늘날에 이르렀음을 나타낸 모양으로, '이제'를 뜻한다.

도전! IQ 200

원숭이가 왜 도둑일까?

어느 부인이 값 비싼 보석을 도둑맞았다. 부인은 출동한 탐정에게 집안 사람 가운데 한 사람인 것 같다고 귀띔을 했다. 부인의 집에는 가정부와 정원사, 원숭이가 있었다. 탐정은 보석이 있었다는 화장대에서 도둑의 것으로 보이는 지문을 채취했다. 집안 사람들과 지문을 비교하던 탐정은 뜻밖에도 부인이 기르고 있던 원숭이를 도둑으로 지목했다. 왜일까?

정답 : 지문은 사람만 갖고 있는 것이 아니다. 원숭이도 지문이 있는데, 원숭이의 지문과 일치했기 때문.

🐵 PUZZLE

가로 풀이
2 소설이나 영화의 내용을 대표하기 위해 붙인 이름.
3 목구멍에 자극이 생겨 급하게 터져 나오는 숨소리.
4 잘못에 대해 용서를 비는 것.
6 농사가 잘된 해.

세로 풀이
1 답을 필요로 하는 물음.
3 활동하거나 일을 하는 데 필요한 힘.
5 포도, 배, 귤 따위를 이르는 말.
7 나이가 어린 사내아이. ○○과 소녀.

퍼즐 정답 : (가로) 2-제목, 3-기침, 4-사과, 6-풍년 (세로) 1-문제, 3-기운, 5-과일, 7-소년

심리 테스트

친구와 나의 우

친구의 생일 선물로 티셔츠 1벌을 선물하려 한다. 친구는 어떤 색의 티셔츠를 마음에 들어 할까?

A. 보라색

B. 흰색 C. 노란색

- What dose a duck say?
  오리는 어떻게 울지?
- What dose a rabbit say?
  토끼는 어떻게 울지?

Point

say
[세이]
말하다

어느 정도일까?

친구와의 우정이 오래도록 변하지 않을 것임을 암시하는 색. 멀리 떨어져 있어서 한참 동안 보지 못한다 하더라도 나와 친구와의 우정은 좀처럼 변하지 않을 것이다.

흰색은 서로에게 비밀이 있음을 나타낸다. 혹시 그 친구에게 무엇인가를 숨기고 있어 터놓고 마음을 열지 못하고 있다면 전화를 걸어 보자.

노란색은 친구가 당신에게 도움을 주고 있고 나는 그 친구에게 의지하고 있음을 암시한다. 좋은 우정을 유지하고 싶다면 그 친구에게 작은 선물이라도 해 보자.

생각하는 동화

자신의 혀를 조심하라

시장에서 한 상인이 소리쳤습니다.
"인생을 지혜롭게 사는 법을 팝니다. 필요한 분은 오십시오."
지나가던 사람이 고개를 갸웃거렸습니다.
"별소리를 다 듣겠군. 인생을 지혜롭게 사는 법을 판다니……."
"대체 무슨 이야기인지 가서 들어나 봅시다."
이렇게 해서 많은 사람들이 모여들었습니다. 거기에는 그 마을의 랍비도 끼어 있었습니다.
"어서 그것을 보여 주시오."
사람들이 재촉하자, 상인이 말했습니다.
"참다운 인생을 사는 방법은 간단합니다. 그것은 자신의 혀를 조심하는 것입니다."
상인의 말에 사람들은 서로의 얼굴을 바라보았습니다. 그 때 랍비가 고개를 끄덕이며 말했습니다.
"과연 맞는 말이오."

4

세계 문화 유산으로 지정된 불국사와 석굴암

문화 답사

통일 신라 시대의 대표적 문화재

불국사는 석굴암과 함께 통일 신라 전성기의 문화를 대표하는 우리의 자랑거리다.

불국사와 석굴암은 1440년 전 신라 법흥왕 22년에 법흥왕의 어머니 뜻에 따라 나라의 안정과 백성의 평안을 빌기 위하여 세웠다. 그리고 그 후 신라 경덕왕(재위 742~765) 때 재상 김대성이 다시 지어 오늘날과 같은 큰 절로 완성되었다.

불국사의 다보탑과 석가탑은 연못에 빠져 죽은 아사녀와 아사달의 슬픈 전설을 간직한 채 하나는 화려한 모습으로 또 하나는 소박한 모습으로 동쪽과 서쪽에 서 있다.

신라 최고의 걸작품이자 동양 3대 예술품의 하나로 꼽히는 석굴암. 토함산 중턱에 자리한 석굴암은 동해의 짠 바닷바람과 돌에 스며드는 습기를 막아 주는 통풍 구조 등 당시의 놀라운 과학 수준을 보여 주는 문화재다.

경주 고속버스 터미널 앞에서 불국사행 시내버스가 10분 간격으로 운행된다.

왕따 탈출

나만 옳은 건 아니에요

학급 회의 시간, 소풍 장소에 대해서 의논하고 있다고 치자. 저마다 좋은 장소를 한군데씩 얘기하고 있는데, 친구들의 말은 들으려고도 하지 않고 유독 자기 의견만을 큰 소리로 주장하는 아이가 있다면? 이런 아이들은 친구들과 같이 놀 때도 자기가 하고 싶은 놀이만 하자고 우기기 일쑤다. 이렇게 늘 다른 친구들의 생각을 무시하고 자기 의견만 내세우는 친구와는 말도 하기 싫을뿐더러 같이 어울려 노는 것도 쉽지 않은 일이다.

혹시 나는 그런 친구가 아니었나 한번 생각해 보고 반성하는 시간을 갖도록 하자. 정당한 이유 없이 자기 생각만 고집할 것이 아니라 친구의 생각을 받아들일 줄 알아야 친구 관계가 오래간다는 것을 잊지 말자.

No.49

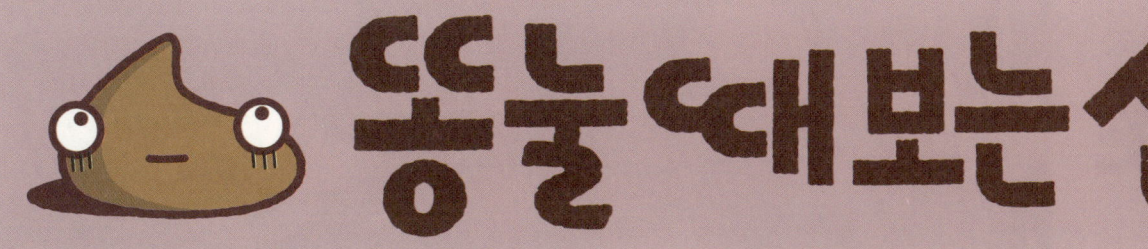

펴낸 곳 삼성출판사　주소 서울시 서초구 서초동 1516-2　전화 (02)3470-6916　등록 제 1-276호　홈 페이지 www.samsungbooks.com　삼성출판사
이 책에 실린 글과 그림을 무단으로 복사, 복제, 배포하는 것은 저작권자의 권리를 침해하는 것입니다. © Samseong Publishing Co., Ltd., 2009

오늘의 읽을거리

똥 이야기　01

달콤한 꿀물을 배설하는 진딧물

Game　02-03

Sweet Castle _ 주사위 게임을 하면서 동사를 익혀 보자

신나는 스포츠　04

물의 저항을 이용해 지구력을 기르는 수영

상식뭉치

아이를 가르칠 때 사람처럼 매를 드는 동물이 있다. 엄마 코끼리는 아기 코끼리가 말을 듣지 않으면 코로 등을 찰싹 때리기도 하고 때로는 작은나무를 통째로 뽑아 매를 들기도 한다. 그러나 평소에는 코로 물을 뿜어 목욕을 시켜 주는 상냥한 엄마라고.

달콤한 꿀물을 배설하는 진딧물

식물의 즙을 먹고 당분을 배설해

꿀을 찾아 부지런히 꽃 위를 날아다니는 꿀벌, 꿀벌이 모아 놓은 꿀을 벌떼들에게 쏘여 가면서까지 먹어 대는 곰, 아예 계획적으로 꿀벌들을 기르면서 모아 놓은 꿀을 가져가는 인간 등 지구에 사는 거의 모든 동물은 단맛을 좋아한다.
개미라고 예외일 리는 없다. 특이한 것은 개미가 꿀물을 얻는 장소다. 개미는 진딧물의 똥구멍에서 나오는 꿀물을 받아먹는다.

개미가 더듬이로 진딧물을 건드리면 진딧물은 똥구멍으로 꿀물을 싸고 개미는 그 꿀물을 맛있게 받아먹는 것이다. 식물의 즙을 빨아먹고 사는 진딧물은 필요 이상을 먹으면 즙을 몸 밖으로 내보내는데 이 즙이 바로 꿀물.
개미는 진딧물이 가장 두려워하는 무당벌레의 침입으로부터 진딧물을 보호해주고 그 대가로 이 꿀물을 받는다. 일을 하고 받는 월급인 셈이다.

2

준비물 주사위, 게임 말
게임 방법 2~4명이 함께 할 수 있다.

1. 게임 말을 각자 정하고, START에 올려 놓는다.

2. 가위바위보를 해서 이긴 사람이 먼저 주사위를 던진다.

3. 주사위에 나온 수만큼 게임 말을 앞으로 옮긴다.

4. 도착한 위치에 말풍선이 있으면 그대로 행동하고, 지시가 있으면 지시대로 게임 말을 옮기며 영어 동사를 익힌다.

5. END에 먼저 도착하는 사람이 이긴다.

Hop after the frog!
개구리를 따라 깡충 뛰어넘으세요!

Go down the road!
길을 따라 내려가세요!

START

Kiss your partner!
짝꿍에게 뽀뽀하세요!
Kiss

Jump

Jump high!
높이 뛰세요!

물의 저항을 이용해 지구력을 기르는 수영

신나는 스포츠

물에 빠져 죽지 않기 위해 시작되다

동서양을 막론하고 수영의 역사는 매우 오래되었다. 리비아 사막의 동굴에서 기원전 9000년 무렵의 것으로 보이는 그림이 발견되었는데, 헤엄치는 모습이 묘사되어 있다. 처음에 사람들은 물에 빠져 죽지 않으려고 수영을 시작했고, 거기서 조금 나아가 물고기를 잡아먹기 위한 수단으로 수영을 했다고 한다. 그러나 사람들이 의도적으로 수영을 연습하게 된 것은 군사 목적 때문이었다. 실제로 고대 사회에 수중 전투가 있었다는 기록이 발견된 바 있다.

오늘날에는 건강을 위해 수영을 한다. 수영은 물의 저항을 이용해 지구력을 기르는 운동으로 지상에서 하는 운동보다 열량 소비가 많아 짧은 시간에 보다 큰 운동 효과를 얻을 수 있다. 또 신체의 모든 근육을 사용하기 때문에 몸을 유연하게 해 준다는 장점도 있다.

수영은 물속에서 움직이는 재미가 더해져 신나게 할 수 있는 운동이다.

환경 이야기

산을 지키자

혹시 산으로 소풍을 가거나 단풍놀이를 갈 때마다 먹던 과자 봉지, 씹던 껌, 마시던 음료수를 무심코 산에 버리지는 않았는지? 또 예쁘다고 잠깐 지니고 있다 버리고 말 꽃을 꺾지는 않았는지, 나뭇가지를 꺾어 장난을 치지는 않았는지 생각해 보자.

산은 우리가 태어나기 전부터 그 자리에 있어 얼마나 소중한 것인지 모르기가 쉽다. 그러나 산 하나가 만들어지기까지 걸리는 시간은 상상할 수 없을 만큼 길다. 산에 1m의 흙이 쌓이는 데는 무려 1000년이 넘게 걸린다. 그뿐 아니라 그 산에 낙엽이 쌓이고 썩어서 식물이 자랄 수 있는 건강한 땅이 되는 데는 150년을 더 기다려야 한다.

No.50

똥눌 때 보는 신문

펴낸 곳 삼성출판사 주소 서울시 서초구 서초동 1516-2 전화 (02)3470-6916 등록 제 1-276호 홈 페이지 www.samsungbooks.com 삼성출판사
이 책에 실린 글과 그림을 무단으로 복사, 복제, 배포하는 것은 저작권자의 권리를 침해하는 것입니다. ⓒ Samseong Publishing Co., Ltd., 2009

오늘의 읽을거리

똥 이야기 01
지독한 방귀로 한 방에 케이오!

도전! IQ 200 02
푸른 눈의 탈옥수는 어디로?

나도 마술사
나는야 천하장사

Hello, Ham 03
오늘의 포인트 _ birthday

깔깔 유머
똥 예쁘게 싸기 대회

애완동물 키우기 04
커다란 귀를 가진 사랑스런 토끼

상식뭉치

해충의 대명사 바퀴벌레. 해마다 강력한 살충제가 나오고 있지만 바퀴벌레에게 더욱 강한 면역력만 키워 줄 뿐이다. 그러나 바퀴벌레를 없애는 해답은 의외로 가까운 곳에 있으니, 바로 붕산이다. 붕산은 바퀴벌레의 껍질에 있는 왁스층을 녹여 체내의 수분을 없애 말라 죽게 만든다.

지독한 방귀로 한 방에 케이오!

지독한 냄새가 1년이 넘도록 사라지지 않아

덩치 큰 동물들의 공격에 대비해 작은 동물들도 나름대로 방어용 무기를 갖추고 있다. 게 중에는 지저분한 무기들도 있는데 스컹크의 무기가 가장 대표적이다. 다름 아닌 지독한 방귀 냄새.
스컹크의 방귀 냄새는 어찌나 독한지 1.6km 밖에서까지 맡을 수 있으며 1년이 넘도록 사라지지 않는다. 게다가 코의 냄새 맡는 기능이 고장날 뿐만 아니라 너무 역겨워서 토하게 된다. 눈에 맞기라도 하는 날이면 일시적으로 눈이 보이지 않게 된다고. 악취를 풍기는 스컹크의 방귀 냄새는 세상에서 가장 지독한 냄새로 손꼽히는 물질이다.
스컹크의 방귀는 정원을 파헤치는 달갑지 않은 고양이와 개를 퇴치하는 스프레이로 활용되기도 한다. 뉴질랜드의 과학자들이 발명한 이 스프레이는 아주 조금만 뿌려 놓아도 개나 고양이가 얼씬조차 하지 않는다고.

똥 눌 때 한자

쉴 휴

나무 그늘 아래에 앉아 있는 사람의 모습을 나타낸 글자로, '쉬다', '그만두다' 등의 뜻으로 쓰인다.

도전! IQ 200

푸른 눈의 탈옥수는 어디로?

5일간의 끈질긴 추적 끝에 수사관들은 드디어 감옥을 탈출한 푸른 눈의 탈옥수를 막다른 곳까지 몰아넣었다. 바로 그들이 감시하고 있던 레스토랑으로 탈옥수가 들어간 것이다. 그러나 수사관들이 레스토랑 안으로 들어갔을 때 푸른 눈의 탈옥수는 어디에도 없었다. 분명 탈옥수가 레스토랑 안으로 들어가는 모습을 본 사람이 있고, 아무도 나간 사람은 없었다. 그렇다면 이 푸른 눈의 탈옥수는 과연 어디로 사라진 것일까?

숨은 그림 찾기

사과 / 붓 / 숟가락 / 새 / 양말

나도 마술사

나는이

준비물 : 2m 정도의 끈

마술 비법 : 이 마술은 바로 도르래의 원리를 이용한 수 있는 것처럼 손가락 끝으로 잡고 있

보는 신문

 Today is my birthday.
오늘은 나의 생일이다.

 I was very happy.
나는 무척 행복했다.

birthday
[벌스데이]
생일, 창립일

Today is my birthday.

나는 친구들을 생일 잔치에 초대했다.

친구들은 생일 축하 노래를 불러 주었다.

I was very happy.

하장사

★ 마술을 지켜보고 있는 친구 가운데 힘이 제일 센 친구를 나오게 해 양 팔꿈치를 구부리게 한 뒤 준비해 둔 끈으로 양팔을 2번 감는다.

★ 끈을 감고 난 후 묶인 친구에게 끈을 양쪽으로 잡아당기게 한다. 물론 끈은 금방 풀어진다.

★ 다시 한 번 양팔을 끈으로 감은 다음 이번에는 끈의 한쪽 끝을 손가락으로 잡는다. 주문을 외우고 나서 친구에게 풀어 보게 한다. 그러나 끈은 풀어지지 않을 것이다.

도르래를 이용하면 적은 힘으로 무거운 물건을 들 수 있는 것과도 같은 힘을 발휘할 수 있는 것이다.

깔깔 유머

똥 예쁘게 싸기 대회

똥 마을에서 똥 예쁘게 싸기 대회가 열렸다. 기절할 만큼 냄새가 진동하는 가운데 순위가 발표됐다. 똥눌 때 보는 신문사에서 나온 기자가 1, 2, 3등을 한 사람들과 인터뷰를 했다. 3등은 에펠탑 모양의 똥을 눈 사람, 2등은 줄줄이 소시지 모양의 똥을 눈 사람에게 돌아갔다. 먼저 기자가 3등 한 사람에게 소감을 묻자 그는 못내 아쉬워했다. 기자는 2등에게 어떻게 이런 모양을 낼 수 있었는지 물었다. 그러자 그가 머리를 긁적이며 말했다.
"하하하, 별거 아닙니다. 그냥 힘을 주었다 뺐다 하면 됩니다."
기자는 마지막으로 영예의 1등에게 다가갔다.
1등은 별 모양의 똥을 눈 사람에게 돌아갔다.
"이야~! 이건 정말 예술이군요. 그야말로 굉장하십니다. 어떻게 이런 모양을……?"
"간단합니다! 똥구멍에 마요네즈 뚜껑만 끼우면 됩니다."

4

애완동물 키우기

겁이 많아 놀라게 하는 것은 금물

커다란 귀와 동그란 눈, 푸근하고 부드러운 털을 가진 토끼. 사랑스런 외모만큼 성격도 온순해서 사람과 쉽게 친해진다. 그러나 연약한 외모와는 달리 외로움을 잘 타지 않는 강한 면도 있다. 하지만 겁이 많아 깜짝 놀라게 하거나 큰소리를 내면 스트레스를 받아 병이 나기도 한다.

토끼는 마른 풀, 채소, 과일, 토끼용 사료 등을 먹는다. 그러나 생후 3개월이 안 된 토끼에게 채소나 과일을 주어서는 안 된다. 또 같은 채소라도 자극이 강한 양파, 파, 고추, 마늘 등은 먹이지 않도록 한다.

토끼는 자신의 똥을 먹는 습관이 있는데 이 똥 속에는 흡수되지 않은 영양분이 남아 있다. 더럽다고 똥 먹는 것을 막으면 빈혈이나 영양 실조로 죽을 수도 있다.

토끼는 귀에 혈관이 많이 몰려 있어 무척 민감하다. 따라서 토끼의 귀를 잡으면 굉장한 고통을 느끼므로 절대 하지 말아야 할 행동이다.

닮고 싶은 인물

바이러스 치료사 안철수

안철수는 의과 대학에 다니던 시절에 컴퓨터를 구입했다. 처음에는 여느 사람들처럼 컴퓨터 오락에 빠져 집에서나 학교에서나 오락을 하느라 밤잠을 설치기도 했다.

어느 날 컴퓨터 바이러스가 그의 컴퓨터에 침투해 시스템이 엉망이 되자 그는 그동안 공부해 둔 컴퓨터 언어를 기본으로 바이러스 퇴치 프로그램을 만들었다. 그렇게 그는 새로운 바이러스가 출현할 때마다 백신 프로그램을 탄생시켰고 컴퓨터를 이용하는 사람들에게 그 백신을 무료로 제공했다.

또 벤처 사업에 뛰어들어 어려움을 겪던 초창기 무렵, 외국 보안 업체에서 거액을 주고 연구소를 인수하겠다는 제의를 단칼에 거절하기도 했다.

현재 그는 안철수 컴퓨터 바이러스 연구소 대표직을 사임하고 한국 과학 기술원 교수로 일하고 있다.

No.51

똥눌 때 보는 신문

펴낸 곳 삼성출판사 주소 서울시 서초구 서초동 1516-2 전화 (02)3470-6916 등록 제 1-276호 홈 페이지 www.samsungbooks.com 삼성출판사
이 책에 실린 글과 그림을 무단으로 복사, 복제, 배포하는 것은 저작권자의 권리를 침해하는 것입니다. ⓒ Samseong Publishing Co., Ltd., 2009

오늘의 읽을거리

똥 이야기 01
'똥'이라는 이름은 어떻게 지어졌을까?

도전! IQ 200 02
3층 창문에 쇠창살을 설치한 이유는?

심리 테스트
약속 시간에 늦었을 때 어떻게 할까?

Hello, Ham 03
오늘의 포인트 _hold

오싹 괴담
민짜 얼굴

알기 쉬운 경제 04
새만금 간척 사업의 경제적 가치

상식뭉치

물이 귀한 사막에 사는 낙타는 몸 안의 수분을 보존하기 위해 땀을 덜 흘리도록 주변 온도에 맞춰 34~42℃까지 체온을 변화시킨다. 또 몸의 여러 부분에서 수분을 흡수해 보충하기도 한다. 사막에서 오아시스를 만나기라도 하면 10분만에 90~100L의 물을 마신다고 한다.

'똥'이라는 이름은 어떻게 지어졌을까?

조선 시대 기록에도 나오는 순 우리말

똥을 한자로 쓰면 분(糞)이고, 일본어로 표현하면 시(屎)다. 두 글자 다 쌀 미(米)자를 쓰고 있다. 분(糞)은 쌀의 상태가 변화되었다는 뜻이며, 시(屎)는 쌀이 썩었다는 뜻. 쌀을 주식으로 삼는 동양에서 똥은 당연히 쌀이 소화되고 남은 찌꺼기이기 때문이다.

그러면 '똥'이라는 이름은 누가 지은 것일까? '똥'이라는 이름이 지어진 데는 몇 가지 설이 있는데 한 가지는 영어의 덩(dung)에서 따왔다는 것이다. 그러나 우리 나라가 영어를 알기 훨씬 이전부터 '똥'이라는 말이 쓰였기 때문에 이 설은 사실일 가능성이 적다.

다른 한 가지는 시골의 재래식 변소에서 볼일을 볼 때 똥이 아래로 떨어지며 똥물이 튀는 소리에서 나왔다는 설이다. 조선 시대의 기록에도 '똥'이라는 표현이 있는 것으로 보아 똥은 순수 우리말인 것이 확실하므로 이 설이 사실일 가능성이 높다.

똥눌 때 한자

빌 공 (空)

땅 속으로 파 내려간 땅굴을 나타낸 글자로, 굴 속이 텅 비어 있어 '비다' 또는 '없다' 의 뜻이 되었다.

도전! IQ 200
3층 창문에 쇠창살을 설치한 이유는?

한 부자가 1년 내내 눈이 많이 내리는 산간 지대에 별장을 지어 놓았다. 그런데 이상하게도 이 별장의 주인은 도둑을 막기 위해 3층 창문에만 쇠창살을 설치해 놓았다. 그림과 같이 이 별장 아래에는 바로 절벽이 있고, 주변에는 큰 나무도 없어 3층으로 바로 들어갈 방법은 아무리 봐도 없어 보인다. 그렇다면 이 별장 주인은 무슨 생각에서 3층 창문에만 쇠창살을 설치해 놓은 것일까?

정답 : 눈이 많이 내리면 쌓인 눈 때문에 3층이 통로같이 되기 때문이다.

PUZZLE

가로 풀이
1 추위나 공포감을 느낄 때 살갗에 돋아나는 좁쌀 같은 것.
2 사람이나 가축에 기생하여 해를 일으키는 생물. 회충, 십이지장충, 촌충 등.
5 돌로 쌓은 담.

세로 풀이
1 김밥 싸서 자연 관찰 겸 바람을 쐬러 나가는 일.
2 물보다 가볍고 미끈미끈한 액체. 참○○.
3 어떤 사건 혹은 현상이 생겨나거나 나타나는 것.
4 어떤 물체가 다른 물체에 센 힘으로 부딪치는 것.
6 어떤 일을 책임지고 맡는 것. ○○ 의사.

퍼즐 정답 : (가로) 1-소름, 2-기생충, 5-돌담 (세로) 1-소풍, 2-기름, 3-발생, 4-충돌, 6-담당

심리 테스트
약속 시간에 늦

아침 일찍 약속이 있는데 늦잠을 잤다. 친구한테 연락은 안 되고, 바로 뛰어가면 갈 수는 있을 정도의 시간이다. 어떻게 할까?

A. 택시를 타고 간다.
B. 변명을 궁리한
C. 약속을 포기하고 계속 누워서 친구의 전화를 기다린다.

보는 신문

- She was holding a cat.
  디비는 고양이를 안고 있었다.
- We played with the cat.
  우리는 고양이와 놀았다.

Point

hold
[호울드]
안고(잡고) 있다

오늘 디비가 우리 집에 왔다.

She was holding a cat.

We played with the cat.

고양이는 참 예뻤다.

때 어떻게 할까?

🌼 빈틈이 없어 보이는 이미지 때문에 다른 사람들에게 신뢰를 받는 성격. 실제로 뭐든 철저하게 처리를 해야 직성이 풀리고, 무슨 일이든 빈틈이 없어야 마음이 놓이는 완벽주의자다.

🌼 사소한 일에 지나치게 집착하는 소심한 사람. 남의 눈을 너무 의식하기 때문에 자기가 하고 싶은 대로 하지 못하고, 다른 사람에게 쉽게 마음을 열지 못한다.

🌼 무슨 일에도 까딱없을 것처럼 보이지만 실제로는 상처 받는 것을 두려워하는 성격. 친하지 않은 사람이 그 사실을 모르고 쉽게 던진 말에 상처를 받게 된다.

오싹 괴담
민짜 얼굴

철수는 학교 수업을 마치고 집으로 가기 위해 버스를 기다렸다. 버스에 탄 철수는 자기 눈을 의심해야만 했다. 버스 안에 있는 사람들 얼굴에 눈, 코, 입이 하나도 없었기 때문이었다. 철수는 머리끝부터 발끝까지 소름이 돋았다. 철수는 너무나도 무서워 아저씨에게 내리게 차를 세워 달라고 발버둥을 쳤다. 운전사 아저씨가 버럭 화를 내며 고개를 돌리는 순간 철수는 숨이 멎는 줄 알았다. 아저씨 역시 눈, 코, 입이 없었던 것이다. 모두 밋밋한 얼굴들뿐이었다. 철수는 견딜 수가 없어 세워 달라고 막무가내로 소리쳐 겨우 도중에 내렸다. 철수는 자신이 잘못 본 거라 생각하며 애써 잊으려 했다. 철수는 안도의 한숨을 내쉬며 집으로 가는 다른 버스로 갈아탔다. 그런데 이번에는 그 버스에 타고 있던 사람들이 철수를 피하는 게 아닌가. 그 때 엄마 손을 붙잡고 있던 한 꼬마가 철수를 가리키며 말했다.
"엄마, 저 형은 왜 눈, 코, 입이 없어?"

알기 쉬운 경제

새만금 간척 사업의 경제적 가치

돈으로 따질 수 없는 갯벌의 가치

할까 말까, 말도 많았던 새만금 간척 사업이 결국 2020년까지 마무리짓는 것으로 결정났다. 새만금 간척 사업이란 전라북도 군산에서 부안까지의 바다를 둑으로 연결해 국토를 넓히는 사업을 말한다. 이 사업을 계속하겠다는 쪽은 입장이 분명하다. 땅이 넓어지고 그 땅에 농사도 지을 수 있으니 일석이조라는 것.

그러나 우리나라 서해안은 밀물과 썰물의 차이가 커 갯벌이 많다. 영양분이 풍부한 갯벌에는 갯지렁이, 낙지, 조개류 등과 이것들을 잡아먹으려는 물새, 철새 떼가 몰려든다. 또 갯벌은 강에서 흘러온 공장의 폐수나 생활 폐수 등을 깨끗이 치워 주는 일을 한다. 바다의 청소부인 셈이다.

새만금 갯벌의 경제적 가치를 따져 보면 수산물을 얻을 수 있는 가치가 744억 원, 물을 깨끗하게 청소해주는 기능이 481억 원, 물새와 철새 등을 살 수 있게 해 주는 역할에 대한 가치가 1038억 원에 이른다고 한다. 물론 당장의 이익으로만 따지자면 간척지를 만드는 것이 나을지도 모른다. 그러나 갯벌 속에는 돈으로 따질 수 없는 경제적 가치가 있다.

별자리 이야기

사자자리 이야기(7.23~8.22)

네메아에 있는 황금 사자는 하늘에서 떨어진 별똥별이 변한 것이라고 한다. 이 황금 사자는 성격이 사납고 그 가죽은 칼이나 창으로도 뚫을 수 없이 강력하여 이길 자가 없었다. 황금 사자는 네메아에 살면서 주민들을 계속 괴롭혔다. 그러나 결국에는 영웅 헤라클레스의 손에 죽음을 맞이했다. 아들의 승리를 자랑스러워한 제우스는 헤라클레스의 승리를 기념하여 네메아의 사자를 하늘의 별자리로 만들었다.

사자자리에 태어난 사람은 분명한 성격을 가지고 있으며 적극적이고 명랑하다.

No.52

펴낸 곳 삼성출판사 주소 서울시 서초구 서초동 1516-2 전화 (02)3470-6916 등록 제 1-276호 홈 페이지 www.samsungbooks.com
이 책에 실린 글과 그림을 무단으로 복사, 복제, 배포하는 것은 저작권자의 권리를 침해하는 것입니다.
© Samseong Publishing Co., Ltd., 2009   삼성출판사

똥눌때보는신문

오늘의 읽을거리

똥 이야기 01
똥 보기를 황금 같이 하라!

도전! IQ 200 02
두부 똑같이 나눠 먹기
나도 마술사
똑바로 찢어지는 신문

Hello, Ham 03
오늘의 포인트 _ went
깜짝 기네스
가장 비싼 바비 인형

요리조리 쿡 04
영양덩어리 스콘

상식뭉치

고래는 인간처럼 허파 호흡을 하지만 육지에 나오면 죽고 만다. 원인은 15t에 이르는 몸무게 때문. 바다에서는 부력 덕분에 무게를 견딜 수 있지만 육지에서는 15t의 무게가 고스란히 허파를 짓눌러서 숨을 쉬기 어려워져 질식사 하는 것이다.

똥 보기를 황금 같이 하라!

돈 주고 똥을 사고 팔던 시절이 있었으니

지금은 똥을 더럽고 하찮은 것으로 여기지만 얼마 전까지만 해도 똥은 무척 귀한 것이었다. 농민에게 똥은 한 해 농사의 풍년을 가져오는 황금과도 같은 것이었다. 사람 똥, 소똥, 돼지똥, 닭똥, 개똥 가릴 것 없이 쓰이는 곳에 알맞게 퇴비를 만들어 논밭에 뿌렸다.
가족들이 눈 똥을 똥장군에 실어서 논밭에 뿌리고, 그렇게 논밭에서 자란 먹거리를 먹고, 그 먹거리를 먹고 눈 똥을 다시 논밭에 뿌리는 자연의 이치에 충실했던 것이다.
그래서 1960년대까지만 해도 농민들은 돈을 내고 똥오줌을 사 갔다. 똥을 물건처럼 돈을 주고 사고 팔았던 것.
1900년대 초, 수원에서는 똥 상등품 1섬에 30전, 중등품은 20전, 하등품은 10전에 거래 되었다고 한다. 또 당시에는 밤중에 다른 사람들이 똥을 몰래 퍼 갈까 봐 야밤에 감시까지 했다고 한다.

똥눌 때 한자

기운 **기**

밥을 지을 때 피어오르는 증기를 나타낸 글자로, '남에게 음식을 대접하다.' 란 뜻에서 점차 '기운' 의 뜻으로 쓰이고 있다.

도전! IQ 200
두부 똑같이 나눠 먹기

할머니가 시골에서 올라오면서 직접 만든 두부 1모를 가지고 오셨다. 이것을 3번만 잘라 8명의 식구에게 골고루 1조각씩 나누어 주려고 한다. 어떻게 잘라야 할까?

: 답용

숨은그림찾기

밥그릇 / 호리병 / 빗자루 / 삼각자

나도 마술사
똑바로 찢

준비물 : 신문

마술 비법 : 나무토막을 짓이겨 만든 종이는 모두 ⋯ 하지만 반대 방향으로 찢으면 들쭉날쭉⋯

보는 신문

 It is a tree-planting day.
오늘은 식목일이다.

 I went to the movies with mother.
나는 엄마와 함께 영화를 보러 갔다.

Point

went
[웬트]
가다(go의 과거형)

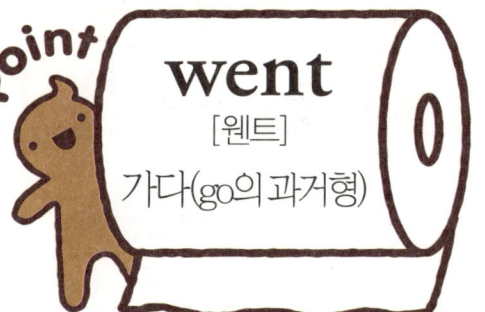

찢는 신문

★ 친구들 앞에서 신문지를 들고 신문지를 똑바로 찢는 것은 식은 죽 먹기라는 것을 강조한다.

★ 신문지 가장자리에 톱니처럼 들쭉날쭉한 부분부터 찢기 시작해 똑바로 찢는 시범을 몇 번 보여 준다.

★ 가장자리가 매끈한 쪽 신문지 윗부분을 조금 찢은 뒤, 보고 있던 친구를 불러내 찢어 보게 한다. 아마 친구는 들쭉날쭉 찢을 수밖에 없을 것이다.

향이다. 종이는 이 결대로 찢으면 똑바로 찢어진다. 되는 것이다.

깜짝 기네스

가장 비싼 바비 인형

영국 서식스 동부 지방 브라이튼에 사는 토니 메티아는 무려 1125개의 바비 인형을 수집한 세계 최고의 바비 인형 팬이다. 이 개수는 바비 인형 제조 회사인 메텔 사가 미국에서 처음으로 바비 인형을 생산한 1959년부터 지금까지 생산되었던 모델의 절반에 해당되는 것이다. 물론 토니는 바비가 외롭지 않도록 바비의 남자 친구 켄 인형도 함께 수집했다고 한다.

세계에서 가장 비싼 바비 인형은 멕시코에 있는데, 무려 9만 5361달러나 된다. 우리나라 돈으로 따지면 1억이 넘는 어마어마한 돈이다. 이 바비 인형이 입고 있는 분홍색 드레스에는 44개나 되는 아름다운 보석이 박혀 있다. 그러나 돈이 아무리 많아도 살 수는 없다. 판매용이 아니라 전시용이라고.

스콘

재료[10개분] : 가로세로 1cm 크기로 썬 버터 100g, 박력분 250g, 설탕 50g, 소금 2/3작은술, 베이킹파우더 1큰술, 달걀노른자 1개, 우유 2큰술

요리조리 쿡

영양덩어리 스콘

1. 박력분, 설탕, 소금, 베이킹파우더를 섞어 체에 친 다음 버터와 섞는다.

2. ①의 밀가루 가운데를 우묵하게 파고 달걀노른자를 넣어 원을 그리면서 섞는다. 다시 우유를 넣고 섞은 후 뭉친다.

3. 반죽을 비닐 주머니에 담아 밀대로 민 다음 냉장고에 1시간 정도 넣어 두었다가 동그란 틀로 반죽을 찍어 모양을 만든다.

4. 프라이팬에 반죽을 올려 놓고 뚜껑을 덮은 후 약한 불에 굽는다. 밑면이 노릇하게 구워지면 중간에 한 번 뒤집어서 굽는다. 익어서 반죽이 2배 정도로 부풀면 불에서 내린다.

Tip : 달걀에는 풍부한 단백질과 함께 필수 아미노산이 고루 들어 있다. 비타민을 제외하고 우리 몸에 필요한 영양소는 모두 들어 있는 셈. 완전식품에 가까운 질 좋은 요리 재료다.

글로벌 에티켓

V자·O.K.·엄지 세우기의 다른 의미

V자 신호는 대부분의 나라에서 '승리'를 의미하지만 유럽에서는 로마 숫자 5를 의미하기도 한다. 또 오스트레일리아, 뉴질랜드, 영국에서는 손등이 상대방을 향하는 V자 신호는 모욕적인 뜻으로 사용된다고 하니 주의하자.

손가락으로 링을 만들어 보이는 O.K. 신호 역시 대부분의 나라에서는 긍정적인 의미로 사용되지만, 남부 프랑스에서는 '가치가 없다'는 뜻으로 쓰이고, 브라질 등 남미 국가에서는 외설적인 의미로 쓰이기도 하며, 또 일본에서는 돈을 의미한다고 하니 잘 기억해 두자.

또한 '네가 최고다'라는 뜻으로 엄지를 세우는 신호 역시 영국이나 오스트레일리아, 뉴질랜드에서는 '눌러 버려라'라는 모욕적인 신호가 된다. 또 그리스에서는 '속았다'는 의미로 사용된다고 한다.

No.53

펴낸 곳 삼성출판사 주소 서울시 서초구 서초동 1516-2 전화 (02)3470-6916 등록 제 1-276호 홈 페이지 www.samsungbooks.com
이 책에 실린 글과 그림을 무단으로 복사, 복제, 배포하는 것은 저작권자의 권리를 침해하는 것입니다. © Samseong Publishing Co., Ltd., 2009   삼성출판사

 똥눌때보는신문

오늘의 읽을거리

똥 이야기 01

똥에서 태어나고 자라서 똥파리라네

도전! IQ 200 02
단 한 발의 총알로 범인들을 잡아라!

심리 테스트
애완동물로 알아보는 성격

Hello, Ham 03
오늘의 포인트 _favorite
세상에 이런 일이
신분증을 보여 준 강도

역사 속으로 04

금서가 되어 버린 귀신 소설 《설공찬전》

상식뭉치
물속에서 오랜 시간을 보내는 동물들은 코로 물이 들어가지 않는 비법을 가지고 있다. 악어는 콧속에 물을 막는 근육이 있고 하마는 콧구멍을 열고 닫을 수 있다. 반면 인간도 물놀이를 즐기지만 별다른 비법을 가지고 있지 않아 코로 물을 들이켜는 수밖에 없다.

똥에서 태어나고 자라서 똥파리라네

똥덩이에 낳은 알이 똥파리로 성장해

우리가 흔히 똥파리라고 부르는 파리가 있다. 원래는 몸통부터 똥색인 커다란 똥파리와 오색찬란한 몸통을 자랑하는 금파리로 구분해 불러야 하지만 냄새나는 똥에 몰려드는 특성상 함께 똥파리로 부르곤 한다.

요즘은 똥파리를 좀처럼 보기가 힘들어졌지만 집집마다 화장실이 집 밖에 자리하고 있던 시절에는 라면 봉지며 과자 봉지로 똥파리 잡기 놀이를 했을 만큼 흔한 것이 똥파리였다.

그러면 왜 똥파리라는 이름이 붙은 것일까? 재래식 화장실이 대부분이던 시절, 똥을 누고 있으면 어떻게 알았는지 귀신같이 출동하는 똥파리들. 똥파리가 똥을 노리고 날아오는 이유는 대개 똥에 알을 낳으려는 것이다. 알에서 깨어나 구더기가 된 똥파리의 유충은 똥에 남아 있는 영양분을 먹으며 무럭무럭 자라 어른 똥파리가 된다. 똥에서 태어나 똥을 먹고 컸으니 똥파리라 불릴 수밖에.

똥눌 때 한자

바다 해

굽어 흐르는 강의 모양과 여러 갈래의 물줄기를 나타낸 모양으로, 가까운 '바다'를 뜻한다.

도전! IQ 200
단 한 발의 총알로 범인들을 잡아라!

악랄한 범인들을 눈 쌓인 산비탈까지 추격한 형사가 권총을 확인해 보니 총알이 단 한 발 밖에 남지 않았다. 범인들을 여기서 모두 처치하지 않으면 놓치고 말 상황이었다. 그런데 형사는 이 한 발의 총알을 이용해 범인들을 모두 처치하는 데 성공했다. 과연 형사는 어떤 한 방법으로 범인들을 처치했을까?

정답 : 이용할 총알을 공중에 쏴 눈사태를 일으켜 범인들을 눈더미에 깔리게 한 것이다.

PUZZLE

가로 풀이
1 종이나 헝겊 등의 거죽에 부풀어 일어나는 털.
3 영점을 속되게 이르는 말.
5 취미나 연구를 위해 자료를 모으는 일.
7 공기 중의 수증기가 차가워져 작은 물방울로 되면서 뿌옇게 보이는 현상.

세로 풀이
2 국화나 붕어 등의 모양으로 구운 빵. 주로 길거리에서 팔죠.
4 성적을 나타내는 숫자. ○○가 좋다.
6 집의 안쪽.

퍼즐 정답 : (가로) 1-보풀, 3-빵점, 5-수집, 7-안개 (세로) 2-풍어빵, 4-점수, 6-집안

심리 테스트
애완동물로

아빠가 생일 선물로 애완동물을 사 주겠다. 런데 보기에 주어진 3마리밖에 안 남았다.

A. 코알라

B. 털 없는 고양이

C. 이구아나

보는신문

- I went to school with Joe.
  나는 조와 함께 학교에 갔다.
- Art is my favorite subject.
  미술은 내가 가장 좋아하는 과목이다.

Point **favorite** [훼이버리트] 가장 좋아하는

I went to school with Joe.

나는 미술 시간에 꽃을 그렸다.

Art is my favorite subject.

하지만 조는 미술을 싫어한다.

아보는 성격

서 함께 애완동물을 파는 가게로 갔다. 그
. 나라면 어떤 동물을 고를까?

❁ 코알라를 선택했다면 친절한 사람.
넘치는 애정을 남에게 잘 나누어주는
따뜻한 타입이다.

❁ 털 없는 고양이를 선택한 사람은 친
구도 많고 처음 만나는 사람과도 금
방 친해지는 성격이다.

❁ 이구아나를 선택한 사람은 날카로운
두뇌와 풍부한 지식을 갖고 있는 타
입이다.

세상에 이런 일이

신분증을 보여 준 강도

한 청년이 미국 콜로라도 주의 어느 구멍가게에서 강도질을 했다. 청년이 내민 봉지에 점원이 돈을 담는 사이, 진열대의 술을 본 청년은 그 술도 봉지에 넣으라고 말했다. 점원은 용기를 내어 미성년자에게는 술을 판매하지 않는다며 "너 21세 넘었어?"라고 따졌다. 그러자 강도 청년은 자신이 미성년자가 아님을 확인시켜 주기 위해 신분증을 보여 주었다. 강도 청년이 21세가 넘었다는 것을 확인한 점원은 술을 봉지에 넣었다. 하지만 신분증의 이름과 주소를 확인한 점원의 신고로 강도 청년은 2시간 후 경찰에 체포 당했다고 한다.

금서가 되어 버린 귀신 소설 《설공찬전》

역사 속으로

삐뚤어진 현실을 신랄하게 비판

《설공찬전》은 조선 중종 때 언관이었던 채수에 의해 쓰여진 귀신 이야기다. 모두 7장으로 기록되어 있고 글자 수로는 약 3000여 자밖에 되지 않는 이 짧은 소설이 금서가 되었다고 하는데 그 이유는 무엇일까? 바로 주인공 설공찬이 간 저승 세계에 반정을 통해 왕위에 오른 왕과 간신배들이 모두 지옥에 떨어졌다는 내용 때문이었다. 《설공찬전》이 쓰여진 시기가 중종이 반정을 통해 왕위에 오른 지 겨우 2, 3년이 지난 무렵이었으니 글의 내용이 중종과 반정 공신들을 자극시키기에 충분했던 것이다.
중종은 내용이 요망하고 허황되니 책을 불사르라는 명령을 내렸다. 이렇게 해서 《설공찬전》은 금서가 되었고 채수는 관직에서 물러나게 되었다.
금서 《설공찬전》은 단순한 납량 소설이 아니라 바른 말을 올리는 신하는 간곳없이 자신들만 잘 살겠다고 아우성치는 공신들을 비판한 소설이었다.

건강이 최고

건강한 치아 만들기

건강한 치아를 만들기 위해서는 아침 식사를 꼭 먹는 습관을 기르고 간식 먹는 버릇은 줄여야 한다.
또 청량 음료를 마신 후에는 반드시 물로 입을 헹구는 습관을 들이도록 한다. 무엇보다도 중요한 것은 하루에 3번 이상, 음식을 먹은 후 3분 이내에, 3분 이상 충분히 칫솔질하는 습관이다. 아랫니, 윗니를 따로 닦고, 한 치아당 10회 이상 쓸어 내리듯이 닦는다. 닦기 어려운 안쪽을 먼저 닦도록 한다.
또한 손가락을 빠는 습관, 손톱을 물어뜯는 습관, 혀를 내미는 습관, 잘 때 심하게 이를 가는 습관 등이 오랜 기간 지속될 경우, 얼굴 모양과 치아에 이상을 주므로 주의하도록 하자.

No.54

펴낸 곳 삼성출판사 주소 서울시 서초구 서초동 1516-2 전화 (02)3470-6916 등록 제 1-276호 홈 페이지 www.samsungbooks.com 삼성출판사
이 책에 실린 글과 그림을 무단으로 복사, 복제, 배포하는 것은 저작권자의 권리를 침해하는 것입니다. ⓒ Samseong Publishing Co., Ltd., 2009

똥 눌 때 보는 신문

오늘의 읽을거리

똥 이야기 01
노크는 아름다워!

도전! IQ 200 02
전화 알리바이

나도 마술사
손가락이 외우는 구구단

Hello, Ham 03
오늘의 포인트 _artist

깔깔 유머
집을 떠난 감자

궁금한 과학 04
향기로 대화하는 식물

노크는 아름다워!

꼭 필요한 화장실 에티켓

화장실에서 한창 볼일을 보고 있는데 갑자기 '확' 문이 열린다면? 급하게 뛰어들어가느라 문을 잠그지 않은 탓도 있지만 두드려 보지도 않고 문을 여는 것은 아주 큰 실례이다.
가끔 볼일이 급해도 잠금 장치가 고장난 화장실은 불안해서 이용하지 못하는 사람들을 본다. 혹시 누가 노크하지도 않고 문을 열지는 않을까 하는 불안함 때문이다.
기껏 들어간 화장실에 냄새가 진동을 하고, 바닥에 버려진 화장지로 발 디딜 곳도 없다면 기분이 어떨까?
화장실은 여러 사람과 함께 쓰는 공간이다. 깨끗한 화장실을 쓰고 싶다면 내가 먼저 다른 사람에 대한 예의를 지켜야 한다. 문을 열기 전에는 꼭 두드려 보기, 일을 보고 난 후에는 반드시 물 내리기, 휴지는 휴지통에, 한 줄로 줄 서서 차례 지키기. 이 몇 가지만 지켜도 기분 좋은 화장실을 만들 수 있을 것이다.

상식뭉치

흔히 과일로 알고 있지만 알고 보면 채소인 것들이 많다. 채소와 과일의 구분은 나무에서 나는가, 작은 풀에서 나는가에 있다. 나무에서 나는 열매인 산딸기, 사과, 배, 포도 등은 과일, 작은 풀에서 나는 열매인 수박, 참외, 멜론, 딸기, 토마토 등은 채소이다.

2

똥눌 때 한자

큰 바다 양

물이 양떼처럼 모여 일렁이는 모양을 나타낸 글자로, '큰 바다'를 뜻한다.

도전! IQ 200
전화 알리바이

A는 살인범으로 지목되었다가 범행 시간에 C와 함께 있었다는 알리바이가 성립되어 풀려났다. C의 사무실로 전화를 걸었을 때 A와 직접 통화를 했다고 B가 증언했던 것. 범행 현장과 C의 사무실은 3km 이상 떨어져 있었기 때문에 A가 C와 함께 있었다는 게 확실하다면 A는 범인일 리가 없기 때문이었다. 그러나 다시 조사해 본 결과, A가 범인이었다. A는 과연 어떤 방법으로 이러한 알리바이를 만들 수 있었을까?

정답 : C의 사무실에 전화가 오도록 한 뒤, B에게 전화가 걸려왔을 때 C가 A에게 전화를 돌려주는 식으로 통화하는 척하며 알리바이를 만들었다.

숨은그림찾기

야구 모자 / 국자 / 비녀 / 못 / 빗

나도 마술사
손가락이

준비물 : 볼펜

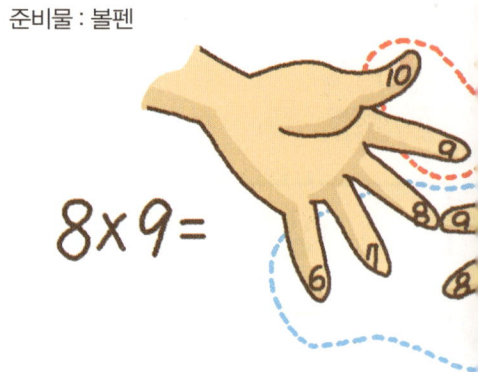

8×9=

1 두 손의 손가락에 새끼손가락부터 6에서 10까지 번호를 매긴다. 친구들에게 6단부터 10단 가운데 알고 싶은 구구단을 말하게 한다.

2 8×9

🐹 My wish is to be a artist.
내 희망은 화가가 되는 것이다.

🐹 I want to be a good artist.
나는 훌륭한 화가가 되고 싶다.

Point

artist
[아티스트]
화가, 예술가

My wish is to be a artist.

아빠는 내가 교수가 되기를 원하신다.

그러나 나는 내가 하고 싶은 것을 할 것이다.

I want to be a good artist.

깔깔 유머

집을 떠난 감자

한 마을에 감자네 식구가 살고 있었다. 어느 날, 자신이 정말 감자가 맞는지 궁금해진 감자가 엄마한테 가서 물었다. "엄마, 나 감자 맞아요?"
그러자 엄마가 이렇게 말했다. "당근이지~!"
깜짝 놀란 감자는 할머니에게 달려갔다.
"할머니, 할머니! 나 감자 맞죠?" 그러자 할머니는 이렇게 대답하는 것이었다.
"오이야~!" 할머니 대답에 크게 충격을 받은 감자는 울면서 마지막으로 할아버지에게 달려갔다.
"할아버지! 흑흑흑, 나 감자 맞아요?"
그런데 할아버지가, "파~!" 하는 것이었다. 감자는 그날로 집을 떠나고 말았다.

향기로 대화하는 식물

궁금한 과학

독특한 향기로 곤충의 침입을 알려

식물도 서로 대화와 정보를 나눈다. 말할 입이나 팔, 다리가 없는 식물은 어떻게 대화를 할까?

반드시 소리나 동작이 있어야 대화가 가능한 것은 아니다. 한 식물이 벌레에게 공격을 받아 먹히고 있다면 그 식물은 적의 공격을 주변에 알려 다른 식물들이 적의 공격에 대비하도록 한다. 공격 받은 식물은 재스민이라는 향기를 내보내 적의 공격을 알리고 이 향기를 맡은 주변의 식물들은 벌레가 싫어하는 물질들을 만들어 공격에 대비하는 것이다. 이 중 소화를 억제하는 효소는 벌레의 입맛을 떨어뜨려 다른 곳으로 도망가게 한다.

또 식물들은 식물성 아스피린을 생산해 저장하고 있다가 병균이나 바이러스가 침입하면 사용한다. 동시에 방향성 아스피린을 내보내 병균의 출현을 알려서 다른 식물들이 병균의 침입에 대비하게 한다. 숲 속의 신선한 향기는 식물들의 속삭임인 것이다.

즐겁게 글쓰기

독후감을 잘 쓰려면

독후감은 책을 읽은 후에 쓰는 글이다. 독후감 역시 다른 글과 마찬가지로 시작 부분에서 읽는 사람의 흥미를 자극하여 끝까지 읽게 하는 것이 중요하다.

처음 부분은 책을 가지게 된 동기, 책을 읽는 과정, 처음 책을 보고 나서 느낀 점 등을 쓰는 것이 가장 무난하고, 중간 부분에서는 읽고 나서 가진 느낌을 중심으로 글을 풀어 나가도록 한다. 이 때 반드시 자신의 솔직한 감정을 써야 한다. 가장 인상 깊었거나 가장 감명 깊었던 부분을 간단히 소개하고 그 이유와 본받을 점을 자세히 쓰도록 하자. 자기의 느낌을 쓸 때는 자세하고 길게 쓰는 것이 좋다. 끝 부분은 이 책에서 얻은 교훈을 내 생활에 어떻게 적용할 지에 대해 적도록 한다. 책을 읽고 나서 마음속에 새로운 각오를 했다면 그 각오를 쓰는 것도 좋다.

No.55

펴낸 곳 삼성출판사 주소 서울시 서초구 서초동 1516-2 전화 (02)3470-6916 등록 제 1-276호 홈 페이지 www.samsungbooks.com 삼성출판사
이 책에 실린 글과 그림을 무단으로 복사, 복제, 배포하는 것은 저작권자의 권리를 침해하는 것입니다. © Samseong Publishing Co., Ltd., 2009

똥 눌 때 보는 신문

오늘의 읽을거리

똥 이야기 01

똥구멍이 찢어지게 가난하던 시절

도전! IQ 200 02
어느 음료수 잔일까?

심리 테스트

축하 인사로 알아보는 심리

Hello, Ham 03
오늘의 포인트 _injection

생각하는 동화
황금 알을 낳는 거위

문화 답사 04

조선 시대 양반 마을
안동 하회 마을

상식뭉치

인도에는 카레라이스가 없다. 원래 카레란 향신료를 넣은 음식을 가리키는 일반적인 말. 지금 우리가 먹는 카레는 인도를 지배하던 영국이 강한 인도 카레의 배합을 약하게 만든 것이다. 게다가 인도 사람들은 카레를 주로 빵과 먹고 밥과 먹는 경우는 드물다고.

똥구멍이 찢어지게 가난하던 시절

가난 때문에 나무껍질 삶아 먹던 슬픈 사연

'개도 부지런해야 더운 똥을 얻어 먹는다.'는 속담이 있다. 부지런해야 잘 산다는 말이다. 우리나라에는 유난히 똥과 관련된 속담이 많다. 곤란한 사람을 더 곤란하게 만든다는 뜻의 '우는 아이 똥 먹인다.', 자기 흠은 모르고 남의 흠을 들춘다는 의미의 '똥 묻은 개가 겨 묻은 개 나무란다.' 등. 이 중에 그냥 듣기에는 우습지만 알고 보면 가슴 아픈 속담이 있다. 먹을거리가 부족하던 시절, 우리 조상들은 흉년이 들면 나무의 딱딱한 껍질을 떼어 내고 속에 있는 연한 껍질이나 나무뿌리 등을 캐내어 삶아 먹었다. 그러면 허기는 잠시 면하지만 나무껍질에서 나온 끈적한 송진은 변이 나오기 힘들게 했다. 결국 똥구멍을 나무막대기 같은 것으로 억지로 파내야 했는데, 이때 대개 똥구멍에 상처가 나고는 했다. 그래서 생겨난 슬픈 속담이 '똥구멍이 찢어지게 가난하다.'는 말이다.

2

똥눌 때 한자

편안할 안

여자가 집 안에 혼자 조용히 앉아 있는 모습을 나타낸 글자로, '편안하다'는 뜻이다.

도전! IQ 200

어느 음료수 잔일까?

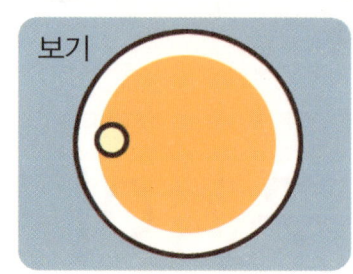

보기의 그림은 음료수 잔을 위에서 본 것이다. 어느 잔이 보기의 그림일까?

ⓒ : 답정

PUZZLE

가로 풀이
2 실을 뽑아 내어 그물을 치고 거기에 걸린 나비, 모기 따위를 잡아먹는 절지동물.
4 어떤 내용 따위를 소개하거나 알리는 것.
5 불필요한 물질을 없애기 위해 신장에서 만들어져 몸 밖으로 나오는 엷은 황색의 액체. 소변.
6 교장 선생님을 도와 학교 일을 감독하는 선생님.

세로 풀이
1 거두어 가는 것. 쓰레기 ○○.
3 은하수의 순 우리말.
5 칠석날 견우와 직녀가 만날 수 있도록 까마귀와 까치들이 몸을 잇대어 놓는다는 전설의 다리.
7 고마워하는 마음.

퍼즐 정답 : (가로) 2-거미, 4-안내, 5-오줌, 6-교감선생 (세로) 1-수거, 3-미리내, 5-오작교, 7-감사

심리 테스트

축하 인사로

보기와 같이 3가지의 축하 인사가 있다. …

A. 우승을 축하합니다.
B. 합격을 축하합니다.
C. 생일을 축하합니다.

보는신문

 I had a fever and headache.
열이 나고 머리가 아팠다.

 I had an injection.
나는 주사를 맞았다.

Point
injection
[인젝션]
주사

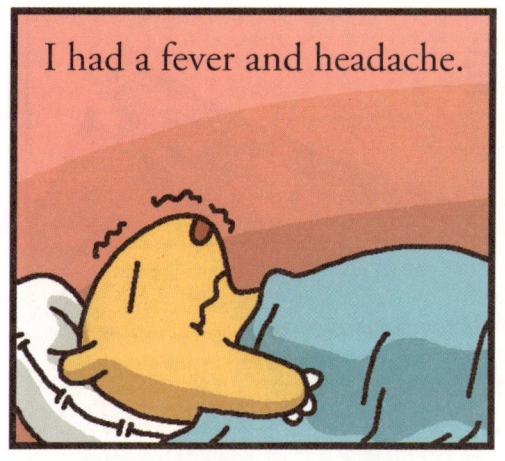
I had a fever and headache.

그래서 오늘 학교에 결석했다.

나는 엄마와 함께 병원에 갔다.

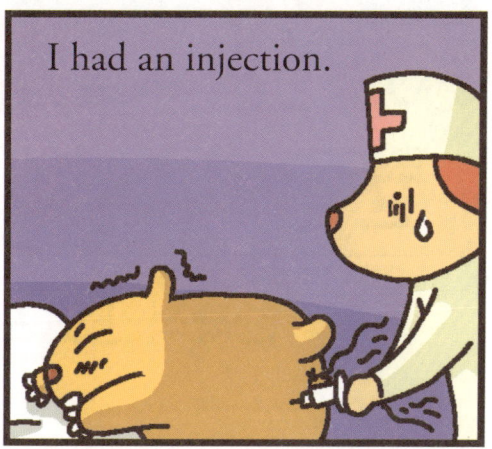
I had an injection.

아보는 심리

에서 어떤 말을 가장 듣고 싶을까?

다른 사람과 비교해서 칭찬 받기를 좋아하는 성격. "넌 쟤보다 잘 생겼어", "넌 저 사람보다 멋져" 하는 식의 칭찬을 좋아한다.

자신이 한 일에 대해 칭찬 받기를 원하는 사람. "머리가 좋다", "센스가 있다" 이런 식의 칭찬을 좋아하는 성격이다.

어떤 식의 칭찬을 해주든 상관없는 사람. 칭찬만 들으면 좋아하는 성격이다.

생각하는 동화

황금 알을 낳는 거위

가난한 부부에게 거위 1마리가 생겼습니다. 그런데 놀랍게도 이 거위가 황금 알을 낳았습니다. 가난한 부부는 너무나 기뻤습니다. 거위는 하루에 꼭 1알씩 황금 알을 낳았고 황금 알을 내다 판 부부는 곧 부자가 되었습니다. 그런데 부자가 되자 욕심이 생기기 시작했습니다. 부부는 이제 하루에 1알밖에 낳지 않는 거위가 불만스러웠습니다. 마치 황금 알을 배 속 가득 감추고는 하루에 1알씩만 꺼내 주는 것처럼 얄밉기도 했습니다.
황금 알을 더 낳게 할 궁리만 하던 부부는 어느 날, 중대한 결심을 했습니다. 거위를 잡아서 배 속의 황금을 한꺼번에 꺼내기로 한 것입니다.
어리석은 부부는 날카로운 칼로 거위의 배를 갈랐습니다. 그러나 거위의 배 속에는 황금이라곤 눈을 씻고 찾아보아도 없었습니다. 부부는 그제야 땅을 치며 후회했지만 소용없는 일이었습니다.

조선 시대 양반 마을 안동 하회 마을

문화 답사

한국적인 옛 모습과 전통 그대로

낙동강 물줄기가 S자 모양으로 마을을 휘감는 이 곳은 강물이 돌아 나간다고 해서 마을 이름이 하회(河回) 마을이다.

하회 마을은 조선 시대 선비들이 살았던 양반촌으로 중요 민속 자료 제122호이다. 이 곳은 가장 한국적인 옛 모습과 전통이 잘 보존되어 있는 곳으로 큰 기와집을 중심으로 옛 모습 그대로 보존된 130여 호의 초가집들이 둘러싸고 있다.

하회 마을은 고려 말 풍산 류씨의 7대 손 류종혜가 이 곳에 터를 잡은 뒤 조선 선조 때 영의정을 지낸 류성룡으로 인해 널리 알려진 전통적인 양반 마을이다. 1999년, 엘리자베스 영국 여왕이 우리 나라를 방문했을 때 이 곳 하회 마을을 들러 더욱 유명해진 곳이기도 하다. 하회별신굿탈놀이 등의 민속놀이가 전승되고 있으며 공방에서는 하회 탈이 제작되고 있다.

동서울 터미널에서 30분 간격으로 있는 안동행 직행버스를 타면 된다.

왕따 탈출

내가 먼저 칭찬해주자

친구들과 늘 웃으면서 지낼 수 있는 방법으로는 뭐가 있을까? 그건 서로 칭찬을 하는 것이다. 가령 미술 시간에 친구가 멋진 그림을 그렸다거나, 음악 시간에 친구가 멋지게 악기를 연주했을 때에는 칭찬을 해주자.

칭찬은 사람의 용기을 북돋워 주기 때문에 상대방을 매우 활기차게 만든다. 그렇지만 너무 겉치레 같은 느낌이 들지 않도록 주의해야 한다.

평소 친하게 지내고 싶었던 친구가 있다면 칭찬하는 말을 건네며 가까워지는 기회를 만들어 보는 건 어떨까?

No. 56

똥눌 때 보는 신문

오늘의 읽을거리

똥 이야기 01

똥 꿈을 꾸면 벼락 부자가 된다?

도전! IQ 200 02
거짓말한 사람은 누구일까?

심리 테스트
색깔로 알아보는 심리

Sing a Song 03
Twinkle, Twinkle, Little Star

생각하는 동화
머리를 쓰는 상인과 쓰지 않는 상인

신나는 스포츠 04
산악 지대에서 타던 널빤지로부터 유래된 스노보드

상식뭉치

자장면은 중국요리지만 정작 중국에는 없다. 물론 자장면이라는 이름의 음식이 있기는 하지만 춘장(검은색의 중국 된장)을 조금 밖에 넣지 않아 거의 하얀색이다. 자장면은 인천에 들어와 살던 중국 노동자들이 국수를 춘장에 비벼 먹은 것에서 시작되었다.

똥 꿈을 꾸면 벼락부자가 된다?

똥통에 빠지면 돈벼락, 똥 싸서 버리면 재물 잃어

평소에는 보기만 해도 얼굴이 찌푸려지는 똥. 그런 똥이 꿈속에 나타나면 돈을 부른다고 해서 사람들의 대접이 달라진다. 예로부터 똥은 재물의 상징이었다. 누르스름한 똥색을 황금과 연결해서 생각했던 것.

여러 사람의 똥을 온몸에 뒤집어쓰거나 똥통에 빠지는 꿈, 또는 똥을 밟거나 화장실이 똥으로 가득 차 있는 꿈, 옷에 똥을 묻히는 꿈 등 자신의 몸에 똥이 직접 묻는 것은 좋은 꿈이라고 한다. 실제로 복권에 당첨된 사람 가운데 꿈에서 하늘을 나는 기구를 타고 전투를 하다 똥으로 만들어진 대포 3대를 맞은 이가 있다. 입에까지 똥이 들어가 찝찝해 하며 꿈에서 깨어난 후 복권에 당첨되었다고 하니 '똥 꿈 꾸면 돈벼락 맞는다'는 말을 믿을 법도 하다. 반대로 똥을 비닐 봉지에 넣어서 버린다거나 하는 꿈은 재물을 잃을 가능성이 큰 꿈이라고 한다.

똥눌 때 한자

온전할 전 (全)

원래는 집 안에 고이 모셔 놓은 '순수한 옥'이라는 뜻. 점차 '순순하다', '온전하다'는 뜻으로 쓰이게 되었다.

도전! IQ 200

거짓말한 사람은 누구일까?

어느 가정집에 도둑이 들었다. 형사가 이웃 사람들에게 물어 본 결과, 목격자가 3명이 나타났다. 그러나 형사는 이 3명의 증언 가운데 수상한 점을 발견했다. 어떤 사람이 거짓말을 한 것일까?

① 키가 작은 남자였다. 우리 집 창문은 너무 낮아서 잘 보이지 않는다.
② 범인은 검은색 터를 입고 파란 운동화를 신고 있었다.
③ 나이는 20대 후반으로 보였고 아주 미남이었다.

정답 : ① 용의자가 남자 주어서 창문으로 보려면 키가 컸어야 한다. 짧은 말은 앞뒤가 맞지 않는다.

숨은 그림 찾기

연필 / 나비 / 종이배 / 화분

심리 테스트

색깔로 알

지금 내가 입고 있는 옷 색깔과 가장 비슷한 색을 골라 보자.

- A. 분홍색
- B. 파란색
- C. 흰색
- D. 초록색

Sing a Song
Twinkle, Twinkle, Little Star

Twinkle, twinkle, little star,
How I wonder what you are.
Up above the world so high,
Like a diamond in the sky.
Twinkle, twinkle, little star,
How I wonder what you are.

보는 심리

- 지금 분홍색 옷을 입고 있다면 오늘은 다른 사람들에게 사랑스럽게 보이고 싶은 날이다.

- 파란색 옷을 입고 있다면 오늘은 다른 사람들에게 순수하면서도 멋지게 보이고 싶은 날이다.

- 흰색 옷을 입고 있다면 오늘은 깨끗하고 성숙하게 보이고 싶은 날이다.

- 초록색 옷을 입고 있다면 다른 사람들에게 자연스럽고 부드러운 성격으로 보이고 싶은 날이다.

생각하는 동화
머리를 쓰는 상인과 쓰지 않는 상인

긴 전쟁으로 식량을 구하기 어려울 때였습니다. 한 유대인 오리 장수가 오리 1마리를 200달러에 팔아 많은 돈을 벌고 있었습니다. 물론 법에 어긋나는 일이었지만 그 유대인은 아무 문제 없이 장사를 했습니다. 이웃의 오리 장수가 그 유대인을 찾아가 비결을 물었습니다. 그러자 유대인은 웃으며 신문에 광고를 냈다고 말했습니다. 다음날, 이웃의 오리 장수도 신문에 광고를 냈습니다. 그러나 손님이 오기도 전에 경찰관이 먼저 도착해 오리를 모두 압수해 가고 말았습니다. 그는 한숨을 쉬며 유대인 오리 장수를 다시 찾아가 오리를 압수당하지 않고 비싼 값에 파는 비결을 물었습니다. 그러자 유대인은 싱긋 웃으며 '일요일 아침에 교회 마당에서 200달러를 잃어버렸으니 찾아 주시는 분에게 감사의 표시로 오리 1마리를 드리겠다.' 는 광고를 냈다고 했습니다. 먹을 것이 귀하던 시기였으니 사람들이 200달러씩 가지고 몰려든 것은 당연한 일이었겠지요.

4

산악 지대에서 타던 널빤지로부터 유래된 스노보드

신나는 스포츠

타기 전에 충분한 스트레칭은 필수

1959년경 미국의 눈 덮인 깊은 산중에서 사냥을 하던 사냥꾼들이 산을 내려오기 위해 널빤지 앞부분에 막대와 끈을 부착한 것에서 유래된 것이 바로 스노보드다.

그동안 안전을 이유로 스노보드를 금지했던 스키장들은 1990년대 들어서면서 하나 둘씩 허용하기 시작했고 얼마 지나지 않아 스노보드는 전 세계적으로 폭발적인 인기를 얻기 시작했다.

이후 1998년, 스노보드는 일본 나가노 동계 올림픽에서 정식 종목으로 채택되었다. 스노보드는 다른 스포츠보다 과격한 운동이기 때문에 근육에 많은 충격을 준다. 그러므로 타기 전에 반드시 온몸의 근육을 충분히 풀어 주어야 부상을 방지할 수 있다. 목 돌리기, 앉아서 몸 비틀기, 손목 돌리기, 손 위로 쭉 펴기, 허리 돌리기 등 충분한 스트레칭은 필수. 스노보드를 탈 때 가장 중요한 것은 균형 잡힌 안정된 자세를 계속 유지하는 것이다.

환경 이야기

환경 오염의 부메랑 효과

일본의 한 공장에서 카드뮴이 섞여 있는 폐수를 강물에 버린 데서 시작된 '이타이이타이병'. 강물이 오염된 사실을 모르는 채 이 강물로 농사지은 곡식을 먹은 사람들은 조금만 움직여도 72군데의 뼈마디가 부러지는 엄청난 고통을 겪었다. '이타이이타이'란 '아프다 아프다'라는 뜻이라고 하니 고통이 어느 정도일지 짐작할 수 있다.

또 일본 미나마타 현의 한 공장에서 바다에 버린 폐수에 섞여 있던 수은으로 많은 사람들이 고통받은 '미나마타병'. 수은에 중독된 물고기 등을 먹은 사람들이 손발이 마비되고 언어와 시각 장애를 일으켰으며 임신부는 기형아를 낳는 등의 일을 겪었다.

인간에 의한 환경 오염은 반드시 인간에게 되돌아온다. 이러한 현상을 '부메랑 효과'라고 한다. 환경을 지키는 것이 인간을 지키는 길임을 잊지 말자.

No.57

펴낸 곳 삼성출판사 주소 서울시 서초구 서초동 1516-2 전화 (02)3470-6916 등록 제 1-276호 홈 페이지 www.samsungbooks.com 삼성출판사
이 책에 실린 글과 그림을 무단으로 복사, 복제, 배포하는 것은 저작권자의 권리를 침해하는 것입니다. ⓒ Samseong Publishing Co., Ltd., 2009

똥 눌 때 보는 신문

오늘의 읽을거리

똥 이야기 01
바닷속 산호를 죽이는 똥 속의 박테리아

도전! IQ 200 02
주사위에 들어갈 점의 수는?

나도 마술사
마법의 가루

Hello, Ham 03
오늘의 포인트 _ fine

오싹 괴담
수많은 손

애완동물 키우기 04
모르모트라고도 불리는 귀여운 기니피그

상식뭉치

트럼프를 너무나 좋아했던 영국의 한 백작은 식사를 위해 잠시 멈추는 것도 싫어했다. 그래서 생각한 것이 놀이를 하면서도 먹을 수 있는 음식. 빵과 빵 사이에 고기와 야채 등을 끼워 먹는 이 음식에는 백작의 이름이 붙여졌다. 백작의 이름은 존 몬터규 샌드위치.

바닷속 산호를 죽이는 똥 속의 박테리아

똥 속의 박테리아가 산호를 병들게 해

무더운 여름, 바닷가로 놀러 갔다가 바닷물 속에 몰래 쉬를 하거나 공중 화장실의 줄이 길다는 이유로 바닷가 으슥한 곳에 몰래 똥을 누고 줄행랑을 친 적은 없는지? 이런 행동은 다른 사람의 눈살을 찌푸리게도 하지만 무심코 눈 똥 때문에 바다가 죽을 수도 있다.

바닷속에서 동식물이 살아갈 수 있는 공간을 만들어 주는 중요한 역할을 하는 산호. 이 산호가 '백두(White Pox)'라는 병으로 최근 급격히 사라지고 있다. 이 병은 산호의 몸 군데군데에 하얀 점 형태로 퍼지는데 산호의 섬유층을 파괴하고 뼈만 남게 한다.

하루 최대 10㎠까지 퍼지는 이 병의 원인은 바로 사람의 대장 속에 사는 박테리아. 이 박테리아는 사람의 똥 속에서 자주 발견된다고 한다.

아무리 급해도 사람과 바다 모두를 위해서 장소를 가려 가며 누는 배려가 필요하다.

2

똥눌 때 한자

새벽 조

서쪽에 아직 초승달이 떠 있고 동쪽으로는 둥근 해가 떠오르는 모양을 본뜬 글자로, 날이 밝아오는 새벽을 나타낸다.

도전! IQ 200

주사위에 들어갈 점의 수는?

주사위는 1의 뒷면은 6이고, 2의 뒷면은 5로 서로 마주 보는 수의 합이 7이 되도록 만들어졌다. 주사위를 펼쳐 놓았을 때 비어 있는 각각의 면에 들어갈 점의 수는 몇 개일까?

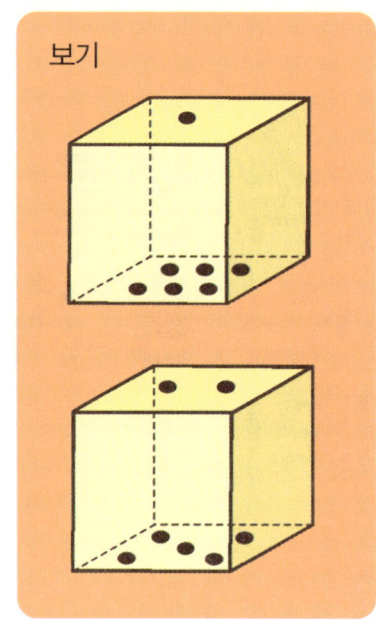

보기

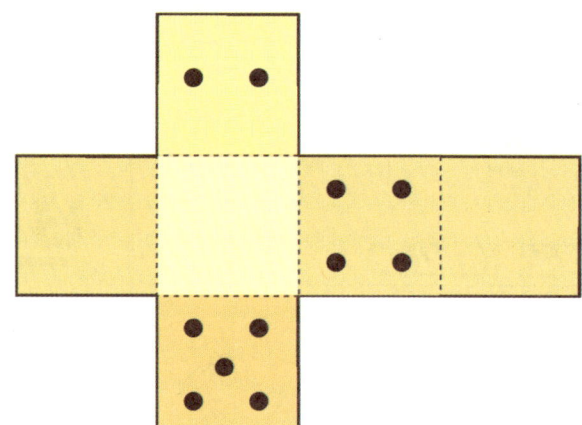

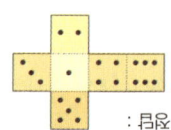

: 답정

숨은그림찾기

식빵 / 갈매기 / 토끼 얼굴 / 크레파스

나도 마술사

마법

준비물 : 따뜻한 물 1컵, 변색된 은제품, 알루미늄 포

마술 비법 : 은의 색깔이 변하는 것은 공기 중의 화 더러운 물질을 떼어 주는 역할을 한다.

- I'm fine. How about you?
  좋아요. 선생님은 어떠세요?
- Very well, thanks.
  대단히 좋아, 고마워.

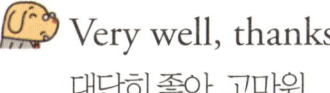

fine
[화인]
좋은, 최고의

안녕하세요, 스미스 선생님?

안녕, 햄?
잘 지내니?

I'm fine, How about you?

Very well, thanks.

가루

파우더

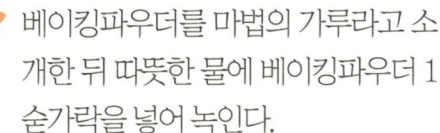

1. 베이킹파우더를 마법의 가루라고 소개한 뒤 따뜻한 물에 베이킹파우더 1 숟가락을 넣어 녹인다.

2. 알루미늄 포일에 은을 살짝만 싸서 베이킹파우더를 녹인 물에 하루 정도 담가 놓는다.

3. 다음날 포일을 벗겨 보면 은이 반짝반짝 빛이 난다. 친구들에게 깨끗해진 은을 보여 준다.

은이 반응하기 때문이다. 베이킹파우더는 은에서

오싹 괴담

수많은 손

용하다고 소문난 무당에게 딸이 하나 있었다. 어느 날 아이는 학교에서 버스를 타고 여행을 가게 되었다. 아이는 너무 신이 나 잔뜩 기대에 부풀어 있었다. 엄마는 예감이 좋지 않아 못 가게 말렸지만 아이는 가고 싶다며 엄마를 계속 졸라 댔다. 엄마는 아이의 고집에 두 손을 들 수밖에 없었고 대신 노란색 원피스를 입혀 보냈다. 그런데 여행에서 돌아오는 길에 버스가 추락했다. 그 바람에 버스에 탄 사람들이 모두 죽고 무당의 딸아이 하나만 살아남아 모두들 기적이라고 했다.
그러나 1년 후, 아이는 학교에서 집으로 돌아오는 길에 트럭에 치어 죽었다. 사고 현장을 찍었던 기자는 사진을 현상해 보는 순간 기절할 뻔했다. 바로 수많은 손이 그 아이를 잡고 있었던 것이다. 그때 혼자만 살아남은 아이를 죽였던 아이들이 데리러 온 것이었다.

모르모트라고도 불리는 귀여운 기니피그

애완동물 키우기

온순한 성격에 수명은 평균 10년

기니피그는 '기니아의 돼지'라는 뜻이다. 원산지인 가이아나를 기니아로 잘못 알고 붙인 이름. 성격이 온순하고 짧은 다리 덕에 동작은 느리지만 나름대로 무기를 가지고 있다. 위험해지면 양쪽 엉덩이에 있는 취선에서 냄새나는 분비물을 뿜는다.

기니피그를 기를 땐 전용 사료와 함께 채소와 과일을 반드시 주어야 한다. 몸에서 비타민 C를 만들 수 없는 기니피그는 비타민 C가 부족하면 잇몸에서 피가 나거나 다리를 절고 심하면 죽을 수도 있다. 다른 동물들과 마찬가지로 마늘, 부추, 파, 양파, 생강 등은 적혈구를 파괴해 빈혈을 일으킬 수 있으므로 절대 먹이지 않는다. 커피나 초콜릿 등 중독성이 있는 음식도 피한다.

기니피그에게 똥 누는 훈련을 시키는 것은 매우 어렵다. 그냥 내버려 두고 하루에 한 번 청소해 주자. 털을 쓰다듬어 주면 기분이 좋아 털털거리는 재미있는 소리를 내는데 더 기분이 좋아지면 혀로 핥아 준다.

닮고 싶은 인물

칠공예의 장인, 신지식인 전용복

전용복씨는 한국의 전통 문화 계승 발전에 앞장서는 한국을 빛낸 칠공예인 중의 한 사람이다. 옻칠을 익히기 위해 자개 골목을 기웃거리기를 10년. 칠공예를 혼자 힘으로 익힌 그는 일곱 차례의 전시회를 갖는 등 활발한 작품 활동을 펼쳤다.

80년대 중반에 일본으로 건너간 그는 창의적인 작품 활동으로, 오늘날 칠공예의 종주국으로 대접받고 있는 일본에서도 칠공예의 명인으로 불리운다. 2000년 5월에는 팔만 대장경 옻칠 부문을 아무 보상 없이 복원하는 연구 활동을 펼치기도 했다.

그의 끈질긴 집념이 없었다면 우리의 전통 칠공예는 일본에 가려져 빛을 잃었을지도 모른다. 그는 현재 후손들에게 전통 칠기 예술을 제대로 알리기 위해 옻칠 문화에 대한 강의를 하면서 우리 문화를 이끌어 갈 제자를 키우고 있다.

No. 58

펴낸 곳 삼성출판사 주소 서울시 서초구 서초동 1516-2 전화 (02)3470-6916 등록 제 1-276호 홈 페이지 www.samsungbooks.com 삼성출판사
이 책에 실린 글과 그림을 무단으로 복사, 복제, 배포하는 것은 저작권자의 권리를 침해하는 것입니다. ⓒ Samseong Publishing Co., Ltd., 2009

똥눌 때 보는 신문

오늘의 읽을거리

똥 이야기 01
밤이면 밤마다 지도 그리는 사연

도전! IQ 200 02
자동차가 알려 준 것은?

심리 테스트
지금 나의 불만은 어느 정도일까?

Hello, Ham 03
오늘의 포인트 _ hurry

깜짝 기네스
최다 훌라후프 돌리기, 도미노 넘어뜨리기

알기 쉬운 경제 04
애완동물을 위한 보험 상품

상식뭉치

케첩의 원조는 어디일까? 정답은 중국이다. 1690년대 중국의 남부에서 어류에 식초와 소금, 향신료 등을 넣어서 독특한 소스를 만들었다. 이름은 케치압. 미국인 헨리 존 하인즈는 케치압의 조리법을 활용해 어류 대신 토마토를 넣고 케첩을 만들었다.

밤이면 밤마다 지도 그리는 사연

야뇨증을 놀리면 더 심해질 수 있어

옛날에는 밤에 잠을 자다 이불에 지도를 그리면 키를 뒤집어쓰고 집집마다 돌아다니며 소금을 얻어 와야 했다. 키를 뒤집어쓰고 가면 밥주걱으로 뺨을 얻어맞고 나서야 소금을 주었다. 혼이 나면 밤마다 이불에 오줌싸는 버릇을 고칠 수 있을 거라고 생각했기 때문.

오줌을 충분히 가릴 수 있는 나이인 5세가 넘었는데도 밤마다 이불에 오줌을 싸는 것을 야뇨증이라고 한다. 야뇨증이 오래되면 오줌싸개라는 주변의 놀림에 창피함과 열등감을 느껴 소심해지기 쉽다. 이럴 때일수록 따뜻이 감싸 주고 자신의 경험을 이야기하며 위로해 주는 것이 진정한 친구의 자세.

야뇨증은 심리적인 원인이 큰 편이다. 무엇보다 마음을 편안하게 가지고 잠을 푹 자는 것이 좋다. 또 잠들기 전에 물이나 음료수를 마시지 말고, 미리 오줌을 누자. 야뇨증은 어린 시절에 누구나 한 번쯤 겪는 일일 뿐이다.

똥눌 때 한자

저녁 **석**

초저녁 밤하늘에 뜬 반달 모양을 본뜬 글자로, '저녁' 또는 '하루가 기우는 때'를 뜻한다.

도전! IQ 200
자동차가 알려 준 것은?

한밤중에 한 남자가 사람을 치고 달아났다. 남자는 위기에서 벗어날 수 있는 방법을 생각한 끝에 집에 도착하자마자 타이어 하나에 펑크를 냈다. 다행히도 차에는 사고가 난 흔적 같은 건 찾아볼 수 없었다. 몇 분 뒤에 순찰차가 조사를 하러 왔다. 남자는 타이어가 펑크 나 오늘은 차를 가지고 나가지 못했다고 시치미를 뗐다. 그러나 경찰은 차에 손을 대 보더니 그 남자를 바로 체포했다. 경찰은 그 남자가 사고를 냈다는 것을 어떻게 알았을까?

정답 : 경찰관이 차의 후드부에 손을 댔을 때 따뜻함을 느꼈기 때문이에요. 아직 달리고 있는 차처럼 엔진열로 따뜻했던 것.

PUZZLE

가로 풀이
1 사람이 들기 어려울 만큼 부피가 아주 큰 돌. 큰 ○○ 얼굴.
2 실제로 행하는 것. 말보다는 ○○이 중요하죠.
5 밭에서 길러 먹는 온갖 식물. 무, 상추 등.
6 자기와 관계 깊은 일을 남에게 드러내어 뽐냄. ○○거리.

세로 풀이
1 수레나 차를 움직이는 도구로 이용되는 둥근 모양의 물건. 자전거 ○○.
3 번개가 칠 때 일어나는 소리. 하늘이 요란하게 울리죠.
4 손으로 부쳐서 바람을 일으키는 간단한 기구.
7 밝고 쾌활하여 어두운 면이 없음. ○○한 성격.

퍼즐 정답 : (가로) 1-바위, 2-실천, 5-채소, 6-자랑 (세로) 1-바퀴, 3-천둥, 4-부채, 7-명랑

심리 테스트
지금 나의 불

지금 텔레비전에서 엄청난 자연 재해가

A. 대지진이 어떤 나라를 멸망시켰다.
B. 화산의 마그마가 산으로 흘러내렸다.
C. 회오리 바람이 불었다.
D. 태풍으로 마을이 물에 잠겼다.

보는 신문

- Diby, hurry up.
  디비야, 서둘러라.
- What time is it?
  몇 시예요?

Point

hurry
[허리]
서두르다

어느 정도일까?

고 보도하고 있다. 얼마나 심각할까?

- 불만 지수 120. 위험! 모든 것이 뜻대로 되지 않는 상태. 가득 쌓인 스트레스를 풀고 휴식을 취하자.

- 불만 지수 80. 친구와 싸움을 한 날일 수도. 산책을 하거나 노래를 부르며 스트레스를 날려 버리자.

- 불만 지수 40. 비록 나는 발견하지 못했더라도, 불만이 막 싹트고 있다. 오락을 하거나 친구와 수다를 떨자.

- 불만 지수 0. 지금은 거의 불만이 없는 최고의 상태. 무슨 일을 하든 즐거울 것이다.

깜짝 기네스

최다 훌라후프 돌리기, 도미노 넘어뜨리기

어깨와 엉덩이 사이에 훌라후프를 걸고 이를 동시에 돌린 가장 많은 개수는 82개이다. 이 기록은 1999년 8월 5일, 로리 린로멜리가 미국 네바다주 레노의 아틀란티스 카지노 리조트에서 세운 것. 그녀는 82개의 훌라후프를 3번씩 완벽하게 돌렸다고 한다.

중국 시간으로 1999년 12월 31일 밤 11시 22분, 275만 1518개의 도미노가 32분 22초 만에 쓰러지는 멋진 장면이 연출되었다. 장소는 중국 북경 대학 체육관으로, 중국 및 일본인 학생 53명이 한 조가 되어 40일에 걸쳐 만든 도미노였다. 새 천년을 바라보며 마련된 도미노 쇼는 일본 도쿄 방송국과 중국 북경 방송국이 공동으로 주최한 것이었다.

애완동물을 위한 보험 상품

알기 쉬운 경제

애완동물도 보험에 든다?

보험이란 사고가 일어날 경우를 대비해 미리 일정한 돈을 모아 두었다가 사고를 당했을 때 손해를 보상해주는 제도이다.
우리 주변의 모든 위험은 보험의 대상이 되기 때문에 애완동물의 보험 가입도 가능하다. 애완동물의 천국이라는 영국에서는 개는 물론, 토끼나 고양이, 심지어 구렁이까지 보험에 가입한다고 한다. 영국에서는 약 1500만 마리의 개와 고양이 가운데 10% 정도가 애완동물 의료 보험에 가입해 있다. 만일 구렁이가 보험에 가입할 경우, 1년 동안 13만 원 가량의 보험료를 내는 대신 병에 걸렸을 때 최고 600만 원까지 보상 받을 수 있다.
우리 나라는 소, 돼지, 말 등의 가축이 보험에 가입한 후 사고가 나면 최고 80%까지 보상을 받을 수 있다. 축산 농가에서 홍수나 화재, 전염병 등 불의의 사고로 피해를 입었을 때 농협에서 보상해 주는 것이다. 그 밖에 애완견을 위한 보험 상품도 있다.

별자리 이야기

처녀자리 이야기(8.23~9.22)

대지의 여신 데메테르의 딸 페르세포네는 어느 날 저승의 신 하데스에게 납치되었다. 데메테르가 딸을 찾느라 대지를 돌보지 않자 계절이 바뀌지 않고 열매가 맺지 않는 등 재난이 닥쳐 사람들은 살 수가 없었다. 데메테르는 간신히 딸 페르세포네를 찾았지만 페르세포네는 이미 하데스의 꾐에 넘어가 그만 저승의 음식을 먹은 뒤였다. 그러나 페르세포네는 석류알 8개 중 4알을 먹었기 때문에 1년의 반은 저승에서, 나머지 반은 지상에서 살게 되었다. 그래서 1년의 반은 따뜻하고 반은 춥다고 한다.
페르세포네가 왼손에 보리 이삭을 쥐고 봄에 저승에서 나오는 모습이 처녀자리의 별자리이다.
처녀자리에 태어난 사람은 섬세한 감성과 청순함을 지니고 있으며 희생 정신이 뛰어나다.

No.59

펴낸 곳 삼성출판사 주소 서울시 서초구 서초동 1516-2 전화 (02)3470-6916 등록 제 1-276호 홈 페이지 www.samsungbooks.com 삼성출판사
이 책에 실린 글과 그림을 무단으로 복사, 복제, 배포하는 것은 저작권자의 권리를 침해하는 것입니다. ⓒ Samseong Publishing Co., Ltd., 2009

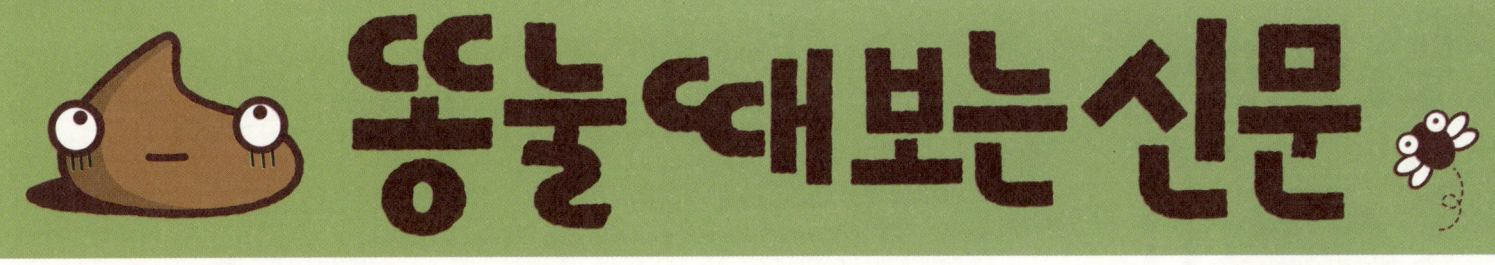

오늘의 읽을거리

똥 이야기　01

쇠똥구리가 태양신의 사자?

도전! IQ 200　02
똑같은 모양으로 초콜릿 나누기

나도 마술사

뒤집어도 쏟아지지 않는 물

Hello, Ham　03
오늘의 포인트 _ straight

세상에 이런 일이

말 잘 듣는 강도

요리조리 쿡　04

입 안에서 살살 녹는 고구마찜 과자

상식뭉치

1770년, 영국의 탐험가 제임스 쿡이 오스트레일리아에 상륙하게 되었다. 그 곳에서 처음 보는 동물을 발견한 쿡은 원주민에게 이름을 물었다. 원주민은 '캥거루' 라고 대답했고 이후 그 동물은 캥거루로 불렸다. 사실 캥거루는 원주민어로 '나도 모른다' 는 뜻.

쇠똥구리가 태양신의 사자?

쇠똥구리 문양을 왕의 묘나 비석에 새겨 넣어

여러 동물의 똥을 동그랗게 만들어 굴리는 쇠똥구리. 똥을 먹고 사는 이 작은 벌레를 우리나라에서는 대수롭지 않게 여겼다. 오히려 옛날에는 논밭에 뿌릴 똥을 훔쳐가는 도둑쯤으로 취급했다.

그러나 이 벌레가 고대 이집트에서는 굉장한 대접을 받았다고 한다. 고대 이집트의 상형문자에 '스카라베' 라는 것이 있다. 이는 쇠똥구리의 하나인 스카라베 사쿠레를 일컫는 것. 고대 이집트인들은 똥을 굴려 태양처럼 동그란 모양을 만드는 쇠똥구리를 태양신 '라' 의 사자라고 여겨 신성한 곤충으로 생각했다. 때문에 이 쇠똥구리(스카라베 사쿠레)의 모양을 고대 왕의 묘나 비석에 새겨 넣어 왕의 위엄을 빛내기도 했다.

오늘날까지도 이집트의 여자들은 태양신 '라' 의 보살핌을 받기 위해 반지나 브로치에 쇠똥구리를 새겨 몸에 지니고 다닌다고.

똥눌 때 한자

성 성

여자가 아이를 낳는 모양을 본뜬 글자로, 본래의 뜻은 '태어난 곳'이었는데 점차 '성씨'의 뜻으로 쓰게 되었다.

도전! IQ 200

똑같은 모양으로 초콜릿 나누기

미영이는 호주머니 속에 넣어 둔 초콜릿을 친구들과 나누어 먹으려고 꺼냈다. 20조각으로 나누어져 있기는 했지만 나누기가 애매한 모양이었다. 같이 놀던 친구들까지 모두 4명이니까 5조각씩 나누어 먹으면 공평하다. 어떻게 나누어야 정확히 5조각씩 같은 모양으로 나누어 먹을 수 있을까?

 : 용량

숨은 그림 찾기

털모자 / 비녀 / 야구 모자 / 우산

나도 마술사

뒤집어도 쏟

준비물 : 물을 가득 채운 컵 2개, 컵보다 약간 크게

마술 비법 : 물을 가득 채운 컵 위에 종이를 덮고 뒤
않는다. 물이 쏟아지지 않는 이유는 컵
고 있기 때문이다.

보는신문

- Can you help me, please?
  저 좀 도와 주시겠습니까?
- Go straight? Thank you.
  똑바로 가라고요? 고맙습니다.

straight
[스트레이트]
곧장가는, 똑바른

지지 않는 물

1. 물이 가득 담긴 컵 하나를 들어 거꾸로 뒤집으면 물이 쏟아진다는 것을 친구들에게 보여 준다.
2. 미리 잘라 놓은 종이를 물이 가득 담긴 다른 컵 위에 올려 놓으면서 마술 종이가 물이 쏟아지지 않게 해줄 거라고 말한다.
3. 종이를 손바닥으로 누르며 컵을 천천히 거꾸로 뒤집은 다음, 종이를 눌렀던 손을 뗀다. 물론 컵 속의 물은 쏟아지지 않을 것이다.

의 표면 장력이 작용하기 때문에 종이가 떨어지지 이에 가하는 힘과 바깥쪽의 대기압이 균형을 이루

세상에 이런 일이

말 잘 듣는 강도

미국 샌프란시스코의 한 은행에서 어떤 남자가 은행을 털려 했다. 은행 용지에 '나에겐 총이 있다! 이 가방에 돈을 넣어라.' 라고 쓴 강도는 어이없게도 창구에 줄을 서서 기다렸다. 그러나 이 은행 강도는 누군가 자신이 쓰는 걸 봤을까 걱정이 되어 길 건너 다른 은행으로 가서 다시 줄을 섰다. 자신의 차례가 되자 창구 직원에게 '나에겐 총이 있다! 이 가방에 돈을 넣어라.' 라고 쓴 종이를 보였다. 은행 강도의 행동으로 봐서 어리숙함을 눈치챈 창구 직원은 이렇게 대꾸했다. "이건 ○○ 은행 용지라서 저희 은행에서는 돈을 드릴 수가 없습니다. 저희 은행 용지에 다시 쓰시든가 ○○ 은행으로 가서 청구하십시오."
그러자 어리숙한 은행 강도는 다시 ○○ 은행으로 갔다. 창구 직원은 즉시 경찰에 신고했고 경찰이 출동했을 때 이 은행 강도는 착실하게도 ○○ 은행 창구에 줄을 서 있었다고.

고구마찜 과자

재료[4인분] : 고구마 3개, 설탕 2큰술, 소금 1/3작은술, 계핏가루·녹말가루 약간, 카스텔라 가루 적당량

요리조리 쿡

입 안에서 살살 녹는 고구마찜 과자

1. 금방 쪄낸 고구마 중 1개는 껍질째 콩알 크기로 썬다. 나머지 고구마 2개는 껍질을 벗긴 다음 체에 곱게 내린다.

2. 체에 내린 고구마에 설탕, 소금, 계핏가루를 넣고 골고루 섞는다.

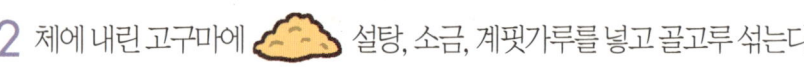

3. 콩알 크기로 썬 고구마를 ②와 함께 섞어 밤알 크기로 만든 다음 녹말가루를 묻힌다.

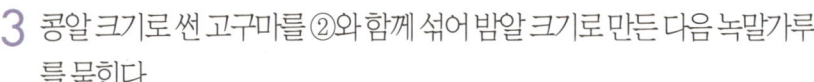

4. ③을 찜통에서 잠깐 찐 다음 꺼내 식힌다. 그 위에 카스텔라 가루를 뿌린다.

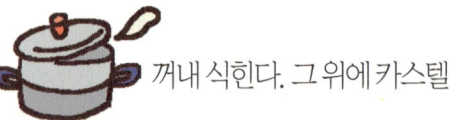

Tip : 고구마에는 전분과 당분이 많이 들어 있어 단맛이 강하고 비타민과 철분, 칼슘, 마그네슘 등 무기질 성분도 풍부해 맛으로나 영양으로나 간식 재료로는 만점이다.

글로벌 에티켓

외국인에게 꽃을 선물할 때는

프랑스인들은 카네이션을 주로 장례식에 사용하기 때문에 불길한 꽃으로 생각한다. 그러므로 선물로는 적당하지 않다. 독일인에게 꽃을 선물할 때는 포장은 하지 않는 것이 좋으며, 멕시코와 브라질에서 자줏빛 꽃은 죽음을 상징하므로 피한다.

일본인에게 흰색은 죽음을 상징한다고 하니 꽃을 고를 때와 포장할 때 주의해야 한다. 유럽에서도 흰 국화는 죽음을 의미하므로 피하자. 유럽에서는 짝수의 꽃이 불행을 가져온다고 생각하므로 꽃 선물은 홀수로 하도록 한다. 그러나 13을 불길한 숫자로 여기므로 13송이의 꽃을 선물하는 것은 피할 것.

No.60

펴낸 곳 삼성출판사 주소 서울시 서초구 서초동 1516-2 전화 (02)3470-6916 등록 제 1-276호 홈 페이지 www.samsungbooks.com 삼성출판사
이 책에 실린 글과 그림을 무단으로 복사, 복제, 배포하는 것은 저작권자의 권리를 침해하는 것입니다. ⓒ Samseong Publishing Co., Ltd., 2009

똥 눌 때 보는 신문

오늘의 읽을거리

똥 이야기 01
화장실에서 탄생한 루소의 사상

도전! IQ 200 02
거스름돈은 얼마일까?

심리 테스트
옥수수 먹는 모습으로 알아보는 나

Hello, Ham 03
오늘의 포인트 _ soccer

깔깔 유머
사자 우리 안에 떨어진 짱구

역사 속으로 04

평생 궁중에서만 살아야 했던 조선 시대 궁녀들

상식뭉치

사람과 말은 땀을 흘려 몸의 열을 내린다. 그러나 개나 고양이는 피부에 땀구멍이 없기 때문에 혀로 땀을 흘려 열을 내린다. 쥐는 몸에 침을 발라 침이 증발하면서 몸의 온도를 내린다. 한편 토끼와 코끼리처럼 귀가 큰 동물은 귀에 있는 많은 혈관으로 혈액을 공급해 열을 내린다.

화장실에서 탄생한 루소의 사상

방광염이 심해 화장실에서 살다시피 한 루소

뛰어난 사상가로 프랑스 대혁명의 정신적 기둥이 된 장 자크 루소(1712~1778). 자연주의 교육을 주장했던 루소는 18세기 유럽을 대표하는 소설가이자 사상가였다.

그는 시계공의 아들로 태어나 어려운 시절을 겪었지만 위대한 사상가가 되어 사람들에게 많은 영향을 끼쳤다. 그런데 뛰어난 루소의 사상이 대부분 화장실에서 탄생했다는 소문이 있다. 소문의 원인은 루소가 젊은 시절부터 앓아 온 방광염 때문. 방광염은 주로 대장균에 의한 세균 감염이 일으키는 질병으로, 오줌이 자주 마렵고 눌 때마다 고통이 심한 것이 특징이다.

루소는 방광염 증세가 심해지자 아예 화장실에서 살다시피 했다는데, 때문에 그가 주장한 위대한 사상 중 대부분이 화장실에서 탄생했다는 말이 생긴 것이다. 비록 화장실에서 탄생했지만 향기로운 사상이라 할 만하다.

똥눌때 한자

이름 **명**

名

어두운 밤에는 잘 보이지 않으므로 소리내어 자신을 상대방에게 알린다는 것을 나타내는 글자로, '이름' 을 뜻함.

도전! IQ 200
거스름돈은 얼마일까?

꼬마 돼지는 빵을 아주 좋아한다. 꼬마 돼지가 자주 가는 빵가게에서는 빵 1개에 350원, 3개를 사면 1000원에 주었다. 꼬마 돼지는 너무 많이 먹으면 배탈이 날 것 같아 오늘은 빵 4개만 사기로 했다. 2000원을 내면 얼마를 거슬러 받아야 할까?

정답 : 650원. 꼬마 돼지가 3개에 1000원씩이라 350원씩이 빵 1개를 샀으므로 1350원어치 산 것이다.

PUZZLE

가로 풀이
2 여러 사람이 소리를 맞추고 화음을 넣어 노래함.
3 덩치가 큰 수소. ○○고집.
4 깨나 콩 등의 소를 넣고 반달이나 조개 모양으로 빚어서 찐 떡. 추석에 많이 먹는다.
6 괴상하게 생긴 사람. '미녀와 야수' 에서 야수가 ○○이죠.

세로 풀이
1 5~6월에 줄기 끝에서 2, 3개의 꽃이 옆으로 피죠. 나리꽃. ○○같이 하얀 얼굴.
3 백로와 비슷하나 더 크며, 날개 끝의 깃털과 부리만 검은새. 긴 다리로 성큼성큼 걷는다.
5 어떤 일을 하기에 편하고 이용하기 쉬움. ○○한 교통.
7 짚이나 풀을 말렸다가 죽으로 끓인, 소나 말의 먹이.

퍼즐 정답 : (가로) 2-합창, 3-황소, 4-송편, 6-야수 (세로) 1-백합, 3-황새, 5-편리, 7-여물

심리 테스트
옥수수 먹는 모

엄마가 맛있는 옥수수를 사 오셨다. 나는

A. 위에서부터 갉아먹는다.
B. 빙글빙글 돌리며 먹는다.
C. 반으로 자른 뒤 먹는다.
D. 손으로 알알이 떼어 낸 후 먹는다.

보는 신문

- Let's play soccer, Ham.
  축구하자, 햄.
- That's too bad.
  안됐구나.

Point

soccer
[사커]
축구

~로 알아보는 나

~ 먹기 시작할까?

- 별로 겉모습에 신경을 쓰지 않고 자기 주관이 뚜렷한 타입이다. 항상 자신이 생각한 대로 밀고 나간다.

- 매우 주의 깊은 타입. 무슨 일이든 조심스럽게 행동하며, 남 앞에서 거의 자신의 의견을 말하지 않는다.

- 자신의 행동이 남의 눈에 어떻게 비추어질 지에 대해 항상 신경 쓰고 의식하는 신중파이다.

- 멋을 추구하는 타입. 항상 고급풍의 분위기를 추구하며 사치스러운 경향이 있다.

깔깔 유머

사자 우리 안에 떨어진 짱구

일요일 오후, 짱구는 친구들과 함께 동물원에 갔다. 동물원에 도착한 짱구는 호랑이, 곰, 늑대, 여우가 살고 있는 우리를 차례로 구경했다. 그런데 그만 발을 헛디디는 바람에 사자 우리 안으로 떨어지고 말았다. 우리 안에 떨어진 짱구를 보고 사자가 어슬렁어슬렁 다가왔다. 짱구는 너무 무서운 나머지 눈을 꼭 감은 채 무릎을 꿇고 열심히 기도를 드렸다. 잠시 후, 짱구가 눈을 살짝 떠 보니 사자가 자기 옆에서 눈을 감고 기도를 드리고 있는 것이었다. 짱구는 그제야 안도의 한숨을 내쉬며 말했다.
"사자야, 조금 전까지는 네가 날 잡아먹을까 봐 너무 무서웠어. 그런데 너가 이렇게 나와 함께 기도를 하고 있으니 너무 기쁘다."
그러자 사자가 이렇게 말했다.
"기뻐할 것 없어. 난 지금 식사 전 기도를 드리고 있는 중이니까! 어~흥!"

4

평생 궁중에서만 살아야 했던 조선 시대 궁녀들

역사 속으로

궁중 법도는 물론 학식을 두루 갖춰야 해

궁녀는 보통 10년 만에 1번 뽑았는데 중인 계급의 여자아이 중에서 상궁 이상의 추천을 받아야만 궁궐에 들어갈 수 있었다.

궁녀들은 교양을 쌓기 위해 대개 4, 5세 때 궁궐에 들어간다. 정식 궁녀가 되려면 몸가짐이나 말하기 등 궁중 법도를 빠짐없이 배우고 언문과 천자문, 대학, 소학까지 두루 익혀야 했다.

궁녀는 상궁이나 나인이라고 불렸으며 왕실의 의식주와 관계된 일을 맡았다. 가장 지위가 높은 궁녀는 '지밀'로 왕실과 왕비를 보필하는 중요한 임무를 맡는다. 이외에 궁녀들은 왕과 왕비의 옷과 이부자리 등을 만드는 '침방'과 의복과 장식물에 수를 놓는 '수방', 음료 및 과자를 만드는 '생과방', 목욕물과 세숫물을 준비하고 청소를 담당하는 '세수간', 빨래와 옷의 뒷손질을 하는 '세답방' 등에서 일했다.

궁녀는 일단 궁에 들어오면 늙고 병들기 전까지는 궁궐 밖으로 나갈 수 없었다.

건강이 최고

두뇌를 발달시키는 식습관

두뇌를 발달시키기 위해서는 음식을 먹을 때 천천히 먹는 습관을 길러야 한다. 그리고 꼭꼭 오래 씹어 먹자. 30회 이상 씹는 습관은 두뇌를 마사지하는 효과가 있다.

또한 끼니는 절대 거르지 말고 하루 3끼를 규칙적으로 먹도록 하자. 특히 아침밥은 꼭 챙겨 먹는 것이 좋다. 뇌를 움직이기 위해서는 많은 에너지가 필요하다. 그런데 만일 아침밥을 먹지 않고 활동을 하게 되면 에너지가 부족해 뇌에 많은 부담을 주게 되기 때문이다.

두뇌 발달에 좋은 식품은 현미밥, 다시마를 비롯한 해조류 등 섬유질이 많은 음식과 생선이나 호두, 땅콩 등 견과류, 육류 등이다. 과자, 아이스크림 등의 단 음식과 인스턴트 식품, 탄산 음료 등은 두뇌 회전에 좋지 않으므로 양을 조절해서 먹거나 되도록이면 먹지 않는 것이 좋다.

No.61

펴낸 곳 삼성출판사 주소 서울시 서초구 서초동 1516-2 전화 (02)3470-6916 등록 제 1-276호 홈 페이지 www.samsungbooks.com 삼성출판사
이 책에 실린 글과 그림을 무단으로 복사, 복제, 배포하는 것은 저작권자의 권리를 침해하는 것입니다. ⓒ Samseong Publishing Co., Ltd., 2009

똥눌 때 보는 신문

오늘의 읽을거리

똥 이야기 01

설사의 원인도 가지가지

도전! IQ 200 02
누구에게 머릴 깎아야 할까?

나도 마술사

물에 뜨는 동전

Hello, Ham 03
오늘의 포인트 _ tasty

오싹 괴담

무덤 파는 아이

궁금한 과학 04

느림보 티라노사우루스

설사의 원인도 가지가지

똥에 물기가 지나치게 많아지면 설사가 돼

아랫배가 사르르 아파와서 화장실로 달려가면 대개는 설사를 하게 된다. 건강한 똥은 70%가 물이다. 물이 80%면 설사, 85% 이상이면 물처럼 나오는 설사가 된다. 반대로 물의 양이 60~40%로 줄면 똥이 단단해져 변비가 된다.

설사의 원인은 대부분 수분이 많은 음식을 지나치게 먹었다거나, 소화가 잘 안 되는 음식이나 상한 음식을 먹었을 경우다. 또 콜레라 등 세균에 의한 질병에 걸리면 혈관 속의 수분이 장 속으로 이동해 똥에 물기가 많아져 설사를 하게 된다. 심리적으로 불안한 것도 원인이 될 수 있다.

설사가 계속 멈추지 않을 때에는 탈수를 예방하기 위해 매일 300cc 정도의 음료수를 천천히 마시도록 한다. 또 섬유소가 적은 음식을 먹고 튀긴 음식이나 탄산 음료, 콩 등 소화기에 자극을 주는 음식은 피하는 것이 좋다.

상식뭉치

사람이나 동물이나 몸의 온도가 지나치게 내려가면 몸을 오들오들 떨게 된다. 추위에 몸을 떠는 것은 몸의 열을 빼앗기지 않고 계속 열을 생산해 내려는 몸부림이다. 몸을 떠는 운동을 통해 평소의 4배에 해당하는 열에너지를 만들어 내는 것이다.

2

똥눌 때 한자

사귈 교

사람이 두 발을 엇갈린 채 서 있는 모양을 나타낸 글자로, '서로' 또는 '사귀다'의 뜻을 가지고 있다.

도전! IQ 200

누구에게 머릴 깎아야 할까?

산골에 사는 민수는 몇 달째 자르지 않아 길어진 머리를 깔끔하게 깎으려고 이발소에 갔다. 그곳은 동네 근방에 있는 유일한 이발소였다. 문을 열고 들어가니 더벅머리 이발사와 깔끔한 이발사 2명이 있었다. 민수는 순간, 누구에게 머리를 깎아야 할까 고민하면서 관찰했다. 과연 민수는 어느 사람한테 머리를 깎았을까?

정답 : 더벅머리 이발사이다. 마을에 이발소가 하나밖에 없기 때문에 이발사끼리 서로 머리를 깎아 줬을 것이다.

숨은그림찾기

꽃병 / 못 / 다리미 / 부츠

나도 마술사

물에

준비물 : 100원짜리 동전 1개, 바닥이 넓은 사기 그

마술 비법 : 동전이 반사한 빛이 물을 지나며 휘어지

보는신문

 It's pancake. Go ahead, Ham.
이건 팬케이크야. 먹자, 햄.

 Um, it's tasty.
음, 맛있다

Point

tasty
[테이스티]
맛있는

동전

채울 정도의 물

1. 그릇 바닥에 동전을 놓아 둔다. 친구 1명을 불러내 동전이 그릇 꼭대기에 가려 보이지 않는 곳에 세워 둔다.
2. 친구 얼굴 앞에서 손을 흔들며 최면을 건다. '동전이 떠오른다, 떠오른다' 계속 최면을 걸면서 그릇에 물을 살살 부으면 친구는 동전이 떠오르는 것을 볼 수 있을 것이다.
3. 박수를 1번 쳐서 친구에게 동전이 어디 있는지 확인시킨다. 동전이 바닥에 가라앉아 있는 것을 보고 아마 깜짝 놀랄 것이다.

동전이 떠오른 것처럼 보이는 것이다.

오싹 괴담

무덤 파는 아이

다섯 살 된 동엽이는 마당에서 놀 때마다 무덤 파는 놀이를 해서 엄마 아빠를 걱정하게 만들었다. 어느 날 퇴근을 하고 돌아온 동엽이 아빠는 집 문을 여는 순간 흠칫했다. 마당이 온통 도톰하게 올라온 흙 무덤으로 가득했기 때문이었다.

동엽이를 혼내 주려고 안방 문을 열어젖힌 아빠는 비명을 질렀다. 창문 밖으로 보이는 뒷마당 한가운데 동엽이가 혼자 앉아 무덤을 만들고 있었던 것이다. 아내는 어디 갔는지 온데간데없었다.

그때, 아빠와 눈이 마주친 동엽이가 씩 웃으며 말했다.
"아빠 이제 왔어? 아빠는 어디 묻어 줘?"

궁금한 과학

사냥하는 데는 별 무리 없어

영화 〈쥬라기 공원〉에서 전속력으로 달리는 지프차를 아슬아슬하게 뒤쫓아가던 티라노사우루스(Tyrannosaurus · T렉스). 엄청난 덩치와 가공할 만한 힘, 난폭한 성격을 가진 최강의 육식 동물로 알려져 있다. 그러나 최근 미국 스탠퍼드 대학의 연구팀이 발표한 논문에 따르면 T렉스의 몸에는 빠른 속도를 내는 데 필요한 근육이 들어갈 공간이 없다고 한다. 시속 72km의 속도를 내기 위해 필요한 다리 근육을 계산해 본 결과 전체 몸무게의 86%가 다리 근육이어야 한다는 결과가 나온 것이다. 그렇다면 T렉스는 다리만 엄청나게 큰 모습이어야 한다. T렉스의 화석을 보면 다리보다는 몸통이 큰 것이 확실하므로 엄청나게 빠른 속도로 달리는 것은 불가능하다는 견해다.

그러나 워낙 덩치가 크기 때문에 시속 20km의 빠른 걸음만으로도 사냥하는 데는 별 문제가 없었을 것이라고 한다.

즐겁게 글쓰기

글을 짧고 간결하게 쓰자

처음 글을 쓸 때는 잘 쓰겠다는 욕심에 글이 길어지기 쉽다. 그러나 글이 긴 것과 잘 쓴 것은 다른 것이다. 자신이 써 놓은 글을 다시 읽어 보면 불필요한 말들이 쓸데없이 많이 나열되어 있다고 느껴질 때가 있다. 그것을 고치면 정작 자신이 하고 싶었던 말이 몇 줄로 정리되기도 한다.

처음부터 너무 잘 쓰겠다는 생각보다는 조금씩 나아지면 된다는 생각으로 차근차근 자신의 생각을 정리해 가면서 쓰는 것이 중요하다. 어느 부분에 어떤 내용을 넣어야겠다는 생각을 미리 해 두자. 그리고 꼭 들어가야 할 내용의 순서를 정해 놓으면 글 쓰기가 훨씬 쉬워질 것이다.

평소, 짧은 글 안에 자신의 생각을 최대한 표현해야 하는 동시를 써 보는 것도 짧은 글에 자신의 생각을 정확하게 드러내는 방법을 배울 수 있어 도움이 된다.

No.62   펴낸 곳 삼성출판사 주소 서울시 서초구 서초동 1516-2 전화 (02)3470-6916 등록 제 1-276호 홈 페이지 www.samsungbooks.com   삼성출판사
이 책에 실린 글과 그림을 무단으로 복사, 복제, 배포하는 것은 저작권자의 권리를 침해하는 것입니다. © Samseong Publishing Co., Ltd., 2009

똥 눌 때 보는 신문

오늘의 읽을거리

똥 이야기 01
며느리 방귀에 초가 지붕 날아간 사연

도전! IQ 200 02
놀이터 가는 길 찾기

심리 테스트
걸음걸이로 알아보는 나의 사회성

Hello, Ham 03
오늘의 포인트 _ enjoy

생각하는 동화
등불을 든 장님

문화 답사 04
신라의 문화가 꽃을 피운 경주 유적 역사 지구

상식뭉치

영국의 한 잡지사에서 조사한 바에 따르면 가장 오랫동안 똥을 누지 못한 사람의 기록은 102일이다. 70일간 똥을 누지 못해 사망한 사람이 있었다고 하니 고통스러운 기록이다. 사람의 장 속에는 항상 1kg 정도의 똥이 들어 있다고 하는데 102일 된 배 속은 어떨까.

며느리 방귀에 초가 지붕 날아간 사연

양이 많고 미는 힘이 셀수록 방귀 소리가 커

《방귀 잘 뀌는 며느리》라는 전래 동화가 있다. 갓 시집온 며느리가 얼굴이 점점 누렇게 뜨자 시아버지가 며느리를 불러 놓고 그 이유를 물어 보았다. 알고 보니 새색시 체면에 쑥스러워 방귀를 뀔 수 없었던 것.

사정을 알게 된 시아버지는 먼저 호방하게 방귀를 한 번 뀌고는 걱정 말고 마음껏 방귀를 뀌라고 말해주었다. 며느리는 부끄러워하며 자기 방귀는 너무 세다고 말했다. 걱정 말고 뀌라며 허허 웃는 시아버지의 자상함에 며느리는 용기를 내어 방귀를 '뽕' 뀌었다. 그런데 그 소리가 어찌나 큰 지 귀가 멍하고, 방귀 바람에 지붕이 저만치 날아갔다고 한다.

과장된 이야기지만 유난히 방귀 소리가 큰 사람들이 있다. 방귀 소리는 나오는 방귀의 양이 많고, 방귀를 밀어내는 힘이 셀수록 크다. 또 치질에 걸린 사람은 방귀가 나오는 똥구멍이 좁아져 유난히 큰소리가 난다고.

2

똥눌 때 한자

통할 통

큰길에 이르니 길이 사방으로 통해 있음을 나타낸 모양으로, '통한다'는 뜻이다.

도전! IQ 200
놀이터 가는 길 찾기

똥구리네 집에서 놀이터까지 가는 길에는 여러 숫자가 적혀 있다. 오늘 놀이터까지 가는 길에 지나온 길의 숫자를 모두 더해 보니 27이 되었다. 똥구리는 어느 길로 지나왔을까?

정답 : 4+6+15+2=27

PUZZLE

가로 풀이
1 빗물이나 집에서 쓰고 버리는 더러운 물.
2 수영할 때 쓰는 모자.
5 형과 남동생.

세로 풀이
1 졸리거나 따분할 때 절로 입을 크게 벌려 쉬는 숨.
2 볏과의 한해살이 식물. 줄기로는 비를 만든다.
3 위를 향해 번듯이 누워 수영하는 방법.
4 실물의 모양을 그대로 축소해서 만든 물건.
6 흥부가 부러진 다리를 고쳐 준 새.

심리 테스트
걸음걸이로 일

나는 평소에 어떤 자세로 걸을까? 다음 4가지의 보기 중에서 가장 비슷한 것은?

A. 천천히 걷는다.
B. 빠르게 걷는다.
C. 보폭이 좁다.
D. 다리를 교차시켜 걷는다.

보는 신문

 I played computer games.
나는 컴퓨터 게임했어.

 Did you enjoy it?
재미있었니?

enjoy
[인저이]
~을 즐기다

어제 뭐 했니?

I played computer games.

Did you enjoy it?

응, 정말 재미있었어.

는 나의 사회성

🌸 평소에 천천히 걷는 사람은 비교적 자기중심적인 경향이 있지만 사회성은 좋다.

🌸 빠르게 걷는 사람은 활발해 보이지만 인간 관계가 서툴러 고민. 거의 손해를 보는 사람이다.

🌸 보폭이 좁은 사람은 주변 상황을 잘 파악해 반응해 나가는 타입. 다만 사람이 너무 좋아 손해 보는 수도 있다.

🌸 외로움을 많이 타는 어리광쟁이. 친구 앞에서는 명랑하지만 모르는 사람 앞에서는 풀이 죽어 있다.

생각하는 동화

등불을 든 장님

어떤 사람이 깜깜한 밤길을 걷고 있었습니다. 그런데 맞은편에서 등불을 들고 다가오는 사람이 보였습니다. 가까이 다가가 보니 등불을 든 사람은 앞을 보지 못하는 장님이었습니다. 길을 가던 사람은 이를 이상하게 여겨 장님에게 물어 보았습니다.
"실례지만, 당신은 앞을 보지 못하는데 어째서 등불을 밝히고 다니시는 겁니까?"
그러자 등불을 든 장님이 대답했습니다.
"물론 저는 등불을 들고 있어도 깜깜한 길을 걷기는 마찬가지입니다. 하지만, 제가 등불을 들고 있으면 사람들이 제가 걸어오는 것을 볼 수 있기 때문에 서로 부딪치는 일이 없답니다."

4

신라의 문화가 꽃을 피운 경주 유적 역사 지구

문화 답사

신라의 역사와 문화를 한눈에

세계 문화 유산으로 등록된 경주 역사 유적 지구는 신라의 역사와 문화를 한눈에 볼 수 있을 만큼 다양한 유산이 밀집해 있는 곳이다. 불교와 왕실에 관련된 유산뿐만 아니라 천문대, 정원 등도 포함돼 있다. 찬란했던 불교 문화와 그 예술은 물론, 신라인들의 삶이 어떠했는가 더듬어 볼 수 있는 경주는 도시 전체가 박물관이라 해도 과언이 아니다.

경주 역사 지구는 유적의 성격에 따라 모두 5개 지구로 나누어진다. 수많은 불교 유적이 있는 남산 지구, 신라 왕궁이 자리하고 있던 월성 지구, 신라의 왕과 왕비 무덤이 모여 있는 대능원 지구, 사찰 터인 황룡사지와 분황사가 있는 황룡사 지구, 방어 시설의 핵심인 산성 지구이다.

우리 민족의 역사와 혼을 느낄 수 있는 경주 유적 역사 지구는 다소 넉넉한 일정으로 둘러보아야 경주 곳곳에 널려 있는 역사지를 꼼꼼히 감상할 수 있다.

왕따 탈출

마음을 담은 편지 쓰기

생각을 전하는 가장 좋은 방법은 말을 하는 것이다. 그런데 자신의 마음을 친구들에게 전달하는 것이 서툰 친구라면 1가지 좋은 방법이 있다. 친구들에게 말을 걸기가 힘들 때나 친구와 싸우고 나서 먼저 사과할 기회를 놓쳤을 때 편지를 한번 써 보자.

편지는 말로 하지 못하는 자신의 생각을 글로 정리하여 전달할 수 있다는 장점이 있다. 편지는 말로 하는 것보다 친근감과 믿음을 줄 수 있어 권할 만한 방법이다.

또한 어떤 친구와 친해지고 싶은데 말을 건네기가 어렵다면 편지로 시작해 보자. 분명 즐거운 대화로 이어져 좋은 친구가 될 수 있을 것이다.

No.63

똥눌 때 보는 신문

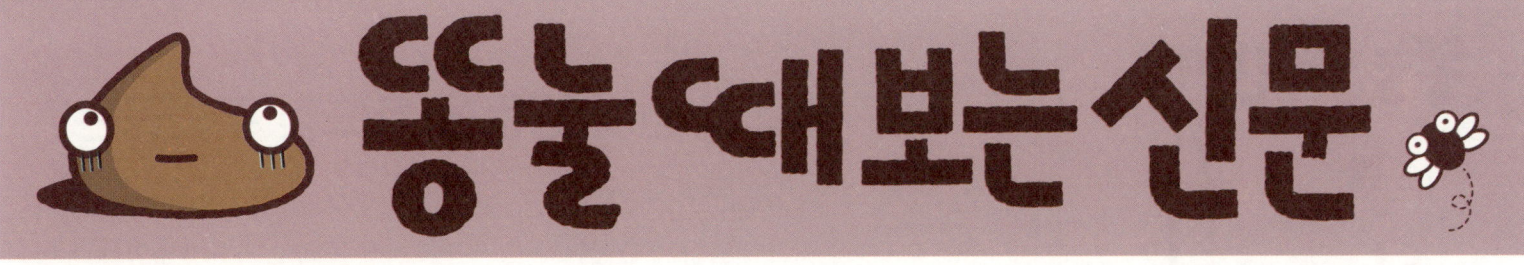

오늘의 읽을거리

똥 이야기 01
방귀 대장이 되는 비결

도전! IQ 200 02
지구 최후의 남자 방문을 두드린 주인공은?

심리 테스트
글씨체로 알아보는 성격

Sing a Song 03
Rain, Rain, Go away

생각하는 동화
준 만큼 받는다

신나는 스포츠 04

새롭게 급부상하고 있는 인라인스케이트

상식뭉치

문화와 인종이 달라도 꽃이나 과일 냄새는 좋아하고 쓰레기나 하수구 냄새를 싫어하는 것은 같다. 그렇다면 한국인이 좋아하는 김치와 된장 냄새를 서양인이 싫어하는 이유는? 그건 서양인의 후각에 익숙하지 않기 때문이다. 낯선 것을 꺼리는 것이 사람의 심리.

방귀 대장이 되는 비결

우유, 콩, 빵 등은 장 속에 가스를 많이 만들어

시도 때도 없이 나오는 방귀로 사람들을 놀라게 하고, 끊임없는 방귀로 다른 사람들에게 웃음을 선사하는 방귀 대장들. 방귀 대장들의 특징은 때와 장소를 가리지 않고 방귀를 뀐다는 점이다. 심지어는 걸어가는 중이나 큰 소리로 웃는 중에도 방귀를 뀌곤 한다. 장에 특별한 질병이 없는데도 지나치게 방귀를 많이 뀐다면 먹는 음식에 문제가 있다고 보아야 한다. 가스를 많이 만들어 내는 음식을 즐겨 먹는 식습관이 원인인 것이다.

혹시 방귀 대장을 꿈꾸는 사람이 있다면 우유나 유제품, 콩, 땅콩 등의 콩류, 감자, 당근, 셀러리, 양파, 양배추, 바나나, 살구, 자두, 감귤, 사과, 밀가루, 빵 등을 거르지 말고 하루 3끼 먹도록! 이 음식들은 장 속에 가스를 많이 만들어 내 하루에 30번이라도 방귀를 뀔 수 있도록 도와줄 것이다. 방귀 대장이 되는 방법은 생각보다 어렵지 않다.

똥눌 때 한자

나라 국

무기를 들고 국경선을 지키고 있는 모습을 나타낸 글자 모양으로, '나라'를 뜻한다.

도전! IQ 200

지구 최후의 남자 방문을 두드린 주인공은?

똥구리가 본 영화 속에서 멸망한 지구에 단 1명의 남자가 살아남았다. 그러나 그 남자도 지구에서 사라질 시간이 얼마 남지 않았다. 그가 조용히 눈을 감고 기도하고 있을 때 누군가가 그의 방문을 두드리는 것이었다. 과연 지구 최후의 남자의 방문을 두드린 주인공은 누구였을까?

정답: 방문자는 사신이다. 사신에게 두드리는 것은 사람이 아니다. 아직 남자들이 살아 있다.

숨은그림찾기

자동차 / 고래 / 뱀 / 종이배

심리 테스트

글씨체로

지금 자신의 공책을 한번 살펴보자. 나는 어떤 글씨체로 글씨를 써 놓았을까?

A. 큰 글씨   B. 작은 글씨
C. 각진 글씨   D. 둥근 글씨

보는신문

Sing a Song

Rain, rain, go away,
Come again another day,
Little Sally wants to play,
Rain, rain, go away.

보는 성격

- 큰 글씨를 쓰는 사람은 적극적인 성격으로 단체를 이끌어 가는 타입의 사람이다.

- 글씨를 작게 쓰는 사람은 소극적이고 자신감이 없는 타입으로 약한 면도 있다.

- 글씨를 각지게 쓰는 사람은 판단과 행동을 정확하게 할 줄 아는 사람이다. 그러나 내성적인 면도 있다.

- 글씨를 둥글게 쓰는 사람은 붙임성 있고 사물에 대한 이해가 빠른 반면 감정적인 면도 있다.

생각하는 동화

준 만큼 받는다

하루는 여우가 황새를 식사에 초대했습니다. 황새는 즐거운 마음으로 여우의 집으로 갔습니다. 여우의 집 안은 맛있는 냄새로 가득했습니다. 황새는 침을 꼴깍 삼키며 식탁에 앉았습니다. 그런데 음식이 납작한 접시에 담겨져 있어 뾰족한 부리를 가진 황새는 아무리 애를 써도 음식을 먹을 수가 없었습니다.

"황새야, 이제 보니 네가 싫어하는 음식인가 보구나? 그럼 내가 다 먹을 수밖에……."

여우는 황새의 몫까지 다 먹어 버렸습니다. 황새는 맛있게 잘 먹었다며 다음날 여우를 점심에 초대했습니다. 다음날, 황새의 집에 들어선 여우는 너무나 맛있는 냄새에 침을 꼴깍 삼키며 어서 음식이 나오기만 기다렸습니다. 그러나 음식이 목이 좁고 긴 병에 담겨져 있어 여우는 전혀 먹을 수가 없었습니다.

"여우야, 네가 이렇게 맛있는 요리를 싫어할 줄은 몰랐어. 할 수 없이 내가 다 먹어야겠구나."

황새는 여우의 몫까지 다 먹어 치웠습니다. 여우 역시 입맛만 다실 뿐 할말이 없었습니다.

4

새롭게 급부상하고 있는 레포츠 인라인스케이트

신나는 스포츠

통학, 쇼핑 등 생활 속에서 즐겨

1986년에 개발된 신종 레포츠 인라인스케이트는 미국을 비롯 유럽, 일본 등에서도 가족 스포츠로 자리잡았다. 조깅을 즐기던 사람들은 무릎에 충격이 없는 인라인스케이트로 조깅을 대신하고 있으며, 우리 나라에서도 롤러스케이트를 제치고 청소년 층에서부터 인기를 끌기 시작했다.

1700년경 아이스 스케이트을 좋아한 한 네덜란드 사람이 여름에도 스케이트를 즐기고 싶어 나무로 된 재봉틀용 실패(Spool)를 스케이트 바닥에 못으로 고정시켜 신고 다녔는데 이것이 인라인스케이트의 최초 모형이다.

인라인스케이트는 스케이트를 탈 줄 알면 불과 2~3시간 만에 쉽게 배울 수 있다. 미국에서는 출근할 때나, 학교갈 때, 쇼핑할 때 사용되고 있으며 이제는 우리 나라에서도 어린이부터 어른에 이르기까지 인라인스케이트를 즐기는 사람들을 공원이나 주변에서 흔히 볼 수 있게 되었다.

별자리 이야기

전갈자리 이야기(10.24~11.22)

오리온은 바다의 신 포세이돈의 아들로 거인 사냥꾼이다. 오리온은 다친 눈을 태양의 신이자 의술의 신이기도 한 아폴론에게서 치료받으면서 요양하던 중 아폴론의 누이인 달과 사냥의 여신 아르테미스를 만나게 되었다. 오리온이 아르테미스와 사랑하는 사이가 되자 이를 불만스러워한 아폴론은 전갈을 보내 오리온을 죽이려 했다. 전갈에게 물린 오리온은 바다로 도망쳤지만 결국 아폴론의 계략으로 아르테미스의 화살에 맞아 죽게 되었다.

뒤늦게 이를 안 아르테미스의 소원으로 오리온은 별자리가 되었고 이때 전갈 또한 같이 별자리가 되었다. 전갈자리에 태어난 사람은 말수가 적고 신중하다. 또 대단한 집중력과 용기를 가지고 있다.

No.64

퍼낸 곳 삼성출판사　주소 서울시 서초구 서초동 1516-2　전화 (02)3470-6915　등록 제 1-276호　홈 페이지 www.samsungbooks.com　삼성출판사
이 책에 실린 글과 그림을 무단으로 복사, 복제, 배포하는 것은 저작권자의 권리를 침해하는 것입니다. ⓒ Samseong Publishing Co., Ltd., 2009

 똥눌 때 보는 신문

오늘의 읽을거리

똥 이야기 01
방귀 냄새에 코가 썩는다?

도전! IQ 200 02
어떤 순서로 강을 건너야 할까?

나도 마술사
동전 던져 앞뒤 알아맞히기

Hello, Ham 03
오늘의 포인트 _let

깜짝 기네스
가장 많이 팔린 동화책, 가장 짧은 편지

애완동물 키우기 04
장난꾸러기 페럿

상식뭉치

과학자들이 침팬지와 인간의 유전자를 연구해 본 결과, 인간과 침팬지의 유전자는 98% 정도가 일치했다. 차이는 단지 2%. 그것이 우리 밖에서 침팬지의 재롱을 구경하는 인간과 우리 안에서 재롱을 떨어야 하는 침팬지의 운명을 결정한 것이다.

방귀 냄새에 코가 썩는다?

코 썩는 방귀 냄새는 유황과 메탄 가스의 합작품

방귀 냄새가 구린 건 사실이지만 장에 이상이 있는 건 아닌지 의심스러울 정도로 지독한 방귀를 뀌는 사람이 있다. 흔히 똥을 싼 것은 아닌가 의심하게 되는 이런 종류의 방귀 냄새를 맡으면 '코가 썩을 것 같다.' 고 한다.

실제로 대장에 질병이 있는 사람은 음식 찌꺼기가 대장 안에 오래 머물러 있다 보니 가스가 많아져 더 지독한 냄새를 풍긴다. 그러나 대부분은 장 속의 세균에 의해 만들어진 메탄가스가 음식물 속에 포함되어 있던 유황과 결합하면서 코가 썩는 방귀 냄새를 풍기게 된다. 유황이 많이 포함된 방귀일수록 구린 정도가 심한 것일 뿐 특별히 건강에 이상이 있는 것은 아니라고.

결국 소화된 음식물을 장 속에 오래 담아 두면 음식물 속의 유황이 메탄가스를 만나 결합할 시간을 더 많이 주게 되는 셈. 자주 화장실에 가서 대장을 비우는 것이 최선이다.

똥눌때 한자

집 가

돼지 1마리가 집 안에 있는 모양을 나타낸 글자로, 여러 사람이 모여 사는 '집'을 뜻한다.

도전! IQ 200

어떤 순서로 강을 건너야 할까?

강 건너 아랫마을에 사는 이 서방이 장을 보러 나왔다가 닭 1마리와 쌀 1자루 그리고 개 1마리를 샀다. 그러나 강 건너에 있는 집으로 돌아가려 하니 배가 너무 작아서 한꺼번에 모두 옮길 수가 없었다. 오로지 1가지만을 실을 수 있는데 개를 먼저 데리고 가면 남아 있는 닭이 쌀을 쪼아먹을 것 같고, 쌀을 먼저 옮기면 개가 닭을 물 것이 분명했다. 과연 어떤 순서로 강을 건너야 닭과 쌀, 개가 모두 무사할 수 있을까?

정답 : 우선 닭을 먼저 옮긴다. 다음 쌀을 옮겨놓고 돌아올 때 닭을 다시 데리고 온다. 그리고 개를 옮겨놓고 마지막으로 닭을 옮기면 된다.

숨은그림찾기

화살표 / 우산 / 버섯 / 부츠

나도 마술사

동전 던져

준비물 : 500원짜리 동전

1 친구들 앞에서 동전을 던져 앞면이 나올지 뒷면이 나올지 알아맞힐 수 있다고 말한다.

2 주문 거리 등에 다른 잡는

마술 비법 : 엄지손가락에는 수백만 개의 신경이 흘 백발백중! 단, 미리 몇 번 연습해 두자.

보는신문

- Hi. Let's play basketball.
  안녕. 농구하자.
- Me, too. Let's go.
  나도 그래. 가자.

Point

let [렛] ~하자

Hi. Let's play basketball.

그래! 너도 함께 할래?

그래. 나도 농구 좋아해!

Me, too. Let's go.

알아맞히기

3 동전을 잡자마자 엄지 손가락으로 동전의 뒷면을 만져 본다. 좀 매끄러운 쪽이 앞면이다.

듯이 중얼 을 던져 손 다. 이 때 로 동전을

때문에 작은 차이도 쉽게 느낄 수 있다. 그러니 늘

깜짝 기네스

가장 많이 팔린 동화책, 가장 짧은 편지

1999년은 조앤 롤링의 《해리 포터》 시리즈의 해였다고 해도 지나치지 않다. 이 시리즈의 첫 3편은 미국에서만 1850만 부, 영국을 비롯한 영국 연방 국가에서 450만 부가 넘게 팔려 나갔다. 특히 제1편 《해리포터와 철학자의 돌》은 영국과 영국 연방 국가에서 150만 부 이상 팔렸다고. 미국에서는 《해리포터와 마법사의 돌》이란 제목으로 출판되어 1040만 부나 팔렸다고 한다. 이것은 한 해 동안 팔린 동화책 기록으로는 최고의 판매 부수이다.

세상에서 가장 짧은 편지는 1862년, 작가 빅토르 위고와 출판 업자 허스트 사이에 오간 편지이다. 위고는 자신의 소설 《레미제라블》이 얼마나 팔리고 있는지 알고 싶어서 "?"를 적은 편지를 보냈고, 그에 대한 허스트의 답장의 내용은 '!'가 전부였다고 한다.

애완동물 키우기

장난꾸러기 페럿
호기심과 애교 많고 놀기 좋아해

페럿은 외로움을 많이 타는 동물로 자주 놀아 주어야 스트레스와 비만을 막을 수 있다. 페럿을 기르려면 위험이 닥칠 때 고약한 냄새를 풍기는 항문선을 없애는 수술이 필요하다. 또 짝짓기를 못하면 암컷은 호르몬의 균형이 깨져 죽기도 하고 수컷은 사나워진다. 새끼를 원하지 않는다면 불임 수술을 받는 것이 좋다.

페럿은 육식 동물로 반드시 전용 사료를 주어야 한다. 또 눈에 보이는 대로 먹어 치우는 습관이 있어 주의가 필요하고 우유, 치즈 같은 유제품은 소화시킬 수 없으므로 절대 금물. 페럿은 처음 보는 물건이나 움직이는 것을 보면 무는데 이럴 땐 코끝을 살짝 때려 주거나 단호하게 야단을 쳐 습관을 고쳐 주어야 한다. 그러나 정도가 지나치면 오히려 공격적이 될 수도 있다. 페럿은 구석에 똥 누는 습관이 있어 구석에 화장실을 만들어 주고 똥을 누려 할 때 화장실로 옮겨 주면 금방 화장실을 사용하게 된다.

닮고 싶은 인물

세계적인 영화감독, 스티븐 스필버그

스티븐은 12번째 생일날, 아버지로부터 무비 카메라를 선물로 받았다. 그날부터 스티븐은 가족의 생일날이나 집안 행사가 있을 때마다 맡아 놓고 촬영을 했다. 그 무렵부터 그는 영화에 빠져들어 시나리오를 쓰거나 영화의 장면을 그려 보곤 했다.

어릴 적, 스티븐은 영화를 찍겠다며 집 안을 온통 난장판으로 만들어 놓기 일쑤였다. 그는 친구들과 노는 것보다 카메라를 들고 영화를 찍는 것을 좋아했다.

그가 첫 번째 영화를 만든 것은 13세 때였다. 가죽 점퍼를 입은 사람이 비행기를 타자마자 곧바로 추락하고 만다는 3분 30초짜리 짧은 영화였다.

그렇게 어린 시절부터 영화 감독에 대한 꿈을 키워 온 스티븐 스필버그는 어린이와 어른들을 모험과 상상의 나라로 이끄는 세계적인 영화감독이 되었다.

No.65

똥눌 때 보는 신문

펴낸 곳 삼성출판사 주소 서울시 서초구 서초동 1516-2 전화 (02)3470-6916 등록 제 1-276호 홈 페이지 www.samsungbooks.com
이 책에 실린 글과 그림을 무단으로 복사, 복제, 배포하는 것은 저작권자의 권리를 침해하는 것입니다. ⓒ Samseong Publishing Co., Ltd., 2009 삼성출판사

오늘의 읽을거리

똥 이야기 01
똥개라고 놀리지 말라고!

도전! IQ 200 02
물건의 용도가 다른 하나는?

심리 테스트
습관으로 알아보는 나의 성격

Hello, Ham 03
오늘의 포인트 _holiday

세상에 이런 일이
고양이가 먹여 살린 사나이

알기 쉬운 경제 04
천연 자원이 풍부한 황금의 땅 알래스카

상식뭉치

10원짜리 동전의 원료인 동은 냄새를 없애고 세균을 죽이는 기능을 가지고 있다. 아주 적은 양으로도 가능하기 때문에 주로 수술용 기구나 식품을 만드는 기계, 요리 기구, 약을 만드는 기계 등에 쓰이고 있다. 1가지 더! 신발에 넣어 두면 발 고린내까지 없애 준다.

똥개라고 놀리지 말라고!

배가 고파서 먹을 뿐, 원래부터 똥개는 없어

시골 길에서 흔히 볼 수 있는 누렁이, 바둑이, 검둥이. 순진하고 초롱한 눈망울은 도시의 여느 개들과 다를 게 없어 보인다. 다른 점이라면 자신이 싼 구린 똥을 아무렇지 않게 먹는 똥개라는 것이다.

아이들은 똥개를 보면 더럽다고 피하거나 놀리기 일쑤다. 그러나 원래부터 똥개로 태어나는 개는 없다. 단지 배가 고프기 때문일 뿐. 옛날 시골에서 크는 개들은 도시의 잡종견이나 애완견들과는 달리 배불리 먹기 어려웠다. 보통 먹다 남긴 음식을 주는데 가난했던 시절, 시골에서 먹다 남기는 음식의 양이란 도시에서 남기는 양과는 비교할 수도 없이 적게 마련. 그러다 보니 시골 개는 늘 배가 고플 수밖에 없다.

그 밖에 우리 안에 오랫동안 갇혀 있다거나 주인의 사랑을 받지 못하는 경우, 심심하고 권태로울 때도 똥을 먹는다고 한다.

2

똥눌 때 한자

마실 음

입을 크게 벌리고 무엇을 마시는 모습을 본뜬 글자로, '마시다'의 뜻이다.

도전! IQ 200

물건의 용도가 다른 하나는?

똥구리가 친구들과 함께 탈것을 전시해 놓은 전시장을 찾았다. 그런데 그 가운데 잘못 전시돼 있는 것이 하나 눈에 띄었다. 어느 것일까?

정답 : 가마는 다른 것과 달리 뜻는 것이 아니라 사람이 탄다.

PUZZLE

가로 풀이
1 단단한 조가비에 싸여 있으며 속살은 먹음.
3 걸핏하면 우는 아이를 일컫는 말.
5 겨울철에 ○○로 김장을 하죠. ○○김치.
7 고기 따위를 굽는 기구. 네모지거나 둥근 굵은 쇠테두리 안에 가는 철사를 그물처럼 엮어 만든 것.

세로 풀이
2 골짜기나 들에 흐르는 작은 물줄기. 시내보다 작음.
4 아주 소중한 사람을 비유하여 이르는 말. 어린이는 나라의 ○○.
6 우리 민족 최대의 명절. 음력 8월 15일. 한가위.

퍼즐 정답 : (가로) 1-조개, 3-울보, 5-배추, 7-석쇠 (세로) 2-개울, 4-보물, 6-추석

심리 테스트

습관으로 알

나에게는 어떤 습관이 있을까? 5개의 보기 중에서 자신의 습관과 비슷한 것 하나를 골라 보자.

A. 머리카락을 꼰다.   B. 코를 만진다.

C. 팔짱을 낀다.   D. 다리를 꼬고 앉는다.

E. 다리를 꼭 붙이고 앉는다.

보는신문

- What did you do this holiday?
  이번 휴일에 무엇을 했니?
- How about you, Diby?
  디비, 넌 어땠니?

 Point

holiday
[할리데이]
휴일, 공휴일

What did you do this holiday?

가족과 인라인스케이트 타러 갔었어.

좋았겠구나.

How about you, Diby?

응~, 집에서 음악 들었어.

는 나의 성격

A 자신에 대해 관심 가져 주기를 바라고 있는 사람. 남을 많이 의식하지만 외로움을 많이 탄다.

B 어리광이 많은 사람. 결단을 쉽게 내리지 못하는 단점을 가지고 있다.

C 경계심이 많고 신중한 성격으로 주변 사람이 자신을 어떻게 생각하는지 신경을 많이 쓰는 사람이다.

D 명랑하고 활발한 성격. 좀더 냉정하게 하려 해도 잘 되지 않아 고민이다.

E 처음 보는 사람과 친해지려면 많은 시간이 걸리지만 한번 친해지면 잘 해주는 성격이다.

세상에 이런 일이

고양이가 먹여 살린 사나이

15세기 영국. 기사 헨리 와이어트는 지하 감옥에 갇혀 꼼짝없이 굶어 죽을 처지에 놓이게 되었다. 춥고, 배고프고, 외로웠던 헨리에게 유일한 위안이라면 길 잃은 고양이와 친구가 된 것이었다. 헨리는 지하 감옥에 너무 오랫동안 갇혀 있었기 때문에 헨리를 구하러 온 친구들조차 그가 살아 있을 것이라고 생각하지 못했다. 그러나 굶어 죽은 줄로만 알았던 헨리는 고양이 친구 덕에 살아남았다. 헨리의 친구가 되어 준 길 잃은 고양이는 헨리에게 비둘기 등을 식사로 물어다 주었던 것이다.

똥눌때보는신문

천연 자원이 풍부한 황금의 땅 알래스카

알기 쉬운 경제

효자 노릇을 톡톡히 해내는 땅

오늘날 많은 양의 석유와 천연 가스가 나오는 황금의 땅 알래스카. '광대한 땅'이라는 뜻의 이 곳은 1959년에 미국 연방의 49번째 주가 되었다. 알래스카는 러시아 황제였던 표트르 대제의 부탁으로 덴마크의 탐험가 베링이 발견한 땅이다.
러시아가 미국에 팔기 전까지만 해도 이 곳은 쓸모 없는 땅이었다. 러시아는 나라가 궁핍해지자 1867년, 알래스카를 미국에 팔았다. 알래스카의 땅값은 720만 달러. 당시 알래스카를 사들이기로 결정했던 미국의 수어드 국무 장관은 쓸모 없는 땅을 사들인다는 이유로 많은 사람들의 반대와 비웃음을 받아야 했다.
그러나 혁명에 의해 러시아가 공산 국가인 소련으로 바뀌면서 미국에게는 알래스카가 군사적으로 중요한 곳이 되었다. 그리고 소련과의 대립이 끝난 오늘날에는 풍부한 천연 자원으로 미국을 부유하게 만들어 주는 효자 노릇을 톡톡히 하고 있다.

별자리 이야기

천칭자리 이야기(9.23 ~ 10.23)

맨 처음 빚어졌을 때의 순수했던 모습과 달리 시간이 지날수록 인간은 타락과 폭력으로 세상을 물들여 갔다. 이러한 인간의 모습에 실망한 신들은 하나 둘 인간을 멀리했고 인간을 돌보기 위해 세상으로 나오려 하지 않았다.
그러나 정의의 여신 아스트라이아만은 인간을 저버리지 않았다. 아스트라이아는 인간 세상에 남아 천칭으로 인간의 선과 악의 무게를 가려 운명을 결정하며 인간들을 변화시키려 노력했다. 그러나 인간들의 포악이 극에 달하자 정의의 여신마저도 인간 세상을 떠나 올림포스로 가고 말았다.
천칭자리는 인간 세상을 위해 끝까지 노력한 정의의 여신 아스트라이아를 기념해 별자리로 만들어진 것이다.
천칭자리에 태어난 사람은 사리 분별이 분명하며 부드러운 성격을 지니고 있다.

No.66

펴낸 곳 삼성출판사   주소 서울시 서초구 서초동 1516-2   전화 (02)3470-6916   등록 제 1-276호   홈 페이지 www.samsungbooks.com   삼성출판사
이 책에 실린 글과 그림을 무단으로 복사, 복제, 배포하는 것은 저작권자의 권리를 침해하는 것입니다.   ⓒ Samseong Publishing Co., Ltd., 2009

똥눌 때 보는 신문

오늘의 읽을거리

똥 이야기 01
앗, 화장실에도 과학이?

도전! IQ 200 02
누가 가장 먼저 왔을까?

나도 마술사
설탕으로 바뀐 소금

Hello, Ham 03
오늘의 포인트 _home

깔깔 유머
어명이오~!

요리조리 쿡 04
뭉쳐라 밥! 밥경단

상식뭉치

햄버거를 파는 패스트푸드점의 의자는 왜 딱딱한 플라스틱일까? 이런 의자에는 보통 30분 이상 앉아 있기 힘들다. 미리 만들어 놓은 음식을 저렴하게 파는 패스트푸드점은 많이 팔아야 이익이 남기 때문에 손님이 너무 오래 앉아 있으면 곤란하다고.

앗, 화장실에도 과학이?

불을 자주 껐다 켜는 화장실에는 백열등

단순한 공간처럼 생각되는 화장실에도 과학이 숨어 있다. 그 좋은 예는 화장실의 조명 기구인 백열등. 형광등에 비해 어둡고 전기 요금이 많이 나오는데도 불구하고 화장실에 왜 백열등을 사용하는 것일까?

방이나 거실에 주로 사용하는 형광등은 밝고 전기 요금도 덜 나오며 램프의 수명 또한 길다. 그러나 사물의 색이 실제와 다르게 보이고 불을 켜고 있는 동안은 전력이 적게 들지만 켜고 끄는 순간의 전력은 많이 든다.

반면 백열등은 오래 켜 두면 전력이 많이 들고 불빛도 어둡지만 사물의 색은 실제에 가깝게 보인다. 또 켜고 있는 동안은 전력이 많이 들지만 켜고 끄는 순간의 전력은 형광등보다 훨씬 적게 든다. 때문에 주로 불을 켜 두는 방이나 거실은 형광등을 사용하고, 평소에는 불을 꺼 두었다가 사용할 때마다 불을 껐다 켜는 화장실에는 백열등을 사용하는것이다.

똥눌때 한자

밥 식

뚜껑 덮은 밥그릇을 본뜬 글자로, '밥' 또는 '먹다' 의 뜻이다.

도전! IQ 200

누가 가장 먼저 왔을까?

백화점에서 오픈 기념으로 가장 먼저 도착한 1명에게 예쁜 선물을 주겠다는 광고를 냈다. 그러자 아침부터 백화점 앞에서 4명의 아이들이 서로 자기가 먼저 왔다고 우기며 다투었다. 보다 못한 백화점 직원이 나와 누가 먼저 왔는지 순서를 정해 주었다. 어젯밤에 눈이 와서 백화점 입구 쪽에 아이들의 발자국이 아주 선명하게 찍혀 있었다. 직원은 어떻게 누가 먼저 왔는지 알아냈을까?

정답 : 가장 먼저 온 사람은 ⓒ 발자국 위에 다른 사람의 발자국이 찍히지 않은 사람이다. ⓒ→ⓐ→ⓑ→ⓓ 순서로 도착했다.

숨은그림찾기

국자 / 버섯 / 햄버거 / 연필

나도 마술사

설탕으로

준비물 : 소금 조금, 밀가루 1작은술, 접시

마술 비법 : 소금이 설탕으로 바뀐 게 아니라 입 속(에서) 것이다.

보는신문

🐹 Mom, I'm home. I'm hungry.
엄마, 저 집에 왔어요. 배고파요.

🐹 Can I have some?
좀 먹어도 돼요?

Point

home
[홈]
집, 자기 집

Mom, I'm home. I'm hungry.

샌드위치 만들고 있단다.

Can I have some?

그럼! 자, 여기 있다.

와~, 맛있어요! 고마워요, 엄마.

찐 소금

1. 접시 위에 소금을 조금 덜어 놓고 친구들에게 이것이 진짜 소금이라는 것을 확인하도록 맛보게 한다.

2. 친구들에게 마술의 가루가 소금을 설탕으로 바꾸어 줄 거라고 말하면서 소금에 밀가루를 섞는다.

3. 밀가루와 섞은 소금을 친구의 혀에 묻히고 몇 분 동안 기다리게 한 후 먹어 보게 한다. 친구는 아마 단맛을 느낄 것이다.

이 밀가루를 소화하면서 단맛이 나는 물질로 바뀐

깔깔 유머

어명이오~!

옛날 옛날, 코 후비기를 좋아하는 임금님이 살고 있었다. 그 임금님은 밥 먹을 때도, 걸어 다닐 때도, 심지어는 잠잘 때조차도 손을 코 안에 집어 넣고 코를 후볐다. 보다 못한 좌의정이 죽음을 각오하고 여전히 코를 후비고 있는 임금님께 아뢰었다.

"전하, 아뢰옵기 황공하오나 전하께서 지저분하게 코를 파시니, 체통이 말이 아니옵니다. 부디 체통을 지키시옵소서!"

임금님은 의외로 화를 내지 않고 순순히 이렇게 말했다.

"좌의정도 한번 파 봐. 얼마나 시원한데……!"

다음날, 궁궐로 출근한 영의정이 코를 열심히 후비고 있는 좌의정과 마주쳤다.

"아니, 궁궐 안에서 보란듯이 코를 후비며 다니다니, 이 대체 무슨 일이란 말이오!"

그러자 오히려 좌의정이 영의정에게 소리치며 말했다.

"시끄럽소, 어명이오~!"

4

재료[2인분] : 진밥 1컵, 깨소금 1큰술, 구운 김 1장, 삶은 달걀 2개, 삶은 완두콩 5큰술, 참기름·소금 약간

요리조리 쿡
뭉쳐라 밥! 밥경단

1. 진밥에 분량 만큼의 깨소금과 약간의 참기름, 소금을 넣어 버무린 다음 지름 2cm가량의 경단으로 동글동글하게 빚는다.
2. 구운 김을 손으로 비벼 김가루를 만든다.
3. 삶은 달걀은 노른자만, 삶은 완두콩은 알맹이만 체에 내려  가루로 만든다.
4. 김 가루, 노른자 가루, 완두콩 가루를  각각 접시에 담고 ①의 밥경단에 가루를 묻혀 꼬치에 꽂는다.

Tip : 완두콩에는 양질의 단백질뿐 아니라 비타민, 비오틴, 콜린, 엽록소 등이 풍부하게 들어 있다. 또한 콩에 함유된 레시틴은 뇌의 세포막을 구성하는 요소 중 하나로 뇌 기능 향상에 좋은 식품이다.

글로벌 에티켓
외국인과 대화를 할 때는

많은 외국인들이 한국인의 대화 태도에 대해 부정적으로 생각한다고 한다. 한 예로 외국인 친구의 집에 초대 받아 친구 부모님을 처음 만났다고 가정해 보자. 예의를 지킨다는 생각으로 어른들의 얘기를 조용히 듣고만 있다면 나의 생각과는 달리 성의 없는 태도로 오해를 받아 좋지 않은 인상을 남길 수도 있다.

영국인과 이야기를 나눌 때 상대를 쳐다보며 눈을 깜박거리는 것은 이야기를 들을 때 재미있게 잘 듣고 있다는 표시니 기억해 두자. 외국인과의 대화에서는 마음을 주고받는 자연스런 분위기가 중요하다. 할말이 없더라도 대화를 자연스럽게 이어 갈 수 있는 호응의 말 정도는 적당히 사용할 줄 알아야 한다.

No.67

펴낸 곳 삼성출판사 주소 서울시 서초구 서초동 1516-2 전화 (02)3470-6916 등록 제 1-276호 홈 페이지 www.samsungbooks.com 삼성출판사
이 책에 실린 글과 그림을 무단으로 복사, 복제, 배포하는 것은 저작권자의 권리를 침해하는 것입니다. ⓒ Samseong Publishing Co., Ltd., 2009

똥눌 때 보는 신문

오늘의 읽을거리

똥 이야기 01
똥 냄새로 단결하는 바퀴벌레

도전! IQ 200 02
오케스트라 단원 속으로 숨은 도둑

심리 테스트
먹는 태도로 알아보는 내 성격

Hello, Ham 03
오늘의 포인트 _ longer than

오싹 괴담
밤마다 걸려 오는 전화

역사 속으로 04
임진왜란 속에서 실록을 지킨 사람들

상식뭉치

날씨가 춥다고 감기에 걸리는 것은 아니다. 그 증거로 남극 지방에는 감기라는 것이 없다. 감기의 원인은 감기 바이러스. 그러나 추위는 감기의 간접적인 원인이 되기는 한다. 몸의 열을 빼앗아 저항력이 약해지면 감기 바이러스에 쉽게 감염되기 때문이다.

똥 냄새로 단결하는 바퀴벌레

똥 속의 집합 페로몬이 무리를 한 곳에 모아

핵 전쟁으로 모든 인류가 멸망해도 살아남을 것이라는 바퀴벌레. 바퀴벌레는 약 3억 5000만 년 전쯤에 인류보다도 훨씬 먼저 지구에 태어났다.

숲에서 살던 바퀴벌레는 어느 날인가부터 따뜻하고 먹을 것이 많은 사람들의 집으로 이사를 해 왔다. 바퀴벌레는 사람의 손톱이나 발톱, 비듬, 심지어는 때를 먹고도 살 수 있을 만큼 생명력이 강하다. 그 뿐 아니라 무리 생활을 통해 무서운 번식력까지 갖추고 있어, 그야말로 천하무적에 가깝다.

바퀴벌레가 무리 지어 살 수 있는 것은 집합 페로몬 덕분이다. 페로몬은 같은 종류의 동물들 사이에 대화의 수단으로 사용되는 분비 물질로, 무리를 한 곳에 모으는 역할을 한다. 재미있는 것은 바퀴벌레의 집합 페로몬이 똥 속에 있다는 사실. 한마디로 서로의 똥 냄새를 맡고 집으로 모이는 셈이다.

똥눌 때 한자

시장 시

시장을 나타내는 팻말의 모양에서 유래된 글자이다.

도전! IQ 200
오케스트라 단원 속으로 숨은 도둑

악기를 훔쳐 달아나던 도둑이 어느 건물 안으로 뛰어 들어가는 것을 보고 경찰이 뒤따라 들어갔다. 그 곳에는 오케스트라 단원들이 모여서 베토벤의 〈운명 교향곡〉을 연습하고 있었다. 범인은 분명히 오케스트라 단원들 속에 숨어 있다. 누가 범인일까?

정답 : 기타를 들고 있는 사람. 운명 교향곡에는 오케스트라에는 들어가지 표함되지 않는다.

PUZZLE

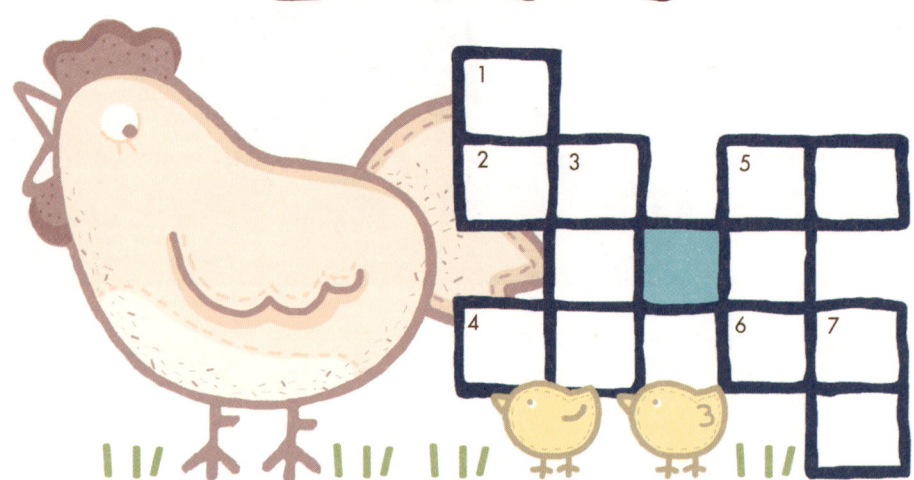

가로 풀이
2 산이나 바다 밑을 뚫어 만든 통로. 남산 ○○.
4 꽃이나 향수 등에서 나는 기분 좋은 냄새.
5 보초가 서 있는 곳. 방범 ○○.
6 불이 나는 재앙.

세로 풀이
1 일을 하는 곳. 직장.
3 긴 널빤지의 가운데를 괴고, 양쪽 끝에 한 사람씩 올라서서 번갈아 뛰는 민속놀이의 한 종류.
5 사람의 얼굴 모습을 주로 그린 그림.
7 재물이나 좋은 일이 생길 운수.

퍼즐 정답 : (가로) 2-터널, 4-향기, 5-초소, 6-화재 (세로) 1-일터, 3-널뛰기, 5-초상화, 7-재수

심리 테스트
먹는 태도로

평소에 나는 음식을 어떻게 먹을까?

A. 와그작와그작 맛있게 먹는다.
B. 깨작깨작 맛없게 먹는다.
C. 좋아하는 것부터 먹는다.
D. 좋아하는 것을 나중에 먹는다.
E. 빨리 먹는다.
F. 천천히 먹는다.

보는신문

🐹 Where is my pencil?
내 연필 어디 있어?

🐹 No, mine is longer than that.
아니, 내 건 저것보다 더 길어.

Point
longer than
[렁거 덴]
~보다 긴

Where is my pencil?

이거 네 거니?

No, mine is longer than that.

그럼 혹시 저거니?

보는 내 성격

🌸 집중력이 있어 짧은 기간 동안 집중해서 승부하는 성격이다.

🌸 불만 많고 신경질적인 사람. 하지만 한번 믿은 사람은 끝까지 믿는 순수한 사람이다.

🌸 행동력이 있어 움직이면서 생각하는 사람이다.

🌸 1가지 일에 몰두하는 성격으로 망설이다가 기회를 놓칠 수도 있다.

🌸 무엇인가를 하고 있지 않으면 불안해하는 성급한 성격의 사람이다.

🌸 신중해서 확실한 것에만 도전하는 성격이다.

오싹 괴담

밤마다 걸려 오는 전화

동생이 실종된 지 10일이 지났다. 그런데 밤 12시만 되면 전화 벨이 울리고 동생은 들릴 듯 말 듯한 목소리로 무섭다는 말만을 남긴 채 전화를 끊었다.
곧 본격적인 경찰의 수사가 시작되었다. 샅샅이 조사해 본 결과, 경찰은 전화선이 끊겨 있다는 사실을 알게 되었다.
그렇다면 전화는 어떻게 걸려 왔던 것일까?
경찰은 전화기의 선을 따라 추적해 들어갔다. 전화선은 방을 지나 지하실 구석의 틈 사이로 연결돼 있었다.
지하실 벽을 뚫자 전화선에 목이 감긴 채 동생이 눈을 부릅뜨고 죽어 있었다. 전화선의 끝을 입에 문 채로……

임진왜란 속에서 실록을 지킨 사람들

역사 속으로

위기 속에서 역사를 보존하다

1592년, 20만 왜군이 바다를 건너 부산포로 쳐들어왔다. 조선의 전 국토가 왜군의 공격을 받는 가운데 실록이 모두 불 타 버리고 오로지 전주 사고에 있는 실록만 남았다. 그러나 그 해 6월, 왜군이 다시 들이닥치면서 전주 사고도 불타고 말았다.

그러나 태안 지방에 사는 이름 없는 유생 안의와 손홍록의 헌신 덕분에 전주 사고에 있던 실록과 임금의 초상화인 어진은 무사히 위기에서 벗어날 수 있었다.

이들은 왜군이 남원까지 쳐들어왔다는 얘기를 듣고 전주 사고에 있는 64궤짝에 달하는 실록과 어진을 50여 필의 말에 싣고 3차례에 걸쳐 깊은 산중으로 옮겼다.

두 노인은 무려 370일 동안 밤낮으로 실록을 지키다가 2000리 길을 걸어서 선조가 있는 해주까지 가져갔다.

후일, 선조가 이들에게 2차례나 벼슬을 내렸지만 끝끝내 사양하고 고향으로 내려가 살았다.

건강이 최고

너무 말라서 고민이라면?

살이 쪘다고 고민하는 친구들이 있는 반면, 너무 말라서 고민하는 친구들도 있다. 선천적으로 살이 안 찌는 사람들도 있기는 하지만, 노력 여하에 따라 충분히 변할 수 있다. 너무 살이 찌지 않아 고민이라면 우선 고기류나 지방(기름, 버터 등)의 섭취를 늘리는 것이 좋다. 단, 너무 지나친 지방 섭취는 오히려 입맛을 떨어뜨리고 포만감을 주므로 조절해서 먹자.

또 식사 때가 아니더라도 간식을 먹음으로써 소모한 만큼의 열량을 보충해주도록 한다. 한창 성장을 해야 하는 나이인 만큼, 무엇보다도 음식을 골고루 많이 먹는 것이 중요하다. 또 열심히 운동하고 활동해야 뼈가 튼튼해지고, 심장도 튼튼해지므로 운동도 열심히 해야 한다. 특히 단백질 섭취량을 늘려 가면서 근육을 키우는 운동을 꾸준히 하는 것이 필요하다.

No.68

펴낸 곳 삼성출판사 주소 서울시 서초구 서초동 1516-2 전화 (02)3470-6916 등록 제 1-276호 홈 페이지 www.samsungbooks.com 삼성출판사
이 책에 실린 글과 그림을 무단으로 복사, 복제, 배포하는 것은 저작권자의 권리를 침해하는 것입니다. ⓒ Samseong Publishing Co., Ltd., 2009

똥눌 때 보는 신문

오늘의 읽을거리

똥 이야기 01

똥배에는 똥이 없다?

도전! IQ 200 02
어느 건물일까?

나도 마술사
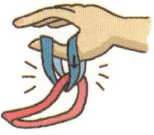
순간 이동하는 2개의 끈

Hello, Ham 03
오늘의 포인트 _ certainly

깜짝 기네스
가장 큰 샌드위치와 가장 큰 식당

궁금한 과학 04

분자 세계의 혁명, 나노 기술

상식뭉치

악어는 먹이를 잡아먹으면서 눈물을 흘린다. 먹이를 물 속으로 끌어들여 잡아먹는 것이 습성이다 보니 음식과 함께 들어오는 해수의 염류를 몸 밖으로 내보내기 위해 눈물을 흘리는 것. 때문에 겉과 속이 다른 위선적인 태도를 보일 때 '악어의 눈물' 이라는 표현을 쓴다.

똥배에는 똥이 없다?

몸 안에 지방이 쌓인 것이 똥배

아랫배에 단단하게 자리 잡은 똥배. 똥배라는 이름만 들으면 제때 누지 못한 똥이 쌓여 나온 배인 듯하지만, 알고 보면 똥배 안에는 똥이 없다.

똥배는 피부 밑에 지방이 쌓여서 생기는 것이다. 똥배는 지방이 쌓인 부위에 따라 피하 지방과 내장 지방으로 나뉜다. 내장에 지방이 쌓이는 내장 지방은 의학 용어로 복부 비만이라고 부르는 심각한 질병이다. 복부 비만에 걸리면 당뇨병이나 대장암 등에 걸릴 가능성이 높다. 이런 질병은 어른들의 이야기 같지만 최근 어린이 비만이 심각하다는 점을 생각할 때 소아 당뇨의 가능성도 무시할 수 없다. 똥배를 없애기 위해 매일 윗몸 일으키기를 하거나 배를 주무르는 것은 잘못된 방법이다. 몸 안의 지방을 줄이기 위해서는 걷기, 달리기, 자전거 타기 같은 유산소 운동을 해 주어야 한다.

똥눌 때 한자

마당 장

제사를 지내기 위해 평평하게 골라 놓은 햇볕이 잘 드는 넓은 땅을 나타낸 모양으로, 넓은 '마당'을 뜻한다.

도전! IQ 200

어느 건물일까?

한 사진 작가가 새로 산 사진기를 실험해 보기 위해 고층 건물 위에서 옆에 있는 건물을 찍어 보았다. 어느 건물을 찍은 것일까?

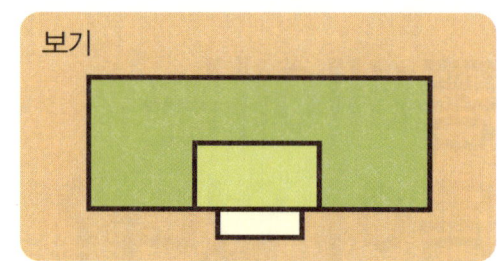

ⓒ : 정답

숨은그림찾기

새총 / 대접 / 코끼리 / 털모자

나도 마술사

순간 이동

준비물 : 서로 다른 색깔의 끈(가로 15cm, 세로 2cm

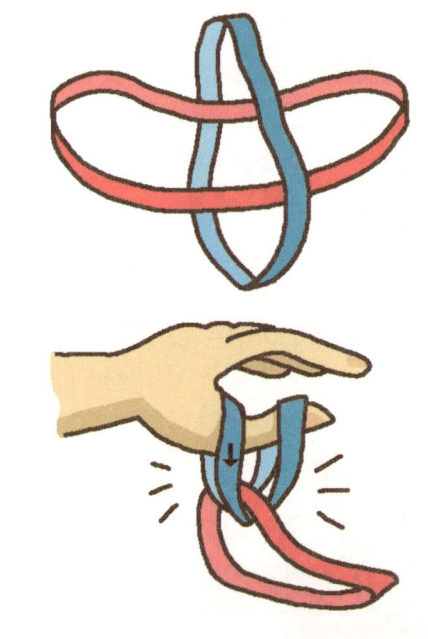

마술 비법 : 어떤 속임수를 사용한 것은 아니다. 끈의
는 것을 알 수 있다.

- Will you please bring me a newspaper?
  신문 좀 가져다 줄래?
- Certainly. Here you are.
  예. 여기 있어요.

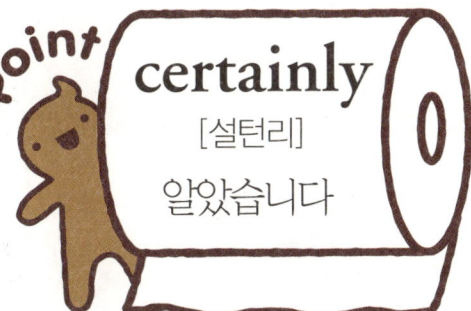

certainly
[설턴리]
알았습니다

Will you please bring me a newspaper?

Certainly. Here you are.

고맙구나.

천만에요.

2개의 끈

1. 색깔이 다른 끈을 그림과 같이 겹쳐 놓는다.

2. 끈을 왼손으로 잡고 주문을 외운 다음 화살표로 표시한 부분을 아래로 힘껏 잡아당긴다.

3. 한순간에 끈 2개의 위치가 서로 뒤바뀌어 친구들이 깜짝 놀랄 것이다.

을 천천히 따라가 보면 반드시 이런 결과가 나온다

깜짝 기네스

가장 큰 샌드위치와 가장 큰 식당

2004년 4월, 멕시코의 한 제빵 회사 직원 24명이 햄과 치즈 그리고 상추를 곁들인 세계에서 가장 큰 샌드위치를 만들었다. 가로세로 5m 짜리 냅킨 위에 놓여진 이 샌드위치의 크기는 가로세로 3.5m, 무게는 무려 3,178kg이나 된다고. 세계에서 가장 큰 이 샌드위치를 만들기 위해 오븐까지 별도로 제작했다고 한다. 2008년에는 길이 44.5m짜리 세계에서 가장 긴 샌드위치가 탄생했는데, 이는 멕시코의 전통 샌드위치인 '토르타'를 알리기 위해 만든 것.

세계 최대 규모의 식당은 시리아에 있는 '다마스쿠스 게이트' 이다. 총 6014석의 좌석이 있으며 직원만 해도 1800명이나 된다. 음식 맛이나 서비스 면에 있어서도 최고를 자랑한다고. 식당 곳곳에서는 폭포와 분수 등으로 꾸며진 멋진 모습을 볼 수 있으며, 세계 여러 나라의 다양한 음식을 맛볼 수 있다.

분자 세계의 혁명, 나노 기술

궁금한 과학

분자 크기의 기계로 세상을 바꾼다

최근 나노 기술이라는 말이 자주 등장한다. 나노는 '10억분의 1'이란 의미이다. 나노 기술(NT)은 분자 크기의 나노 기계를 이용해 분자의 구조 하나하나를 조종할 수 있는 차세대 첨단 기술이다.

나노 기술로 옷감을 만든다면 얇은 섬유 안에 분자 크기의 나노 기계가 들어 있기 때문에 날씨와 온도의 변화에 따라 옷감 스스로 모양과 질감 등을 바꿀 수 있다. 또 나노 로봇을 인체에 주입하면 혈류를 따라 흐르면서 바이러스를 없앤다. 그야말로 공상 과학 영화에서나 가능하던 과학 기술의 혁명인 것이다. 때문에 노화와 죽음까지 막는 만병통치약으로 여겨지기도 한다.

만약 이 기술이 전쟁에 쓰여 나노로 폭탄을 만든다면? 눈에 보이지 않는 분자 크기의 폭탄이면서도 파괴력은 엄청나 참혹한 결과를 낳을 수도 있다. 과학의 발전은 그 영향이 크면 클수록 그에 비례하는 인간의 양심을 필요로 한다.

즐겁게 글쓰기

다 쓴 글은 다시 한 번 다듬자

글을 쓴 다음에는 다시 한 번 읽고 다듬는 습관을 기르는 것이 좋다. 글을 쓰는 것도 중요하지만 다 쓴 글을 읽고서 어떻게 다듬느냐에 따라 글의 모양새가 많이 바뀔 수 있기 때문이다.

글을 써 놓고 다시 읽을 때는 먼저 자신이 처음 생각했던 대로 글이 쓰였는지 살펴보도록 한다. 글이 진행되면서 처음에 했던 말과 뒤에 한 말이 다르지 않은지도 확인해야 한다. 또 꼭 필요한 말이 아닌데 써 놓은 글은 없는지도 확인해 보자. 그런 부분이 있다면 꼼꼼하게 다시 고쳐 보도록 한다. 반복된 문장이 있다면 과감하게 빼 버리는 결단력도 필요하다.

그리고 문장이 너무 길지는 않은지, 글에 쓰인 낱말이 정확한지 확인하면서 읽어 보면 처음에 쓴 글보다 훨씬 자연스러워진 것을 느끼게 될 것이다.

No.69

펴낸 곳 삼성출판사 주소 서울시 서초구 서초동 1516-2 전화 (02)3470-6916 등록 제 1-276호 홈 페이지 www.samsungbooks.com 삼성출판사
이 책에 실린 글과 그림을 무단으로 복사, 복제, 배포하는 것은 저작권자의 권리를 침해하는 것입니다. ⓒ Samseong Publishing Co., Ltd., 2009

똥눌때보는신문

오늘의 읽을거리

똥 이야기 01

위험할 땐 독가스를 내뿜는 쥐며느리

도전! IQ 200 02
진짜 황금 공은 어떤 것일까?

심리 테스트
고구마 모양으로 알아보는 성격

Hello, Ham 03
오늘의 포인트 _ count

생각하는 동화

재판에서 이긴 이유

문화 답사 04

임꺽정이 몸을 숨겼던 한탄강 고석정

상식뭉치

옷핀은 미국의 한트라는 사람이 사랑하는 사람과의 결혼을 승낙 받기 위해 발명한 것이라고 한다. 10일 안에 1000달러를 가지고 와야 딸과 결혼을 시키겠다는 장인의 말에 밤새 머리를 짜낸 한트는 옷핀의 특허와 1000달러를 바꾸고 결혼에 골인했다.

위험할 땐 독가스를 내뿜는 쥐며느리

쥐며느리 1마리가 쥐 1마리 죽일 수 있어

축축한 응달에 사는 쥐며느리는 겁 많은 벌레로 알려져 있다. 살짝 건드리기만 해도 몸을 동그랗게 말고는 꼼짝도 하지 않은 채 죽은 시늉을 하기 때문이다. 그러나 척 보기에 별다른 무기가 있을 것 같지 않고 껍질마저 말랑말랑한 쥐며느리에게도 독한 무기가 있다. 바로 사이안화수소. 사이안화수소는 살충제로도 쓰이는 강력한 독가스이다. 겁 많고 연약한 쥐며느리지만 생명이 위태로울 정도의 위협을 받으면 독가스를 뿜어낸다. 쥐며느리의 몸 안에 있는 특수한 물질에 효소가 작용하여 벤즈알데하이드와 사이안화수소라는 독가스를 만들어 내는 것이다.

1마리의 쥐며느리는 크기가 자신의 몇십 배에 달하는 쥐 1마리를 죽일 수 있을 만큼의 사이안화수소를 만들 수 있다.

지렁이는 밟으면 꿈틀대고, 쥐며느리는 자꾸 건드리면 독가스를 뿜는다.

2

똥눌 때 한자

옷 의

사람이 웃저고리를 입은 모양을 나타낸 글자로, '옷'을 뜻한다.

도전! IQ 200

진짜 황금 공은 어떤 것일까?

옛날, 어느 나라에 신동으로 소문난 소년이 있었다. 왕은 그 소년을 시험해 보기 위해 궁궐로 불러 미리 준비해 둔 5개의 황금 공을 꺼내 보여 주었다. 그 중 4개는 속이 쇠로 꽉찬 가짜 공이고, 단 1개만 속이 빈 순금 공이었다. 물론 무게는 똑같았다. 과연 소년은 진짜 황금 공을 어떻게 찾아낼 수 있을까?

정답 : 탁자 위에 황금 공을 하나씩 올려놓고 귀를 대고 두드려본다. 속이 빈 진짜 황금 공이 가짜 공보다 더 울릴 것이다.

PUZZLE

가로 풀이
1 나무나 흙, 종이 등으로 만든 사람이나 짐승의 탈. ○○ 무도회.
2 해를 끼쳐서 원한이 맺힌 사람. ○○는 외나무 다리에서 만난다.
5 어떤 목표를 이루기 위해 한마음 한뜻으로 뭉침.
6 역기를 들어올려 겨루는 경기.

세로 풀이
1 옛날에는 시집갈 때 ○○를 타고 갔죠. 옛날, 교통 수단의 하나.
3 기억해 두어야 할 내용을 적는 조그마한 공책.
4 오르내릴 수 있도록 만든 층계.
7 지구 표면의 일부 또는 전체를 일정한 비율로 줄여서 평면 위에 나타낸 그림.

퍼즐 정답 : (가로) 1-가면, 2-원수, 5-단결, 6-역도, (세로) 1-가마, 3-수첩, 4-계단, 7-지도

심리 테스트

고구마 모양

집으로 가는 길에 군고구마 파는 아저씨를 보았다. 어떤 모양의 고구마를 고를까?

A. 가늘고 긴 것.
B. 표주박처럼 생긴 것.
C. 물방울처럼 작게 생긴 것.
D. 둥글고 큰 것.

- Can you count to hundred?
  100까지 셀 수 있니?
- I can count, too.
  나도 셀 수 있어요.

Point

count
[카운트]
차례로 세다

알아보는 성격

A 미적 감각이 있어 외모 꾸미기에 능숙한 타입. 말수가 적어 차갑다는 오해를 받지만 마음은 따뜻하다.

B 새로운 사람, 색다른 일을 좋아한다. 감정의 기복이 심해 고민이 많다. 감정을 조절하려는 노력이 필요하다.

C 외로움을 많이 타는 사람. 마음이 약해서 남의 부탁을 거절 못 하는 성격이라 손해를 보기도 한다.

D 합리적인 성격. 명랑하고 사교성이 좋아서 인기가 많다. 다른 사람들이 고민을 상담하는 경우가 많다.

생각하는 동화

재판에서 이긴 이유

중요한 재판을 앞둔 한 남자가 변호사에게 의논을 했습니다.
"판사에게 살찐 오리 1마리를 선물하는 게 어떨까요? 그러면 재판에서 나에게 유리한 판결을 내려 주시지 않을까요?"
그러자 변호사는 고개를 저으며 단호하게 말했습니다.
"안 됩니다. 판사님은 아주 공정한 분이기 때문에 만약 그런 일을 한다면 오히려 안좋은 결과가 나올 겁니다."
그러나 남자는 자기 생각대로 판사에게 오리를 선물했고 그 결과 재판에서 이겼습니다.
"판사에게 오리를 보내지 말라고 했었지요? 하지만 오리 덕분에 내가 이기지 않았습니까!"
변호사는 고개를 갸웃거렸습니다.
"정말 이상하군요. 그 판사님은 어떤 뇌물에도 마음이 흔들릴 분이 아닌데……"
남자는 그제야 껄껄 웃으며 말했습니다.
"다 이유가 있지요. 상대방의 이름으로 오리를 보냈거든요."

임꺽정이 몸을 숨겼던 한탄강 고석정

문화 답사

신라 진평왕 때 고석정이라 이름지어

한탄강 중류에 위치한 고석정은 맑은 물이 흐르는 강을 사이에 두고 양쪽으로 기이하게 생긴 바위와 깎아지른 듯한 절벽을 이루고 있는 곳이다. 신라 진평왕 때 한탄강 중류에 2층 누각을 짓고 고석정이라 이름 붙였으며, 이 정자와 바위 주변의 계곡을 통틀어 고석정이라 한다.

고석정 바위에 오르면 굽이치는 한탄강 줄기와 온갖 기암괴석들이 한눈에 들어온다. 조선 명종 때 이 고석정을 은신처로 삼았던 의적 임꺽정이 토벌대가 나타났을 때 한탄강의 꺽지라는 물고기로 변해 살아남았다는 전설도 전한다. 임꺽정이 몸을 숨기기 위해 드나들었다는 고석정 중간쯤에 있는 굴은 겉에서 보기에는 1명이 겨우 드나들 수 있어 보여도 그 바위 속으로 들어가면 5~6명은 앉을 수 있다.

상봉 터미널에서 신철원까지 직행버스가 다니며 신철원에서 고석정 방면 시내버스를 타면 된다.

왕따 탈출

함께 하면 더 즐거워요

조용하고 소극적인 성격의 아이들은 친구를 사귀는 것이 힘들게 느껴질 수 있다. 그런 친구들은 학교나 반에서 하는 그림 그리기나 노래하기, 운동 등 특별 활동에 적극적으로 참여해 보자.

서로 비슷한 흥미를 가진 친구들끼리는 작은 모임 안에서 더 쉽게 친해지게 마련이다. 뜻이 맞는 친구들과 함께 배워 가는 시간은 보람차고 즐거운 일이 될 것이다.

또 나 혼자서는 할 수 없었던 일을 친구들과 함께 해 나가는 동안 기쁨은 2배가 될 수 있다. 친구들과 함께 어려운 일을 해 나가다 보면 서로를 이해하게 되고 친구의 소중함을 다시 한 번 느끼게 된다. 그러다 보면 서로 무시하거나 따돌리는 일도 사라질 것이다.

No.70

펴낸 곳 삼성출판사 주소 서울시 서초구 서초동 1516-2 전화 (02)3470-6916 등록 제 1-276호 홈 페이지 www.samsungbooks.com 삼성출판사
이 책에 실린 글과 그림을 무단으로 복사, 복제, 배포하는 것은 저작권자의 권리를 침해하는 것입니다. ⓒ Samseong Publishing Co., Ltd., 2009

똥 눌 때 보는 신문

오늘의 읽을거리

똥 이야기 01

똥, 공중 부양의 비밀을 밝혀라!

도전! IQ 200 02
전원 주택 단지 나누기

심리 테스트
나는 어떤 것에 불안을 느낄까?

Sing a Song 03
Bingo

생각하는 동화
유리창과 거울의 차이

신나는 스포츠 04

지구력과 인내심 기르기에 좋은 마라톤

상식뭉치

먹는 양만큼 싸는 양도 엄청난 코끼리는 약 70kg의 똥을 싼다. 똥이 어찌나 굵은지 멀리서 보면 다리가 5개로 보일 정도. 그렇다면 벼룩은 어떨까? 역시나 무게를 달 수 없을만큼 적은 양의 똥을 싼다. 재미있는 것은 입으로 똥을 싼다는 것이다.

똥, 공중 부양의 비밀을 밝혀라!

장 속의 세균이 만드는 메탄 가스가 원인

오랜 세월의 수양을 통해서 얻게 된다는 전설의 공중 부양. 공중으로 몸을 둥실 띄울 수 있는 능력을 말한다. 이런 만화 같은 일이 종종 벌어지는 공간이 있으니, 바로 화장실이다. 공중 부양의 주인공은 다름 아닌 똥. 똥을 누고 나면 물 속에 가라앉는 것이 정상이다. 그러나 가끔 설사를 한 것도 아닌데 똥이 덩어리째 물 위에 둥둥 떠 있는 경우가 있다. 똥은 우리가 먹은 음식의 찌꺼기이므로 그다지 가벼운 무게가 아니다.

그러면 이러한 똥의 수중 부양은 왜 일어나는 것일까? 장 속의 세균 중 일부는 수소와 이산화탄소를 이용해 메탄 가스를 만들어 내는데, 메탄 가스는 똥에 쉽게 포함된다고 한다. 그래서 메탄 가스를 만드는 세균이 장 속에 많으면 자연히 똥 속에 포함되는 메탄 가스의 양도 많아져 똥이 가벼워지기 때문에 물 위에 둥둥 떠오르는 것이다.

똥눌 때 한자

입을 **복**

보름달처럼 몸을 보호하는 것이 옷이라는 데서 유래된 글자로, '옷' 또는 '입다'의 뜻이다.

도전! IQ 200

전원 주택 단지 나누기

한적한 시골에 그림처럼 생긴 전원 주택 단지가 새로 만들어졌다. 집 6채와 집 옆에 자동차를 세워 둘 수 있는 공간까지 생겼는데, 1가지 문제가 있었다. 이 곳에 새로 이사 온 6가족이 모두 자기 집 둘레에 울타리를 치고 싶어했던 것이다. 그래서 땅을 정확히 6조각으로 나누어야 하는데, 땅 모양이 나누기 쉽지 않게 생긴 것이 문제. 어떻게 하면 집 1채에 주차장까지 포함하여 정확히 6조각으로 땅을 나눌 수 있을까?

: 정답

숨은그림찾기

하드 / 물고기 / 구두 / 립스틱

심리 테스트

나는 어떤 것

꼬마 멧돼지가 열쇠 구멍을 통해 방 안을 들여다보고 있을까?

A. 한 부부의 말타툼.
B. 악마를 불러내는 의식.
C. 여러 사람이 싸우는 모습.
D. 꿈틀거리는 수백 마리의 뱀.

Sing a Song

Bingo

There was a farmer had a dog and Bingo was his name, o.

B-i-n-g-o, B-i-n-g-o, B-i-n-g-o,
And Bingo was his name, o.

There was a farm-er had a dog and Bin-go was his name, o.
B- i - n-g- o, B- i - n-g- o,
B- i - n-g- o, and Bin-go was his name, o.

불안을 느낄까?

고 있다. 방 안에서는 과연 어떤 일이 일

❀ 나는 지금 장래의 결혼에 대해 불안을 느끼고 있다.

❀ 나는 지금 장래의 진로에 대해 불안을 느끼고 있다.

❀ 나는 친구나 주변 사람들과의 관계에 대해 불안을 느끼고 있다.

❀ 나는 건강에 대해 불안을 느끼고 있다. 감기에 걸리기만 해도 굉장히 불안해 하는 타입이다.

생각하는 동화

유리창과 거울의 차이

한 아이가 랍비를 찾아가 물었습니다.
"선생님, 가난한 사람들은 가진 것이 없어도 서로 도우며 사는데 부자들은 가진 것이 많으면서도 왜 남을 도울 줄 모르는 걸까요?"
소년의 물음에 랍비는 빙그레 웃으며 말했습니다.
"잠깐 창 밖을 보거라. 무엇이 보이느냐?"
"어떤 사람이 어린 아이의 손을 잡고 걸어가는 것이 보여요."
"그러면, 이번에는 벽에 걸린 거울을 보거라. 무엇이 보이느냐?"
"제 얼굴이 보여요."
랍비는 소년의 얼굴을 찬찬히 들여다보며 말했습니다.
"바로 그것이란다. 유리창이나 거울이나 모두 유리로 되어 있지만, 거울은 유리 뒷면에 칠한 수은 때문에 자기 모습밖에는 볼 수가 없단다. 사람의 마음도 돈이 많으면 마음이 막혀서 다른 사람을 생각하지 못하는 것이지."

4

신나는 스포츠
지구력과 인내심 기르기에 좋은 마라톤
건전한 가족 스포츠로 인기 상승

기원전 490년, 아테네의 마라톤 광야에서 그리스가 페르시아군을 격파하자 그리스 병사가 아테네까지 약 40km를 달려 "우리가 이겼노라"고 시민들에게 승리를 알리고 쓰러져 숨졌다. 이것이 마라톤의 시작이다. 현재는 42.195km를 달려 순위를 겨룬다.

마라톤은 오랜 시간 속도와 체력을 적절히 조절해 달리는 운동으로 지구력과 인내심을 기르는 데 좋은 운동이다. 에너지 소모량이 많아 다이어트 효과도 있다. 시간과 장소의 제약 없이 쉽게 즐길 수 있는 운동이라는 점도 마라톤의 매력이다.

전국적으로 단축 마라톤 대회나, 가족 마라톤 대회 등 초보자를 위한 대회가 자주 열리므로 일정을 알아 두었다가 가족 행사를 만들어 보는 것도 좋을 것이다.

마라톤은 상대와 격렬한 접촉이 없는 안전한 운동이기 때문에 가족과 함께 건강한 여가 시간을 보내는 운동으로 적당하다.

똥구리

별자리 이야기
사수자리 이야기(11.23~12.21)

상반신은 사람이고 하반신은 말의 모습을 한 켄타우로스 종족은 대체로 성질이 포악하고 거칠었다. 그러나 그 중 케이론만은 활쏘기와 검술에 능하고 높은 인격을 지녀 아킬레우스와 헤라클레스, 이아손 등 많은 영웅들을 가르쳤다.

신의 아들로 불사신이었던 그는 우연한 싸움에 휘말려 히드라의 독이 발린 헤라클레스의 화살을 무릎에 맞게 되었다. 불사신이니 죽지는 않았지만 영원히 고통 속에서 살아야 하는 처지가 된 것이다.

케이론을 불쌍히 여긴 제우스는 케이론의 소원을 들어 주어 불사의 몸을 반납하고 편안한 죽음을 맞도록 허락했으며 하늘의 별로 올려 주었다.

사수자리에 태어난 사람은 천진난만함과 함께 강한 생활력을 지니고 있어 성공을 하는 경우가 많다.